강갑생의

바퀴와

날개

WHEEL & WING

KB150383

강갑생의

바퀴와 날개

WHEEL & WING

강갑생 지음

팜파스

강갑생 기자를 처음 만난 건 2000년이다. 당시 그는 건설교통부 출입기자로 왔다. 그때부터 강 기자는 오로지 교통 분야에 천착했다. 철도 분야는 박사학위까지 취득했고, 항공 분야는 그 깊이에 놀라울 따름이다. 교통전문기자로서 저자는 사회적 이슈에 대해 균형감을 가지고 분석하고 설명하고, 문제를 제기한다. 교통은 우리의 삶이고 일상이다. 이 책을 통해 우리 사회를 더 쉽게, 더 깊이 있게 이해하게 될 것으로 믿는다. 교통에 대해 관심 있는 독자들의 일독을 권하고 싶다.

**손명수 국토교통부 제2차관**

교통은 현대 사회의 공기다. 그 안에서 생활하고 사람과 사회의 모습이 그대로 투영된다. 《바퀴와 날개》는 생활 속 교통 현상을 꼼꼼한 현장 취재와 이론적 검증으로 쉽게 풀어내고 있다. 특히 현안에 대한 전문기자다운 날카로운 시각은 큰 통찰력을 선사한다. 도로, 철도, 항공에서 플랫폼 운송 등 모빌리티 분야까지, KTX 이용 팁부터 중장기 국가 교통 정책까지 대상과 분야를 넘나들며 제시하는 저자의 진단은 명

료하고 묵직하다. 뉴노멀 시대 교통의 패러다임과 역할을 미리 그려볼 수 있는 든든한 가이드로서 충분하다.

**손병석 한국철도공사 사장**

고대에서부터 현대에 이르기까지 도시가 융성할 수 있었던 것은 도로와 이동수단 덕분이다. 저자는 수많은 자료와 해박한 지식을 바탕으로 오늘날 도시의 움직이는 도로와 자동차, 철도 및 항공 시스템 등을 탐색하고, 맛깔스러운 글로 여러 공학적 지식을 이해하기 쉽게 풀어냈다. 이 책은 상상했던, 코앞으로 다가온 도로 교통 문제를 어떻게 풀어 나가야 할 것인가에 대해서도 전문 기자의 날카로운 시선으로 짚어낸다. 일반 독자에게는 지적 호기심을 충족시키고, 도로 교통 관련 행정가에게는 창의적인 영감을 주는 책이다.

**김진숙 한국도로공사 사장**

현대 사회를 살면서 의식주 외에 교통과 통신이 필요하다고 한다. 우리 삶의 많은 부분을 교통에 할애하고 또한 교통에 의존한다. 교통은 거시적으로 국토·도시 계획에 큰 영향을 주고, 주택 및 물류 산업과 밀접한 관계가 있다. 기술문명의 혁신적인 발전은 교통수단과 시설에 커다란 변화를 주고 있다. 저자는 바퀴와 날개라는 상징성을 활용하여 복잡한 교통체계를 체계적으로 손쉽게 설명하고, 미래 신 교통의 모습을 제시하고 있다. 또한, 교통이 당면한 다양한 문제점을 이용자 입장에서 분석했다. 《바퀴와 날개》는 신 교통이 가져올 미래 사회의 모습과 우리 삶의 변화를 다양한 각도에서 조명하여 독자에게 참신한 영감을 줄 것으로 확신한다.

**권병윤 한국교통안전공단 이사장**

KTX 특실과 항공기 비즈니스석은 왜 앞쪽일까? 일반철도는 자갈을 까는데, 고속철도는 왜 콘크리트일까? 철도와 항공 등 교통에 관해 궁금한 모든 질문에 유쾌한 답을 내놓는 이 책은 전문성과 상식, 흥미로움을 무기로 교통과 문화 전반을 다룬 명실상부한 교통에 대한 바이블이다.

**김상균 국가철도공단 이사장**

저자는 높은 학문적 지식을 갖춘 교통 전문가로서, 20여 년 넘게 국토교통부와 교통 현장을 취재해온 뛰어난 교통전문기자이다. 이 책은 교통 정책과 현장 취재 경험을 토대로 우리가 평소 잘 모르는 자동차, 도로, 철도, 항공 등 교통 시스템을 예리한 분석력과 혜안으로 흥미진진하게 파헤친 소중한 자산이다. 흔히 삶의 기본 요건을 衣(의)·食(식)·住(주)·行(행, 교통)이라고 하는데, 현대 사회에서 교통은 필수불가결한 일상생활이고 산업과 교역 활동인 것이다. 교통 시스템에 대한 관심과 호기심, 미래를 생각하는 독자라면 반드시 이 책을 읽고 새로운 배움과 발견, 이해와 통찰을 얻을 수 있기를 바란다.

**구본환 인천국제공항공사 사장**

복잡한 사회 현상을 뭐든지 쉽게 설명하는 것도 특별한 재주다. 바퀴와 날개는 도로, 철도, 항공의 딱딱함을 풀어 헤쳐 가슴속에 나부끼는 말이다. 일상생활에서 접하는 각종 교통 정책을 기자의 감각을 살려 아주 이해하기 쉽게 설명하고 있다. 아끼는 제자라서 그런지 《바퀴와 날개》를 읽는 것이 더 재미있다.

김시곤 대한교통학회장(서울과학기술대학교 교수)

뜻밖이었다. 2000년 여름 전혀 생각지도 못했던 '교통 분야'를 만나
게 됐다. 건설교통부를 출입하며 교통을 담당하라는 인사 내용을 통보
받았다. 중앙일보는 당시도 그랬고, 지금도 그렇지만 건설교통부(현 국
토교통부)를 건설과 교통으로 나눠서 각기 다른 기자가 맡는다. 건설은
경제부에서, 교통은 주로 사회부 고참 기자들이 맡았다. 그동안 교통을
담당했던 선배들에 비하면 당시 내 경력은 어린 편이었지만, 부서 사정
이 그랬던 것 같다.

사실 대학에 다니며 기자를 꿈꾸던 시절, 사회부나 정치부 기자를 그
려보긴 했지만 교통을 담당하는 기자를 생각해본 적은 한 번도 없었다.
첫 직장인 중앙일보에 입사해서도 마찬가지였다. 당시 교통 관련 기사
는 신문에 잘 실리지도 않았다.

그러나 인연이었던 걸까. 건교부 출입을 시작하던 시점은 2001년 인
천국제공항 개항, 2004년 경부고속철도 개통 등 굵직한 교통 현안을
앞두고 있던 때였다. 기사 거리가 많았고, 지면에도 꽤 잘 반영됐다. 그
러다 보니 기사 쓰는 재미가 있었다. 20년 교통 사랑의 시작이었다.

인천공항 개항, KTX 개통을 거치는 동안 교통의 묘미를 수박 겉핥

기로나마 맛볼 수 있었다. 게다가 개인적으로는 건교부 공무원들의 이른바 '노가다' 기질이 좋았다. 의리도 있고, 정이 있었다고 할까. 건교부를 떠나 국회, 총리실 등 다른 출입처를 거치면서도 건교부 공무원들과의 인연은 이어졌다. 자연스레 교통 이슈에 대한 토론과 대화도 잦았다.

그런데 시간이 갈수록 뭔가 부족함, 아니 한계가 느껴졌다. 교통 현안은 어렴풋이 알지만 정확하고 깊이 있게 파악하고 있지는 못하다는 아쉬움이 강해졌다. 교통 전문가와 대화를 나눌 때도, 그들이 쓰는 용어나 개념을 제대로 이해하기 어려울 때가 적지 않았다. '아, 공부를 해야겠다'라는 생각이 든 건 그 때문이었다.

야간에 수강이 가능한 교통 관련 대학원을 물색했다. 그래서 찾은 곳이 서울산업대학교(현 서울과학기술대학교) 철도전문대학원이었다. 그리고 2008년 철도경영정책학과에 입학했다. 2000년대 초반 국제교통학술대회를 취재하면서 인연을 맺은 김시곤 교수께서 마침 철도경영정책학과를 맡고 계셨다.

2년간 석사 과정에서 들은 교통 과목들은 피가 되고 살이 됐다. 2010년 석사 학위를 받고 내친김에 같은 과의 박사과정에 진학했다. 2년 반의 과정은 끝냈지만, 논문은 쉽게 엄두가 나지 않았다. 뒤늦게나마 2016년 2월 어렵사리 박사학위를 받을 수 있었다.

교통 공부는 기사에도 큰 도움이 되었다. 현안을 이해하는 폭이 넓어졌고, 기사 아이템도 조금씩 다양해졌다. 중앙일보 사회 1부장을 맡던 2017년, 문득 '평소 우리가 자주 접하지만 잘 몰랐던, 재미있는 교통 얘기를 독자들에게 전해보면 어떨까' 하는 생각이 들었다. 마침 중앙일보는 온라인 기사에 중점을 두는 '디지털 변혁'을 막 시도하던 참이었다. 좋은 기회라는 판단에 중앙일보 홈페이지에 '강갑생의 바퀴와 날개'라는 고정 코너를 만들었다. 지면은 여러 사정이 있어서 잡기가 쉽지 않지만, 온라인 기사는 사실상 그런 제약이 없다.

제목을 정할 때 고민을 했다. 교통을 쉬운 단어 두세 개를 묶어서 표현해보고 싶었다. 문득 '바퀴'와 '날개'가 떠올랐다. 바퀴는 도로는 물론 자동차, 열차, 자전거, 오토바이 등 육상 교통수단까지 모두 아우르는 단어라는 생각이 들었다. 날개 역시나 항공을 대표할 수 있을 것 같았다.

그렇게 해서 처음 쓴 '바퀴와 날개' 기사가 '인천공항 지하에는 서울~대전보다 긴 130km 고속도로 있다?'였다. 2017년 11월 3일의 일이다. 이후 거의 매주 한 편씩 바퀴와 날개를 썼다. 2018년부터는 '교통전문기자'란 직함을 얻었다. 교통 분야를 다루면서 언젠가는 꼭 해보고 싶었던 자리였다.

도로, 항공, 철도, 교통안전 등 가급적 우리 생활과 밀접한 여러 교통 현안을 다루려고 했다. 기사 아이템 중에는 평소 개인적으로 궁금했던 사안들도 많다. 버스, 지하철, 열차, 항공기 등과 관련한 나의 궁금증을 풀면서, 그 내용을 독자와 공유하는 재미가 쏠쏠했다. 이렇게 시작한 '바퀴와 날개'가 3년 가까이 됐다.

어느 정도 기사가 쌓이자 주변에서는 "책을 내보는 게 어떻겠느냐"는 얘기도 건넸다. 내 이름을 걸고 쓴 책, 그것도 기자 생활이 바탕이 된 책은 꽤 매력적인 사안이었다. 미국 등 선진국에서는 한 분야를 오래 담당한 기자들이 경험을 살려 책을 출간하는 사례가 꽤 있다고 들었다. 하지만 선뜻 자신이 없었다. 기사를 조금만 더 쓰고 고민해보자며 차일피일 미뤘다. 그러다 올해 "그래, 해보자!"라고 결심했다. 마침 초등학교 동창이자 오랜 친구인 팜파스의 이지은 사장이 고맙게도 책 출간을 도와주겠다고 했다.

책을 낸다는 기쁨도 크지만 두려움, 걱정도 적지 않다. 많은 전문가와 교통 덕후가 보기에 문제 있는 내용은 없을까, 독자들은 쉽고 재미있게 읽을 수 있을까 하는 우려들이다. 그러나 모자람이 있더라도 독자들이 교통을 조금이나마 친근하게 접할 수 있도록 하고 싶다는 마음으로 책을 출간하게 됐다.

정확히 말하자면 이 책은 나 혼자 쓴 게 아니다. 국토교통부와 한국철도공사, 한국도로공사, 인천국제공항공사, 국가철도공단(구 한국철도시설공단), 교통안전공단, SR, 서울메트로 등 교통 관련 공기업의 전폭적인 협조가 없었다면 쓰기 어려웠을 내용이 무척 많다. 은사이신 김시곤 교수님을 비롯해 많은 전문가가 통찰력 있는 분석과 제안을 보태줬다. 존경하는 선배이신 김세호 전 건설교통부 차관님의 격려도 큰 힘이 됐다. 대한항공과 아시아나항공 등 교통관련 기업의 도움 역시 빼놓을 수 없다. 각종 웹사이트와 블로그 등에 담겨 있는 다채로운 교통 정보들도 이 책에 녹아 있다. 그들 모두에게 깊은 감사를 보낸다.

그리고 늘 집안의 큰 버팀목이 되어주시는 아버지, 하늘나라에 계신 어머니, 누나와 동생 가족 그리고 아들 재준에게 이 책을 바친다.

마포에서
강갑생

# PART ○ 03  복잡한 도로 위 사연들

# PART 01

# 하늘 길에는
## 이야기도 많다

# 1만 미러 상공의 만찬,
## 시작은 '샌드위치'였다

기내식은 어느 사이엔가 해외여행을 표현하는 또 하나의 단어가 될 정도로 친숙하고 밀접한 용어가 됐습니다. '해외여행 가고 싶다'는 말을 '기내식 먹고 싶다'는 말로 바꿔 표현하기도 하니까 말이죠.

그럼 하늘 위에서 먹는 식사인 '기내식'은 언제 처음 등장했을까요? 기록상 기내식의 탄생은 1919년 10월 11일이라고 합니다. 당시 영국의 '핸들리 페이지 수송Handley Page Transport'이 영국 런던과 프랑스 파리를 오가는 정기 항공노선에서 샌드위치와 과일 등을 종이상자에 담아 승객에게 판매한 게 효시입니다. 그러니까 샌드위치가 최초의 기내식인 셈입니다. 핸들리 페이지 수송은 원래 항공기 제작사이지만 당시에는 운송도 했다고 합니다.

하지만 이때만 해도 항공 운송업이 초기 단계인 데다 비행기가 작고 성능이 떨어지는 탓에 이렇다 할 기내식의 발달은 없었습니다. 목적지로 가는 중간에 급유와 휴식을 위해 잠시 들르던 공항의 식당에서 음식을 제공하는 게 일반적이었다고 하는데요.

현재와 유사한, 따뜻하게 데워진 기내식이 등장한 건 1936년입니다.

미국 유나이티드항공United Airlines이 기내에 주방인 갤리Galley를 설치하면서부터인데요. 장거리 운항이 늘어나면서 기내식 제공 필요성이 커지고, 항공기 크기와 성능이 향상된 덕분이기도 합니다. 이후 다른 항공사들도 기내에 주방을 속속 설치했다고 합니다.

이 같은 갤리의 설치는 기내식 역사에서 상당한 의미가 있습니다. 샌드위치나 과일 같은 찬 음식 위주의 기내식에서 스테이크, 파이 등 다양하고 따뜻한 음식을 제공할 수 있게 된 건데요. 지상의 기내식 공장에서 만든 조리 음식들을 갤리에서 데워서 제공할 수 있게 되면서 기내식의 폭이 상당히 넓어지게 된 겁니다. 이로부터 항공사들의 기내식 경쟁도 한층 가속화됩니다.

1950년대 후반 미국 팬암항공사Pan Am가 제작한 광고 영상에서는 화려한 기내식의 단면을 볼 수 있는데요. 푸짐하게 준비된 스테이크와 각종 음식을 승무원이 승객에게 제공하는 장면이 인상적입니다. 또 라운지에 앉아서 대화를 나누는 승객들에게 간단한 간식을 제공하는 모습도 볼 수 있는데요.

1960년대와 1970년대는 호화 기내식 경쟁의 절정기라고 할 수 있습니다. 1969년 등장한 초음속 여객기인 콩코드에서는 이전까지 상상도 못 했던 캐비어(철갑상어 알)와 송로 버섯, 푸아그라(거위 간), 랍스터(바닷가재) 등 고급 요리를 제공했다고 하는데요. 엄청나게 비싼 항공료만큼이나 기내식도 호화롭기 그지없습니다.

이 시기 다른 항공사들도 상당히 다양한 기내식을 제공했는데요. 기내 중간에 설치된 테이블에 맛깔난 음식들을 올려놓고 승객들이 뷔페식으로 식사를 즐기기도 했습니다. 또 요리사가 직접 탑승해 서빙하기도 했고요. 당시 항공 여행은 대부분 상류층에 국한된 것이어서 그만큼

대한항공 일등석 기내식 　　　　　　　　　　　　　　　출처: 대한항공

기내식이 고급이었다는 설명입니다.

　1980년대 들어서면서 또 다른 흐름이 시작되었습니다. 따로 돈을 내고 사 먹는 기내식이 등장한 건데요. 아일랜드 국적의 대표적 저비용 항공사인 라이언에어가 1985년에 이 시스템을 도입했습니다. 항공료에 식사비가 포함된 일반 항공사와 달리 기내식은 원하는 승객만 따로 돈을 내고 사 먹는 건데요. 국내 저비용 항공사도 이 방식을 사용하고 있습니다.

　2000년대 들어서면서 브리티시항공, 에어프랑스, 아시아나항공 등에서 1960~1970년대처럼 요리사를 동승시켜 일등석 승객에게 색다른 요리를 제공하기도 했는데요. 아시아나항공은 한때 일식 요리사가 직접 초밥을 만들어주기도 했습니다. 대한항공은 한정식 수준의 기내식

대한항공 일등석에서 제공하는 기내식　　　　　　　　　出처: 대한항공

을 내놓기도 했고요.

　반면 일본항공 등에서는 켄터키프라이드치킨KFC 같은 비교적 낮은 가격의 패스트푸드가 기내식으로 제공된 사례도 있습니다. 물론 늘 그런 것은 아니고, 크리스마스나 연말연시에 이벤트용이었다고 합니다.

　그럼 일등석과 일반석의 기내식 단가는 얼마나 차이가 날까요? 항공사별로 영업 비밀이라 공개하지는 않지만 한 끼에 일반석이 1만~1만 5,000원, 비즈니스석은 4만~5만 원, 일등석은 7만~10만 원 안팎으로 알려져 있습니다. 물론 항공료가 수천만 원씩 하는 최고급 일등석은 이보다 훨씬 더 비쌀 것으로 생각됩니다.

　그런데 기내식은 제작부터 제공까지 일반 식당과 다른 몇 가지 원칙이 있습니다. 우선 제한된 좁은 공간에서 장시간 앉아 있는 승객에게 제공되기 때문에 소화가 잘되고 칼로리가 낮은 식품으로 구성합니다. 소화 장애나 고칼로리 섭취로 인한 비만을 예방하기 위해서입니다.

또 비행시간에 따라 찬 음식과 더운 음식으로 나뉘는데요. 국제선은 2시간 이내면 샌드위치나 김밥같이 데울 필요가 없는 음식이 제공됩니다. 반면 2시간 이상이면 따뜻한 기내식이 나오는데요. 횟수는 항공사마다 차이가 있지만, 비행시간이 6시간 이내면 1회, 6~8시간이면 1.5회, 8시간 이상이면 2회 정도 제공됩니다. 0.5회는 샌드위치 등 간단한 요깃거리가 제공된다고 하네요.

승객들은 대부분 기내식 제공 때 두세 가지 메뉴에서 선택하지만, 실제로 기내식 종류는 상당히 다양합니다. 대한항공의 경우 120가지나 된다고 하는데요. 아이들을 위한 유아식은 물론 인종과 종교상의 이유로 일반 기내식을 먹지 못하는 승객들을 위한 특별식도 있습니다. 또 당뇨병이나 심장질환 환자들을 위한 건강식도 준비가 가능하다고 합니다.

최근 기내식은 에티하드항공, 에어프랑스 등 대형 항공사 일등석을 중심으로 한 화려한 기내식 유형과 컵라면이나 도시락 등 간단한 요깃거리를 직접 사서 먹는 저비용 항공사의 방식으로 나눌 수 있는데요. 자본주의 논리가 가장 극명하게 적용되는 항공 시장에서 기내식 역시 그 영향을 벗어나지 못하는 모양새입니다. ✈

# 세계 최초의 객실 승무원은 남자,
## 최초의 여승무원은 '간호사' 출신

여행이나 출장을 위해 비행기를 타면 가장 먼저 승무원들이 환한 미소로 맞아줍니다. 이들은 대부분 여성 승무원, 즉 스튜어디스Stewardess인 경우가 많은데요. 그래서 흔히 여객기 승무원 하면 스튜어디스를 먼저 떠올리게 됩니다. 하지만 최초의 항공 객실 승무원은 여성이 아닌 남성이었습니다. 스튜어드Steward라고 부르는데요. 기록상 세계 최초의 객실 승무원은 독일인 하인리히 쿠비스입니다.

1888년생인 쿠비스는 24세 때인 1912년에 비행선 체펠린으로 세계 최초로 상업 운항을 시작한 독일 항공사 델라그DELAG에 입사했습니다. 참고로 델라그도 세계 최초의 항공사로 언급됩니다. 쿠비스는 1912년 3월부터 비행선 승객의 식사 제공 등 객실 서비스를 담당했는데요. 앞서 프랑스 파리와 영국 런던의 유명 호텔에서 근무한 경력이 도움이 됐다고 합니다.

그는 1937년 미국에서 일어난 독일 비행선 힌덴부르크호 화재 사고 당시 수석사무장을 맡고 있었는데, 가까스로 탈출에 성공해 목숨을 건졌다고 합니다. 그 사고로 안타깝게도 조종사, 승무원과 승객 97명 중

35명이 사망했습니다.

그런데 비행기가 아닌 비행선이니 엄밀히 따지면 쿠비스는 현재 개념의 객실 승무원은 아니지 않느냐고 반론을 제기할 수도 있을 것입니다. 하지만 최초의 객실 승무원이 남성이란 사실은 바뀌지 않습니다.

왜냐하면 1928년 여객기에 가장 먼저 객실 담당 전문요원 제도를 도입한 독일의 항공사 루프트한자가 채용한 객실 승무원 역시 남성이었기 때문입니다. 아마도 유럽에서는 전통적으로 고급 서비스 업무를 남성이 담당해왔기 때문일 거라는 설명인데요. 지금도 유럽 등지의 외국 항공사에는 남성 승무원이 꽤 많습니다.

최초의 여성 객실 승무원이 등장하는 건 1930년 미국에서입니다. 유나이티드항공의 전신인 '보잉 에어 트랜스포트'에서 25세의 엘렌 처치를 처음으로 채용했습니다. 미국 아이오와주 출신으로 간호사였던 엘렌 처치는 비행기 조종사가 꿈이었습니다. 그러나 당시는 항공 시장이 막 태동하던 시기였고, 비행이 위험하다는 인식 때문에 여성의 진입이 쉽지 않았는데요.

하지만 처치는 포기하지 않았습니다. '간호사가 비행기에 탑승해 있으면 일반인의 비행 공포를 줄이는 데 도움이 될 것'이라며 항공사를 설득했고, 결국 승낙을 받아냈습니다. 비록 한두 번의 비행을 한 뒤 승객 반응을 보고 판단하겠다는 조건부였지만, 최초의 스튜어디스가 탄생하는 순간입니다.

처치의 첫 비행은 1930년 5월 15일 미국 오클랜드발 샤이안행 항공기였고, 10여 명의 승객을 담당하게 됐는데요. 처치에 대한 승객의 반응은 대단히 좋았고, 덕분에 그는 7명의 여승무원을 더 모집하는 권한까지 부여받게 됩니다.

대한항공 남녀 승무원

이후 미국은 물론 유럽의 항공사까지 경쟁적으로 여성 승무원 채용에 나서게 되는데요. 1930년대 미국의 여성 승무원 채용 조건은 우선 간호사 자격증이 있어야 하고, 25세 이하의 독신이어야 했습니다. 또 키는 162cm, 몸무게는 52kg 이하로 제한했는데요. 이는 당시 비행기가 작은 데다 성능이 떨어져 많은 무게를 감당할 수 없었기 때문이라고 합니다.

당시 여승무원들은 객실 내 서비스 외에도 여행 가방을 비행기에 싣거나 급유, 심지어는 조종사와 함께 비행기를 격납고까지 밀어서 넣는 일도 했다고 하는데요. 고되기는 하지만 월급은 꽤 괜찮은 편이었다고 합니다.

하지만 최초의 여승무원이었던 처치는 오래 근무하지는 못했는데요.

교통사고로 인해 18개월 만에 승무원 생활을 접어야 했습니다. 이후 간호사로 복귀했고, 제2차 세계대전 때는 미국 간호사부대의 대장을 맡기도 했습니다.

미국 아이오와주의 크레스코시는 1965년에 승마 사고로 사망한 그를 기려 공항의 이름을 '엘렌 처치 필드Ellen Church Field'로 정했다고 합니다.

엘렌 처치에 가려 상대적으로 덜 주목을 받았지만, 유럽 최초의 여승무원인 넬리 디너(당시 22세)도 당시 꽤 관심을 끌었다고 하는데요. 그는 1934년 5월 스위스 에어의 객실 승무원으로 채용돼 유럽 최초의 스튜어디스가 됐습니다. 하지만 채 3개월도 안 된 그해 7월 말 독일에서 발생한 항공기 추락 사고로 유명을 달리하게 됩니다.

간략하게 살펴봤지만, 객실 승무원의 역사는 100년이 넘습니다. 상당히 오래된 직업이죠. 앞으로 100년 뒤 항공 여행은 어떤 식으로 변해 있을지, 어떤 객실 서비스가 등장할지 궁금해집니다. ✈

# 비행기 폭발, 109명 전원 사망!
## 쇳조각 하나가 부른 참사

지난 2000년 7월 25일 미국 뉴욕을 향해 프랑스 파리의 샤를 드골공항을 이륙하던 에어프랑스 4590편 콩코드 여객기가 채 2분도 안 돼 추락하는 안타까운 사고가 있었습니다.

이 사고로 승무원과 승객 109명이 전원 사망하고, 비행기가 추락한 호텔의 직원 4명도 숨졌습니다. 눈 깜짝할 사이에 일어난 참사의 원인은 조사 결과 활주로에 떨어져 있던 길이 40cm가량의 쇳조각 때문이었는데요. 콩코드기에 앞서 공항을 떠난 미국 콘티넨털항공 여객기의 엔진 덮개에서 떨어져 나온 부품이었습니다.

콘티넨털항공 여객기는 무사히 이륙하고 착륙도 했지만, 그 불똥이 콩코드기에 튄 겁니다. 이륙을 위해 활주로를 달리던 콩코드기가 문제의 쇳조각을 밟으면서 타이어가 터졌고, 그 파편이 연료탱크를 강하게 가격해 화재가 발생했습니다. 급기야 엔진에까지 이상이 생기면서 콩코드기는 결국 추락하고 말았던 겁니다.

활주로에 떨어진 이물질로 인한 크고 작은 사고는 끊이질 않는데요. 2019년 4월 2일에는 스페인 바르셀로나를 떠나 인천공항으로 돌아올 예정이던 아시아나항공 여객기가 활주로를 달리던 중 타이어가 손상됐습니다. 확인해보니 활주로에 있던 이물질 때문에 타이어에 구멍이 뚫린 것으로 밝혀졌습니다. 이 사고로 항공편 출발이 27시간가량 늦어졌습니다.

이처럼 공항 활주로 또는 계류장 등에 떨어져 자칫 사고의 원인이 될 수도 있는 이물질을 'FOD Foreign Object Debris'라고 부릅니다. 쇳조각, 돌, 아스팔트 파편, 항공기나 차량 파편, 쓰레기, 정비용 부품, 타이어 파편뿐 아니라 야생동물이나 뱀도 FOD에 포함되는데요. 이런 이물질들은 항공기 타이어에 손상을 입히거나, 아니면 타이어에 부딪치며 튀어 올라 엔진이나 다른 부위에 큰 충격을 줄 수 있어 상당히 위험한 존재들입니다.

국제항공운송협회IATA에 따르면 매년 FOD로 인한 손실이 전 세계적으로 약 40억 달러(약 4조 7,000억 원)에 달한다고 합니다. 여기에 사고 조치를 위한 활주로 폐쇄 때문에 발생하는 운항 지연 등에 따른 간접비용은 10배에 달하는 것으로 알려져 있습니다. 이 때문에 각 공항에서는 이러한 FOD 제거를 위해 총력전을 펼치고 있는데요. 인천공항도 마찬가지입니다. 인천공항에서는 FOD 수거용 특수차량과 10여 명의 전담 인력을 동원해 매일 활주로와 계류장 등 항공기가 이동하는 전 지역에 떨어진 이물질을 치우고 있습니다.

하루 4번, 6시간 간격으로 정기점검을 하고, 관제기관이나 조종사 등이 요청할 경우 수시로 특별 점검도 시행합니다. SUV 차량이 대열을 이뤄 달리면서 이물질이 떨어졌는지, 활주로에 이상은 없는지를 확인합니다.

또한 금속 물질을 제거하기 위해 자석 막대를 붙인 특수차량을 활용

활주로 이상 유무를 점검하는 차량들          출처: 인천공항

활주로를 청소하는 특수차량들          출처: 인천공항

하거나 트럭이 이물질을 쓸어 담는 매트를 달고 활주로나 계류장 등을 돌아다니는 방식입니다. 점검 인력 10여 명이 직접 비닐 마대와 집게를 들고 다니면서 눈에 보이는 대로 이물질을 주워 담기도 합니다.

이렇게 수거되는 FOD는 월평균 $3m^3$가량의 부피라고 하는데요. 작은 방 하나는 가득 채울 정도의 양입니다. 타이어 미끄러짐 등을 방지하기 위해 정기적으로 실시하는 타이어 찌꺼기 제거 작업까지 포함하면 활주로 안전 관리에 들이는 시간과 비용은 상당한 수준입니다.

이처럼 FOD 제거에 힘을 쏟는 건 다른 공항들도 마찬가지인데요. 최근 중동의 허브Hub공항으로 떠오른 두바이공항에서는 상황에 따라 일부 활주로를 폐쇄하고 점검한다고 합니다. 캐나다와 영국, 호주 등의 공항에서는 활주로에 떨어진 이물질을 감시하는 레이더까지 설치했다고 하네요.

군사공항이나 항공모함 역시 FOD는 무서운 적입니다. 승무원들이 일렬로 늘어서서 활주로 위에 떨어진 이물질이 없는지 눈으로 확인하면서 걷는 장면이 종종 소개되기도 하는데요. FOD로 인한 위험은 민간 항공기나 군용기 모두 똑같은 상황이기 때문입니다. 겉으로는 평온해 보이는 공항이지만, 속으로는 안전 운항을 위해 곳곳에서 치열한 작업이 벌어지고 있습니다. ✈

# 2kg도 안 되는 새가 64톤 흉기로,
## 버드 스트라이크의 공포

2018년 4월 미국 사우스웨스트항공의 B737기가 엔진 폭발을 일으켜 비상착륙을 했습니다. 승객 144명을 태우고 뉴욕 라과디아공항을 출발해 댈러스 러브필드공항으로 가던 길이었는데요. 당시 비행기 왼쪽 날개의 엔진이 폭발하면서 튄 파편에 기내 창문이 깨졌고, 40대 여성이 기체 밖으로 빨려 나갈 뻔했으며, 결국 크게 다쳐 사망했습니다.

사고 조사에 나선 미 연방교통안전위원회[NTSB]는 일단 엔진 속에 있는 팬 블레이드(날)가 분리돼 사라진 점 등을 들어 '금속피로[Metal fatigue]'를 의심했는데요. 금속피로는 고속으로 회전하는 기계 장치 등에서 지속적인 진동 때문에 금속이 물러지면서 균열을 일으키는 현상을 말합니다.

문제는 이 현상이 왜 생겼느냐는 것입니다. 일부 미국 언론에서는 새와의 충돌, 즉 '버드 스트라이크[Bird strike]'를 의심하고 있습니다. 비행기와 충돌한 새가 엔진에 빨려 들어가면서 고장을 일으켰을 가능성이 있다는 건데요. 물론 정확한 사고 원인은 상당 기간 정밀 조사를 거쳐야 밝혀질 겁니다.

그런데 이 같은 추정이 나오는 이유는 유사한 사고가 적지 않기 때문입니다. 2016년에 개봉한 영화 〈설리SULLY〉가 대표적입니다. 톰 행크스가 주연한 이 영화는 2009년 1월 15일에 발생한 US 에어웨이스 1549편의 불시착 상황을 다루었습니다.

당시 이 항공기는 승객과 승무원 155명을 태우고 뉴욕 라과디아공항에서 이륙한 직후 무게가 3.2~6.5kg(수컷 기준)이나 되는 캐나다 거위 떼와 충돌했습니다. 이로 인해 엔진에 불이 붙으면서 센트럴 파크 인근 허드슨강에 불시착했는데요. 이런 비상 상황에서도 전원이 생존하면서 '허드슨강의 기적Miracle on the Hudson'이라는 별칭이 붙기도 했습니다.

2018년 3월에는 중국 톈진을 출발한 에어차이나 CA103편이 홍콩으로 향하던 중 새와 정면으로 충돌해 기체 기수 쪽에 거의 1m에 달하는 구멍이 뚫린 사고가 있었습니다. 다행히 외벽에만 구멍이 뚫려 큰 피해는 없었다고 합니다.

국내에서도 버드 스트라이크로 인해 이륙했던 비행기가 회항해 긴급점검을 받는 일이 종종 일어납니다. 2016년에만 288건의 조류 충돌이 보고됐습니다. 이러한 조류 충돌이 생기면 인명 피해는 물론, 경제적 손실도 적지 않습니다. 부품 교체와 수리, 항공기 지연에 따른 피해 등인데요. 버드 스트라이크로 인한 경제적 피해가 전 세계적으로 연간 12억 달러(약 1조 3,000억 원)에 이르는 것으로 추정됩니다. 또 버드 스트라이크의 5%가량이 심각한 사고로 이어진다는 분석도 있습니다.

사실 얼핏 생각해보면 엄청난 크기의 항공기가 자그마한 새와 부딪친다고 무슨 충격이 있을까 하는 의문이 들 수도 있는데요. 연구 결과는 전혀 다릅니다. 무게 1.8kg짜리 새가 시속 960km로 날고 있는 항공기와 부딪치면 64톤 무게의 충격을 주는 것과 같다는 겁니다. 그야말로 엄청난 흉기로 변한다는 의미인데요.

다행히 순항 중인 경우에는 고도가 높아 버드 스트라이크가 일어날 가능성은 크지 않습니다. 문제는 이륙과 상승, 하강과 착륙 때인데요. 공항 인근에 서식하는 새 떼와 만날 확률이 높기 때문입니다. 시속 370km로 이륙하는 항공기가 채 1kg도 안 되는 새 한 마리와 부딪치면 약 5톤의 충격이 가해진다는 조사 결과도 있습니다. 실제로 외국의 버드 스트라이크 사고 중에는 대형 조류가 조종석 입구까지 뚫고 들어온 경우도 있습니다.

가장 위험한 것은 앞선 불시착 사고들처럼 새가 엔진 속으로 빨려 들어갈 때입니다. 엔진 내부를 망가뜨리거나 심하면 엔진을 태워버릴 수 있기 때문입니다. 그래서 비행기 제작사들은 버드 스트라이크 위험을 줄이기 위해 조종석 유리창을 특별히 여러 겹으로 만듭니다. 또 엔진 개발 단계에서 새를 빨아들인 상황을 가정해 보완책을 찾기도 합니다.

전 세계 공항별로 주변에 서식하는 조류의 종류가 다양한데요. 국내에서는 텃새인 종다리가 가장 골칫거리로 확인됐습니다. 2017년 국립생물자원관이 밝힌 연구 결과에 따르면 항공기와 충돌한 조류 가운데 종다리가 10.9%로 가장 많았습니다. 이어서 멧비둘기(5.9%), 제비(5.3%), 황조롱이(3.6%) 순이었는데요.

공항 주변에서 자라는 식물을 먹기 위해 곤충이 모여들고, 이를 잡아먹는 작은 새가 날아오고, 다시 이 새를 먹이로 삼는 맹금류가 찾아오다 보니 버드 스트라이크가 잦아진다는 설명입니다.

이 때문에 공항들은 조류 충돌 예방에 매우 신경을 쓰고 있습니다. 국내에서도 새를 쫓기 위해 엽총과 각종 음향기를 갖춘 조류 퇴치팀을 운영하고 있고, 요즘에는 첨단기기까지 동원하고 있는데요.

공항 주변 새를 쫓는 조류 퇴치반　　　　　　　　　　출처: 인천공항

　인천공항은 2018년 조류 퇴치를 위해 첨단 드론을 도입했습니다. 공항 주변을 날아다니면서 새 떼가 발견되면 엽총 소리를 내고, 새들이 무서워하는 맹금류의 울음소리를 퍼뜨려 새들을 쫓아내는 겁니다. 작은 탱크 모양으로 새들이 싫어하는 소리를 내서 새 떼를 몰아내는 장비도 있습니다.

　아예 공항 주변에 새들이 서식하지 못하도록 환경을 바꾸는 경우도 있습니다. 호주에서는 공항 주변에서 버드 스트라이크를 자주 일으키는 새의 먹이가 되는 특정 식물을 조절함으로써 새들의 서식을 줄이는 대책을 마련 중인 것으로 알려져 있는데요. 인천공항에서도 한때 공항 주변 소규모 하천을 모두 보도블록으로 메워버리는 '건천화乾川化' 사업을 진행한 바 있습니다. 또 인근 골프장에는 새들이 날아들지 못하도록 큰 나무도 심지 못하게 했습니다.

이처럼 여러 방면에서 버드 스트라이크를 줄이고자 노력하고 있지만 좀처럼 사고가 근절되지는 않고 있는데요. 새도 보호하면서 항공기 안전을 담보할 수 있는 획기적인 방안이 개발되길 기대해봅니다. ✈

# 비행기 타면 나만 서늘한 건가?
## 객실 온도는 평균 24도

여행이나 출장을 위해 비행기를 타면 실내가 왠지 서늘하다는 느낌이 들지 않으시나요? 승객에 따라서는 '춥다'며 승무원에게 담요를 요청하는 경우도 흔히 볼 수 있습니다. 또 잠을 청할 때 담요로 온몸을 감싸는 모습도 자주 볼 수 있습니다. 그렇다면 비행기 실내 온도는 실제로 몇 도나 될까요?

대한항공의 도움을 받아 비행기 실내 온도와 공기 순환 방식을 알아봤습니다. 아마도 이런 부분에선 다른 항공사도 별 차이가 없을 듯한데요. 우선 실내 온도는 사시사철 영상 24도를 기준으로 합니다. 여기서 1도 안팎으로 차이가 나는 정도라고 하네요. 일반적으로 많은 사람이 가장 쾌적하다고 느끼는 수준으로 설정했다는 설명입니다.

그런데 유독 비행기를 타면 서늘함을 느끼게 되는 건 아마도 낮은 습도 탓도 있는 것 같습니다. 여름철 같은 기온이라도 건조한 날에 더 시원함이 느껴지는 것과 일맥상통합니다. 일반적으로 기내 습도는 약 11% 수준인데요.

실내 적정 습도는 기온에 따라 다르지만 40~60%인 점을 감안하면 비행기 실내는 상당히 건조한 상태입니다. 그래서 연예인들이 피부 관리를 위해 비행시간 동안 보습 크림 한 통을 얼굴에 다 바른다는 얘기도 나올 정도인데요. 참고로 24도를 기준으로 하면 실내 적정 습도는 40%입니다. 보잉사의 최신 기종인 B787은 습도를 다른 기종보다 높은 15~16% 수준으로 올렸다고 하는데요. 쾌적함을 높이기 위해서입니다.

그럼 비행기는 실내 온도를 어떻게 조절하는 걸까요? 바로 에어컨을 통해서인데요. 가동 방식은 일반 에어컨과 다릅니다. 비행기가 3만 피트(약 9,000m) 상공을 날 때 외부 온도는 섭씨 영하 50도 이하라고 하는데요. 이렇게 보면 비행기 에어컨은 바깥 온도보다 실내 온도를 더 높게 하는 셈입니다.

에어컨 가동을 위해서는 많은 양의 공기를 쓰게 됩니다. 기내에 공급되는 공기량의 50%는 객실에서 배출된 공기를 여과해 재사용하고, 나머지 50%는 항공기 엔진을 통해 외부 공기를 기내로 들여오는데요.

외부 공기는 엔진 압축기를 통과하며 압축되는데, 이때 공기 온도가 섭씨 200도까지 가열되기 때문에 완전한 멸균 상태가 된다고 합니다. 이 공기는 다시 오존 정화 장치를 거쳐 에어컨 팩Pack으로 옮겨져 냉각 과정을 거치게 되는데요.

일반 에어컨이 냉매를 사용하는 것과 달리 비행기는 압축공기를 팽창시켜 냉각시키는 방식의 에어컨 팩을 사용합니다. 이렇게 식혀진 공기와 실내 공기를 정화한 공기가 만나 객실 선반의 흡입구(송풍구)를 통해 들어가게 되는데요.

실내 공기를 다시 정화하면 혹시 오염물질이 있지 않을까 걱정하는 분도 있을 텐데요. 실내에서 배출된 공기는 헤파필터HEPA, High Efficiency Particulate Air란 특수 장치를 통해 공기 속 바이러스를 99.9%까지 걸러낸

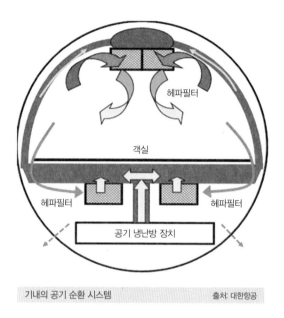

헤파필터

객실

헤파필터　헤파필터

공기 냉난방 장치

기내의 공기 순환 시스템　　　　　출처: 대한항공

다고 합니다.

　또한 객실 내 공기는 2~3분 간격으로 계속 환기시킨다고 합니다. 악취나 오염된 공기를 차단하는 기체필터Air Purification Filter도 동원되는데요. 특히 객실 공기는 수평으로 흐르지 않고 수직으로 흐르기 때문에 바이러스 감염 위험이 상대적으로 낮다고 합니다. 즉 공기의 흐름이 에어커튼처럼 승객의 머리 위에서 발밑으로 흐르는 겁니다.

　때문에 춥다고 느껴지더라도 선반 쪽 흡입구를 잠그면 안 됩니다. 깨끗한 공기의 흐름을 막는 셈이 되기 때문입니다. 이처럼 최첨단 기능으로 실내 온도를 유지하고, 환기하기 때문에 비행기 실내 공기가 지상의 공기보다 훨씬 깨끗한 수준이라고 항공사는 말하고 있습니다.

　참고로 화물칸은 개나 고양이 등을 태우는 경우 영상 7~24도로 유지한다고 합니다. 동물의 종류와 화주의 요청에 따라 온도를 조절하는 건데요. 개는 10~27도 사이, 고양이는 7~24도 사이 정도입니다. 이런 경우가 아니라면 화물칸 온도는 달리 신경 쓰지는 않는 것 같습니다.

　이러한 항공기 에어컨 시스템으로 인해 추위를 느낀 승객이 실내 온도를 높여달라고 요구해도 받아들여지기 어렵습니다. 따라서 추위에 민감한 승객이라면 탑승 전에 미리 여벌의 겉옷을 준비하는 것도 좋은 방법일 듯싶습니다. ✈

# 공항에서 가장 늦게 체크인하면
## 짐이 정말 빨리 나올까?

≫

"공항에서 맨 마지막에 체크인을 하면 목적지에 도착했을 때 짐이 빨리 나올까요?"

해외여행을 자주 다니는 분들에게 간혹 이런 질문을 받습니다. 때로는 "체크인을 빨리하면 그만큼 나중에 빨리 수하물을 찾을 수 있는 것 아닌가요?"라고 묻는 경우도 있습니다. 수하물도 선착순 원칙에 따라 먼저 보낸 순서대로 나오는 것 아니냐는 질문인 셈인데요.

이처럼 여행이나 출장을 위해 비행기를 탈 때 은근히 신경 쓰이는 것 중 하나가 목적지에서 수하물을 찾는 일입니다. 가급적 빨리, 별 탈 없이 짐을 찾아서 공항을 떠나고 싶기 때문일 겁니다.

그러면 정말 공항에서 맨 마지막 또는 맨 처음에 체크인을 하면 화물칸으로 부친 짐이 빨리 나오기는 하는 걸까요? 궁금증을 풀기 위해 대한항공과 아시아나항공에 문의했습니다. 그랬더니 공통된 답은 '별 효과 없다'였습니다.

대한항공과 아시아나항공 같은 대형 항공사의 경우 비행기가 도착한 뒤 화물칸에 실려 있던 짐이 나오는 순서는 대부분 유사합니다. 우선

퍼스트 클래스, 즉 일등석 승객의 수하물이 가장 먼저 나오고, 비즈니스 클래스의 짐이 뒤를 따릅니다.

그다음은 항공사별로 운영 중인 멤버십이 우선하는데요. 대한항공은 ▷밀리언 마일러(100만 마일리지 이상) ▷모닝캄 프리미엄(50만 마일리지 이상) ▷모닝캄 회원 등이 해당합니다. 아시아나항공은 ▷플래티늄(100만 마일리지 이상) ▷다이아몬드 플러스(50만 마일리지 이상) ▷다이아몬드 ▷ 골드 등의 멤버십이 있습니다.

이런 승객들의 짐이 다 나온 뒤에 이코노미석, 즉 일반석 짐이 풀리기 시작합니다. 여기서 잠깐! 어떻게 짐들을 미리 좌석별, 멤버십별로 구분해놓을까요?

우선 대형 비행기에서 주로 사용하는 항공기용 컨테이너에 그 답이 있습니다. 대한항공에서 운영하는 A380은 컨테이너(규격 162×156× 154cm) 34개가 들어갑니다. 또 B747-8i는 컨테이너를 38개까지 실을 수 있다고 하는데요.

일등석과 비즈니스석 그리고 주요 멤버십 고객의 짐은 이들 컨테이너에 별도로 구분해서 싣고 내리게 됩니다. 컨테이너별로 표시가 되어 있기 때문에 항상 먼저 처리해서 짐이 빨리 나오게 되는 겁니다.

반면 B737처럼 작은 비행기는 컨테이너 대신 팔레트를 사용해 짐을 싣습니다. 물론 여기서도 좌석 등급이나 멤버십별로 짐을 구분해 팔레트에 놓게 됩니다. 그런데 단거리 비행에서는 팔레트를 쓰지 않고, 가방을 그냥 화물칸에 직접 싣는 경우도 있다고 하는데요. 이런 경우 체크인 때 가방에 붙여놓은 등급별 표식(태그)을 확인해서 일등석, 비즈니스석 등의 순서대로 짐을 내리게 됩니다.

그럼 가장 수가 많은 일반석의 수하물은 어떤 순서로 내릴까요? 체

입국장의 수하물 수취대            출처: 인천공항

크인 선착순 혹은 그 반대일까요? 답은 말 그대로 '복불복'입니다. 일반석 짐을 처리하는 데 달리 정해진 순서가 없다는 얘기인데요. 우선 작업자들이 어떤 컨테이너를 먼저 내리느냐가 중요합니다. 그리고 이렇게 내려진 여러 개의 컨테이너 중에서도 어떤 걸 먼저 열어서 짐을 세관 구역의 수하물 수취대와 연결된 컨베이어 벨트에 먼저 올려놓느냐에 달려 있습니다.

항공사들에 따르면 일반적으로 승객들이 체크인한 순서대로 수하물 작업을 하는 건 맞습니다. 그런데도 일반석 짐이 나오는 순서가 '복불복'이 되는 이유는 마지막에 컨테이너 등을 화물칸의 어느 위치에 싣느냐에 또 다른 원칙이 적용되기 때문입니다.

승객들의 탑승 수속이 끝나면 수하물 적재 책임자(로드 마스터)가 화물 팔레트와 컨테이너 등의 무게를 종합적으로 고려해 비행기의 무게 균형에 맞게 화물 적재를 지시합니다. 이 지시에 따라 짐을 싣다 보면 내 짐이 어느 위치에 실릴지는 사실 알 수 없습니다.

즉 맨 마지막에 체크인을 한다고 해서 내 짐이 실린 컨테이너나 팔레트가 화물칸 입구 가까이에 실리는 게 아니라는 것입니다. 또 맨 처음 수속했다고 해서 화물칸의 가장 안쪽에 실리는 것 역시 아닌 겁니다.

일부에서는 체크인 때 카운터 직원에게 'Fragile(깨지기 쉬움)' 표지를 붙여달라고 하면 나중에 짐이 빨리 나온다는 말도 하는데요. 이 표시는 짐 속에 충격에 약한, 깨지기 쉬운 물건이 있으니 주의해서 취급해달라는 의미입니다. 간혹 이런 짐은 따로 분류해뒀다가 맨 마지막에 싣기도 합니다. 하지만 앞서 설명했듯이 짐이 실리는 위치는 유동적이기 때문에 그리 효과는 없다는 게 항공사 관계자들의 말입니다.

또 좌석 등급이 한 가지인 저비용 항공사LCC, Low Cost Carrier에서는 비상구 좌석 등 추가 요금을 내고 구매한 좌석에 한해 별도의 태그를 달아 수하물을 빨리 처리해주는 서비스를 제공하기도 합니다. 약간의 돈을 더 내고 조금 편한 좌석에 앉고, 짐도 가장 먼저 찾을 수 있는 편리함이 있습니다.

하지만 역시 가장 확실한 방법은 '여유'를 갖고 기다리는 것입니다. 기분 좋은 여행과 출장을 위해 짐이 다소 늦게 나오더라도 인내심을 갖고 차분히 기다리는 게 최선이 아닐까 싶습니다. 물론 아무리 기다려도 짐이 나오지 않을 땐 해당 항공사 직원에게 빨리 도움을 요청하는 걸 잊어선 안 됩니다. ✈

# 07

# "남친과 싸웠다, 비행기 문 열어달라!"
## 민폐 승객 34%가 개인적인 이유 때문

2019년 5월 제주공항에서 이런 일이 있었습니다. 김포공항행 승객들이 모두 여객기에 탑승한 뒤 문이 닫혔고, 이어 여객기는 활주로를 향해 움직이기 시작했습니다. 그때 갑자기 한 여성 승객이 공황장애를 호소하며 '내려달라'고 요청했습니다. 승무원들이 공항 종합상황실에 이 사실을 알렸고, 비행기는 다시 출발 게이트로 돌아와 여성 승객을 내려줬습니다. 그 뒤 기내 객실에 대한 보안 점검 등 후속 절차가 다시 진행됐고, 비행기는 예정보다 45분가량 늦게 출발했습니다.

이렇게 비행기에 탑승한 뒤 승객이 여러 이유로 '내려달라'고 먼저 요청하는 걸 항공 용어로 '자발적 하기下機'라고 부르는데요. 국회와 국토교통부에 따르면 2016~2018년 사이 승객 요청에 따라 이륙 전에 비행기에서 내려준 사례는 모두 1,120건입니다. 이 수치도 해마다 늘어나는 추세인데요. 2016년 313건에서 2017년에는 365건, 그리고 2018년에는 442건이나 됐습니다. 하루에 1건 이상 자발적 하기가 발생하는 셈입니다.

가장 많은 이유는 앞서 본 사례처럼 공황장애나 심장 이상 같은 건강상 사유로 절반이 넘는 614건(54.8%)을 차지합니다. 2019년 초에도 인천공항발 일본 도쿄행 항공기에 탑승했던 30대 남성 승객이 갑자기 심장 이상을 호소해 비행기에서 내린 일이 있었습니다. 이때도 보안 점검 등 후속 조치를 거치느라 1시간 가까이 출발이 지연됐습니다.

현행 규정상 자발적 하기를 요청하는 승객이 있으면 해당 공항의 종합상황실에 즉시 보고해야 합니다. 그리고 출발 게이트로 돌아온 뒤 공항 보안 당국의 판단에 따라 승객을 모두 내리게 한 후 보안 재점검을 하기도 합니다.

굳이 승객 전부가 내릴 필요가 없다고 판단되면 자발적 하기를 요청한 승객이 앉았던 자리와 주변에 대한 점검을 하는 정도로 마무리되는데요. 물론 해당 승객이 맡긴 수하물을 화물칸에서 찾아 꺼내는 작업 시간도 필요합니다. 아무튼 이런 과정을 거치다 보면 비행기 출발은 대부분 1시간, 길게는 2시간 넘게 지연되기도 합니다. 이 때문에 항공사는 물론 다른 승객들의 불편과 시간 손실이 상당한데요.

하지만 건강상 사유는 불가피하고, 누구에게나 발생할 수 있는 경우이기 때문에 서로 조금씩 이해해야 할 것 같습니다. 또 한 가지, 가족 사망 같은 사유가 있는데요. 이는 51건(4.5%)이 있었습니다. 이 또한 양해가 필요한 사안으로 보입니다.

문제는 출장이 갑자기 취소됐다거나, 어제 술을 많이 마셔서 비행이 어렵다거나, 문득 여행을 가고 싶지 않아졌다는 등 개인적 사유로 내려 달라고 요청하는 경우입니다. 3년간 385건(34.4%)이나 됐는데요. 이때도 기내 폭발물 검사와 보안 점검 등 후속 조치는 필수이기 때문에 다른 승객과 항공사에 끼치는 손해가 상당합니다.

실제로 지난 2011년에는 포항발 김포행 항공기에 탑승했던 30대 여성이 '방금 남자 친구와 통화하다가 싸움이 났는데 지금 당장 내려서 만나러 가야겠다'며 하기를 요청한 일이 있었습니다.

당시 비행기는 이륙을 위해 활주로에 들어선 상태였습니다. 승무원들이 '지금 내리게 되면 다른 승객들에게 큰 불편을 주게 된다'며 만류했지만, 이 여성은 막무가내로 '내려달라'고 소리를 질렀다고 합니다. 결국 비행기는 게이트로 돌아가 이 여성을 내려줘야 했습니다. 물론 다른 승객들 역시 비행기에서 내렸다가 다시 타는 불편을 겪었는데요. 이렇게 해서 출발이 1시간이나 늦어지고 말았습니다.

2016년에는 김포발 제주행 여객기에 탔던 30대 여성 승객이 갑자기 '제주도 날씨가 좋지 않다고 하니 내려달라'고 요청하는 바람에 출발이 2시간 반가량 지연되기도 했습니다.

이러한 문제들 때문에 항공사에서는 하기를 요청하는 승객에게 공항테러보안대책협의회 명의로 된 '항공기 탑승 후 하기 시 관련 절차 안내'라는 안내문을 제시하는데요. 안내문에는 자발적 하기 시 관련 규정에 따라 보안 관계기관이 실시하는 조사를 받아야 하며, 해당 승객의 하기로 인해 비행기 출발이 평균 1시간 이상 지연될 수 있다는 내용이 담겨 있습니다.

하지만 별 효과는 없다고 합니다. 현행 규정상 자발적 하기를 한 경우 특별히 불법적 요소만 없다면 별다른 책임을 지지 않기 때문입니다. 그러다 보니 심경 변화 등 지극히 개인적인 사유로 비행기 출발을 지연시키는 경우가 줄지 않고 있는데요. 이런 사례를 줄이기 위해 2018년 10월 '항공보안법' 개정안이 발의되기도 했습니다.

이 개정안은 자발적 하기를 요청한 승객이 사유에 대한 증빙자료를 추후 제출하지 않거나, 거짓으로 제출한 경우 1,000만 원 이하의 벌금을 부과하도록 하는 내용을 담고 있었는데요.

공황장애나 폐소공포증 등이 이유인 승객 가운데 의외로 해외여행을 여러 차례 하는 등 다소 의심스러운 사례도 있었기 때문입니다. 또 부득이한 사유 없이 항공기에서 내린 사람 역시 1,000만 원의 벌금을 부과하도록 했습니다. 그러나 이 개정안은 20대 국회에서 결국 처리되지 못하고 임기 만료로 폐기됐는데요. 하지만 이런 개정안까지 나오게 된 사연은 충분히 짐작이 갑니다.

## 📍 항공기 탑승 후 하기 시 관련 절차 안내문

| 항공기 탑승 후 하기 시 관련절차 안내 | Guidelines for disembarking the aircraft after boarding | 航空機搭乗後、降機する際のご案内 | 有关乘坐飞机后下机的程序指南 |
|---|---|---|---|
| 귀하는 항공기 탑승 후 자발적 의사로 하기할 경우 아래와 같은 절차를 따라야 함을 안내드립니다. | In case of voluntarily disembarking the aircraft after boarding, passengers are required to follow procedures as below: | 航空機への搭乗後、ご自身の意思で降機される場合、次の手順に従って頂きます様、ご案内致します。 | 旅客乘坐飞机后自愿下飞机时，要跟随以下程序。 |
| ○ 귀하는 『항공보안법 시행규칙』제3조의5 및 『국가항공보안계획』7.6.12호에 따라 다른 승객의 안전 및 하기 사유 확인을 위하여 보안관계기관이 실시하는 조사를 받으셔야 합니다. (평균 30분 내외 소요) | ○ According to the Section 5, Article 3 of Aviation Security Act and Clause 12, Section 6, Article 7 of National Aviation Security Plan, passengers are required to participate in the investigation conducted by relevant authorities for the safety of other passengers and to confirm the reason of disembarkation(the investigation may take approximately 30 minutes). | ○ 「航空保安法の施行規則」第3条5及び「国家航空保安計画」7.6.12号に基づき、他の乗客の安全及び降機理由確認のため、保安関係機関が実施する調査を受けなければなりません。（所要時間 約30分） | ○ 根据《航空安保法施行规则》第3条第5行以及《国家航空安保计划》7.6.12号条例,为了确保其他乘客的安全以及确认下飞机的原因，您需要接受安保机关实施的调查。（平均30分钟） |
| ○ 귀하의 하기에 따라 기내 재검색, 승객 전원 하기 등이 실시될 수 있으며, 이로 인해 해당 항공기의 출발 시간이 지연됩니다. (평균 60분 지연) | ○ Your disembarkation of the aircraft may lead to deplaning of the entire passenger crew and another cabin security check, which will result in delay of take-off (the delay may be approximately 60 minutes). | ○お客様の降機により、機内再検査及び全乗客の降機などが実施される可能性もあり、それによって、当該航空機の出発が遅れることになります。（平均60分遅延） | ○ 您的下机行为将导致机内重检，全体乘客下机的现象，因而造成航班延误。（平均延迟60分钟） |
| ○ 또한, 하기 시 재탑승이 불가능할 수 있습니다. | ○ Moreover, once having disembarked the aircraft, passengers may not be allowed to re-board the plane. | ○また、降機した場合は再搭乗が出来なくなることもあります。 | ○并且，下机后将会被拒绝重新乘坐飞机。机场反恐安全对策委员会 |
| 공항테러보안대책협의회 | Airport Terrorism Security Council | 空港テロ保安対策協議会 | 机场反恐安全对策委员会 |

이 때문에 공황장애나 심장 이상 등 건강상 어려움을 겪는 경우에는 비행 전에 병원에 들러 검진을 받고, 약을 준비하는 등 미리 대비하는 게 안전한 항공 여행을 위해 필요하다고 항공사 관계자들은 조언합니다. 아울러 지극히 개인적 사유로 인한 하기 요청은 다른 승객들을 고려해서라도 자제해달라는 게 항공 업계의 당부입니다. 항공기를 탈 때는 나 한 사람의 고집으로 인해 많은 사람이 적지 않은 불편을 겪을 수 있다는 걸 잊어서는 안 됩니다. ✈

# 08

# 무심코 부친 가방 속 보조배터리,
## 항공기 출발을 늦춘다

2019년 초 해외여행을 위해 인천공항을 찾은 30대 회사원 A씨. 항공사 체크인 카운터에서 짐 가방을 부치고 비행기 티켓을 받았습니다. 당시 카운터 직원은 "혹시 부치는 짐 안에 휴대전화 보조배터리나 라이터 같은 금지 물품은 없습니까?"라고 물었고, A씨는 무심하게 "없습니다"라고 대답했는데요.

보안검색과 출국심사를 거쳐 출국장 안으로 들어간 지 얼마 되지 않아 전화벨이 울렸습니다. 받아보니 부친 가방 안에 보조배터리가 있는 것 같은데 수하물 검사실로 와서 확인해달라는 요청이었습니다. 부친 짐이 비행기 화물칸에 실리기 전에 시행하는 엑스레이 검사에서 보조배터리로 추정되는 물품이 발견된 겁니다.

부랴부랴 수하물 검사실을 찾아가 짐을 확인해보니 정말 보조배터리가 들어 있었던 겁니다. A씨는 '오래전에 가방 한구석에 넣어뒀던 걸 깜빡한 것 같다'고 말했습니다. 그나마 A씨는 일찍 연락이 닿은 편입니다. 항공기 출발 직전까지 가방 주인과 연락이 안 되면 항공사 직원들은 탑승구 앞에서 직접 승객을 찾아야 하는데요.

위탁수하물 금지품목 안내문　　　　　　　출처: 대한항공

　이때 승객이 '내가 직접 가서 확인해봐야겠다'고 주장하면 항공사 직원이 수하물 검사실까지 안내해서 다녀와야만 합니다. 이러면 탑승 완료 시간이 예정보다 늦어지고, 결국 항공기 출발까지 지연되는 상황이 생기게 됩니다. 짐 가방 속에 무심코, 또는 부주의하게 넣은 보조배터리 때문에 자칫 다른 승객들에게 큰 민폐를 끼칠 수 있는 것입니다.

　현장에서 근무하는 항공사 직원들은 "승객은 별 생각 없이 넣었다고 하지만 항공사 입장에서는 탑승 준비와 정상 운항에 상당한 지장을 받게 된다"고 말합니다.

휴대전화 보조배터리

그런데 확인해보니 이런 사례가 꽤 많았습니다. 인천공항에서만 위탁수하물(부친 짐) 속에 보조배터리나 라이터가 있는 것으로 의심돼 수하물 검사실에서 짐 가방을 확인하는 경우가 2019년 4월 기준으로 하루 평균 1,800건이 넘습니다. 한 달로 치면 5만 4,000건이나 되는 건데요. 이 가운데 실제로 금지 품목이 확인된 경우도 절반 가까이 됩니다. 휴대전화 보조배터리가 가장 많고, 라이터가 그 뒤를 잇는다고 합니다. 금지 물품은 국내에서는 '항공 안전과 보안에 관한 법률'에 따라 정해지며, 나라마다 조금씩 다를 수 있습니다.

항공사 중 운항 편수가 가장 많은 대한항공이 역시나 수하물 검사실로 향하는 짐도 최다인데요. 한 달 평균 2만 2,000건가량이 검사실로 가고, 그중 절반 정도에서 보조배터리 같은 금지 물품이 발견된다고 합니다.

휴대전화 보조배터리에 사용되는 리튬이온 배터리는 폭발력이 크지는 않지만, 화재 위험성이 높아 화물칸에 실어뒀다가는 자칫 대형 사고로 이어질 수 있습니다. 때문에 위탁수하물에는 절대 넣지 못하도록 규정하고 있습니다. 다만 개인 용도의 휴대용 전자기기에 한해 5개(용량 160Wh 이내)까지 기내에 가지고 탈 수는 있습니다.

2018년 8월에는 인천공항을 출발해 네팔로 향하던 대한항공 기내에서 승객이 충전 중이던 보조배터리에서 연기가 나 승무원들이 급히 소화기로 진화하는 사고도 있었는데요.

기내라서 빨리 확인이 가능했기 망정이지 화물칸에서 벌어졌다면 큰 화재로 이어졌을 가능성도 배제하기 어려워 보입니다. 이처럼 위험성이 적지 않은데도 여전히 보조배터리나 라이터를 위탁수하물에 넣는 사례가 많아 공항들에서는 엑스레이 검사와 짐 개장 검사를 통해 이를 찾아내고 있는데요.

엑스레이 검사에서 이상이 의심되면 일단 수하물 검사실로 짐이 옮겨집니다. 인천공항의 수하물 검사실은 제1여객터미널에는 23개, 제2여객터미널에 2개가 있습니다. 제1여객터미널의 경우는 항공사 체크인 카운터 주변에 검사실이 배치돼 있고, 제2여객터미널은 출국장 안쪽에 자리하고 있습니다. 제1여객터미널에서는 짐을 부치면 잠시 뒤 이상 유무가 확인되기 때문에 승객들은 잠시 체크인 카운터 주변에 머물러 달라는 요청을 받기도 합니다.

반면 제2여객터미널은 상대적으로 확인에 시간이 걸리는데요. 승객이 보안검색과 출국 수속을 하기 전에 이상 유무가 확인될 경우 출국·보안 검색대에 들어갈 때 탑승권과 여권을 찍으면 자동으로 신호가 뜹니다. 그런데 이보다 먼저 통과했다면 항공사 측에 연락이 가고, 항공사에서 승객에게 전화하는 등의 방식으로 찾게 된다고 합니다.

정 시간이 급할 경우에는 승객의 동의를 받아 검사실 요원들이 직접 가방을 열어서 문제의 물품을 빼낸 뒤 다시 화물칸으로 보내기도 하는데요. 이미 이륙한 뒤에 화물칸에 보조배터리가 실린 사실이 뒤늦게 확인되면 회항해야 할 수도 있습니다.

항공 안전과 보안을 위해서 필요한 절차들을 이행하는 것이기는 하지만, 승객이 애초에 짐을 쌀 때 조금만 더 주의를 했더라면 불필요한 수고나 민폐를 꽤 많이 줄일 수 있을 것 같은데요. 아이러니하게도 항공사 직원들도 종종 실수를 한다고 합니다. 짐을 쌀 때 규정이 모호하다면 인터넷에서 관련 규정을 찾아보거나, 아니면 항공사 안내 전화로 문의해서 확인하는 작은 노력이 필요합니다. 자신뿐 아니라 다른 승객과 항공사, 공항을 위해서 말입니다. ✈

# 발 쭉 뻗어도 되는 비행기 비상구 좌석, 이런 사람이 앉는다

여행이나 출장길에 여객기 일반석(이코노미석)을 타다 보면 유독 앞뒤 간격이 넓어 편하게 보이는 좌석 몇 개가 눈에 띕니다. 아예 앞 공간이 다 비어 있어 다리를 마음껏 쭉 뻗어도 되는 좌석도 있는데요. 바로 '비상구 좌석'입니다. 정확히는 비상구 옆 좌석이라는 표현이 맞는데요. 이 자리는 유사시 승객들이 대피해야 하는 공간이기 때문에 장애물이 없고 앞뒤 간격도 넓게 확보되어 있습니다.

그래서 이 비상구 좌석에 앉으면 비교적 편하게 여행이 가능합니다. 이 때문인지 일부 대형 항공사에서 관련 공무원들에게 이 좌석을 미리 배정해주는 특혜를 제공한 사실이 알려져 논란이 되기도 했습니다.

항공기 기종에 따라 다르지만, 일반석에서 이런 좌석은 대략 8~12개 정도 됩니다. 이 좌석을 배정하는 방식은 저비용 항공사와 대형 항공사가 전혀 다릅니다. 우선 저비용 항공사는 기내 좌석 중 상대적으로 선호도가 높거나 편한 좌석을 '프리미엄석'으로 분류해 추가 요금을 받고 판매하는 경우가 대부분입니다. 국내 저비용 항공사뿐 아니라 외국의 저비용 항공사들도 유사한데요.

노선에 따라서는 1만 5,000원 이상의 추가 요금을 부담해야 합니다. 대신 이런 좌석을 구매한 승객은 수하물이 빨리 나올 수 있도록 별도의 태그를 달아주는 등 다른 혜택이 주어지기도 합니다. 비교적 항공 요금이 저렴한 대신 지정 좌석 판매, 기내식 판매 같은 다양한 방식으로 추가 수입을 올리는 건 국내외 저비용 항공사가 모두 비슷합니다.

반면 대한항공이나 아시아나항공 같은 대형 항공사들은 비상구 좌석을 별도로 판매하지 않습니다. 다만 항공사별로 비상구 좌석을 배정하는 순서를 정해놓고 있는데요. 대한항공의 경우 1순위는 자사 편승 승무원과 추가 탑승 승무원입니다. 참고로 '편승 승무원'은 자신에게 배정된 승무 업무를 위해, 또는 승무 업무를 끝낸 뒤에 승객의 신분으로 공항과 공항 간을 이동하는 승무원을 말합니다.

이들은 사복을 입고 있긴 하지만 평소 비상 대응 요령 등을 숙지하고 있어 일반 승객보다 유사시 대처가 훨씬 원활하기 때문이라는 게 항공사의 설명입니다. 2순위는 승무원 이외의 대한항공 사원인데요. 이들 역시 기본적인 대응 요령을 익히고 있기 때문이라고 합니다. 3순위가 일반 승객입니다.

비상구 좌석은 출발 당일 해당 항공사의 체크인 카운터에서 배정합니다. 따라서 비상구 좌석을 원한다면 카운터 직원에게 배정을 요청하면 됩니다. 물론 요청했다고 해서 무조건 좌석이 배정되는 건 아닙니다.

'비상시 승무원의 지시에 따라 비상구를 작동할 수 있고, 다른 고객의 탈출을 도울 수 있는 신체 건강한 고객으로 비상시 승무원을 도와 협력할 의사가 있는 승객'이라는 조건을 충족해야 합니다.

이런 조건은 별도 요금을 받고 비상구 좌석을 판매하는 저비용 항공사에도 동일하게 적용됩니다. 하지만 추가로 돈을 주고 비상구 좌석을

# 비상구 열 좌석 (Exit Row Seating)

정부 고시에 의거 비상구 열 좌석에 착석한 승객들이 비상시에 비상구 개방, 승무원의 지시에 따라 임무 수행 등 승무원을 돕도록 되어 있어 아래 승객에게는 비상구 열 좌석 배정을 제한하고 있습니다.

1. 활동성, 체력 또는 양팔이나 두 손 및 양다리의 민첩성이 아래의 동작을 수행하기 어려운 승객
   ① 비상구나 탈출용 슬라이드 조작 장치에 대한 접근
   ② 탈출용 슬라이드 조작 장치를 잡고 밀거나 당기고 돌리는 동작
   ③ 비상구 작동 손잡이를 상하좌우로 잡고 당기거나 돌리거나 밀어서 비상구를 여는 동작
   ④ OVERWING WINDOW EXIT 작동 손잡이를 잡아 당겨서 EXIT을 여는 동작
   ⑤ 날개 위의 OVERWING WINDOW EXIT과 비슷한 크기와 무게의 장애물 제거
   ⑥ 신속한 비상구로의 접근      ⑦ 장애물 제거 시 균형의 유지      ⑧ 신속한 탈출
   ⑨ 탈출용 슬라이드의 전개 또는 팽창 후 안정 유지
   ⑩ 탈출용 슬라이드로 탈출한 승객이 슬라이드로부터 벗어날 수 있도록 하는 동작

2. 15세 미만이거나 동반자의 도움 없이 위에 열거된 하나 이상의 역할을 수행하기에 불충분한 승객
3. 글 또는 그림의 형태로 제공된 비상 탈출에 관한 지시를 읽고 이해하지 못하거나 승무원의 구두 지시를 이해하지 못하는 승객
4. 콘택트 렌즈나 안경을 제외한 다른 시력보조장비 없이는 위에 열거한 기능을 하나 이상 수행할 수 없는 승객
5. 일반 보청기를 제외한 다른 청력보조장비 없이는 승무원의 탈출 지시를 듣고 이해할 수 없는 승객
6. 다른 승객들에게 정보를 적절하게 전달할 수 있는 능력이 부족한 승객
7. 승객의 상태나 책임, 예를 들어 어린이를 돌보기 때문에 상기에 열거된 하나 이상의 역할을 수행하는데 방해가 되는 승객 또는 이러한 역할을 수행할 경우 해를 입게 되는 승객

It is prohibited passenger from seating in exit row seats if it is likely that the person would be unable to perform one or more of the applicable functions listed below:

1. The person lacks sufficient mobility, strength, or dexterity in both arms and hands, and both legs:
   ① To reach upward, sideways, and downward to the location of emergency exit and exit-slide operating mechanisms;
   ② To grasp and push, pull, turn, or otherwise manipulate those mechanisms;
   ③ To push, shove, pull, or otherwise open emergency exits;
   ④ To lift out, hold, deposit on nearby seats, or maneuver over the seatbacks to the next row objects the size and weight of over-wing window exit doors;
   ⑤ To remove obstructions of size and weight similar over-wing exit doors;
   ⑥ To reach the emergency exit expeditiously;   ⑦ To maintain balance while removing obstructions;
   ⑧ To exit expeditiously;   ⑨ To stabilize an escape slide after deployment; or
   ⑩ To assist others in getting off an escape slide;

2. The person is less than 15 years of age or lacks the capacity to perform one or more of the applicable functions listed above without the assistance of an adult companion, parent, or other relative;
3. The person lacks the ability to read and understand instructions required by this section and related to emergency evacuation provided by Korean Air in printed or graphic form or the ability to understand oral crew commands;
4. The person lacks sufficient visual capacity to perform one or more of the above functions without the assistance of visual aids beyond contact lenses or eyeglasses;
5. The person lacks sufficient aural capacity to hear and understand instructions shouted by flight attendants, without assistance beyond a hearing aid;
6. The person lacks the ability adequately to impart information orally to other passengers; or
7. The person has a condition or responsibilities, such as caring for small children, that might prevent the person from performing one or more of the functions listed above, or a condition that might cause the person harm if he or she performs one or more of the functions listed above.

비상구 좌석 안내문                                                          출처: 대한항공

배정받았다 하더라도 특정 조건에 어긋나면 안 됩니다. 좀 더 자세히 보면 일단 신체적으로 이상이 없어야 합니다. 유사시 비상구 손잡이를 당기거나 돌려서 문을 열 수 있어야 하고, 일정 정도 크기와 무게의 장애물도 치울 수 있어야 합니다.

그래서 노인이 비상구 좌석을 요구하는 경우에는 카운터 직원이 신체 건강 여부와 소통 능력 등을 좀 더 면밀하게 따져본다고 하네요. 또 15세 미만이거나 비상 탈출 관련 글 또는 그림을 이해하지 못하는 승객도 비상구 좌석에 앉을 수 없습니다. 콘택트렌즈나 안경 외에 다른 시력 보조 장비가 필요한 경우, 돌봐야 할 어린이가 있어 비상 대응이 곤란한 승객 등도 비상구 좌석을 배정받기 어렵다고 하네요.

이런 조건들에 비춰봐서 별 문제가 없다면 체크인 카운터에 적극적으로 비상구 좌석을 요구해볼 만합니다. 마침 비상구 좌석이 비어 있다면 좀 더 편한 여행이 가능하니까 말입니다. 하지만 비상구 좌석이 무조건 좋기만 한 건 아닙니다. 말 그대로 비상시 대피 통로이고, 그 자리에 앉은 승객은 다른 승객의 대피를 도와야 하는 막중한 책임을 져야 하기 때문입니다. ✈

# 10

# 말 운송 때는 수의사, 반도체는 무진동…
## 칙사 대접받는 특수화물

경주에서 뛰는 말들은 가격이 흔히 수천만 원에서 수억 원을 호가합니다. 특히 씨를 받기 위해 기르는 수말인 씨수말은 100억 원을 넘는 경우도 있다고 하는데요. 이처럼 귀한 말들을 먼 곳이나 다른 나라로 이동하려면 항공기를 이용해야만 합니다. 덩치가 큰 탓에 여객기 화물칸에 들어가는 것은 불가능하고, 별도의 화물기를 타야만 하는데요.

이런 말을 항공기로 옮기기 위해서는 특별한 준비가 필요합니다. 우선 화물칸 온도는 섭씨 10~15도를 유지해야 합니다. 말을 넣어 옮기는 케이지는 항공사에서 제작한 것을 사용하기도 하고, 화주 측에서 만든 걸 사용하기도 하는데요.

케이지에는 1개당 최대 3~4마리 정도가 들어갑니다. 이렇게 케이지가 준비되면 바닥에는 충분한 흡수제와 이중 비닐을 깐다고 합니다. 흡수제를 사용하는 이유는 배설물로 인해 민감한 말들이 스트레스 받는 걸 방지하기 위해서입니다. 그리고 이중 비닐은 물기가 화물칸 바닥으로 흘러나가는 걸 막기 위해서입니다.

이걸로 끝이 아닙니다. 케이지 안에 건초와 물을 넣어주고 조련사나

말 운송을 위한 특수 케이지                   출처: 아시아나항공

마부 그리고 수의사가 함께 화물기에 탑승해서 수시로 건강 상태를 점검한다고 합니다. 그야말로 칙사 대접입니다.

말처럼 바로바로 감정을 드러내지는 않지만, 화물기로 운반할 때 항공사에서 상당한 신경을 쓰는 게 바로 '반도체' 같은 첨단 부품입니다. 자칫 충격이 가해지면 손상될 가능성이 크기 때문에 최대한 '무진동'으로 옮겨야 하는데요.

화물을 팔레트(화물 운반대) 위에 얹고 단단하게 고정한 상태에서 이 팔레트를 다시 화물기 내부에 밀착 고정해 흔들림을 최소화한다고 합니다. 그래서 웬만한 터뷸런스(난기류)에도 별 지장을 받지 않는다고 하는데요.

여기에 반도체는 애초 충격감지기 등이 달린 채로 항공사에 전달되

특수 항공화물인 F1 머신     출처: 아시아나항공

기 때문에 혹시 운반 도중 화물에 문제가 생기면 도착 시 화주가 바로 알 수 있다고 합니다. 거액의 손해배상이 제기될 수도 있기 때문에 항공사로서는 신경이 곤두설 수밖에 없을 듯합니다.

이처럼 화물기에는 다양하고도 특수한 '손님'이 많이 실립니다. 말, 돼지, 새, 상어, 장어 같은 생물에서부터 와인과 체리 등 식료품 그리고 반도체, F1 머신 등 고가 장비들까지 그 범위가 상당한데요. 특히 생물은 그 특성에 따라 까다로운 조건들이 붙는다고 합니다. 대한항공과 아시아나항공의 협조를 받아 운송 조건들을 살펴봤습니다.

전 세계적으로 생물을 비행기로 운송하기 시작한 건 1930년대라고 하는데요. 배, 자동차 등에 비해 이동시간이 많이 단축되기 때문에 운송 중에 동물이 죽는 불상사를 막을 수 있는 게 큰 이유였다고 합니다.

또 항공기 제작 기술이 발달하면서 해당 동물에 맞는 온도를 제공하고, 환기까지 가능해지면서 그 효용은 더 커졌다고 하는데요. 주로 번식용으로 들여오는 돼지의 경우 섭씨 10~15도를 유지해주고, 말과 마찬가지로 바닥에 충분한 흡수제를 설치하고 이중 비닐도 깔아줘야 한다고 합니다.

애완용으로 기르는 새는 섭씨 15~25도를 맞춰줘야 하고, 다 자란 새는 싸움이나 스트레스를 방지하기 위해 혼자 또는 한 쌍으로 상자에 넣어야 합니다. 또 완전히 어두운 곳에서는 먹이를 먹지 않기 때문에 흐릿한 빛이 드는 환경을 만들어줘야 한다는군요.

전시용으로 많이 사용되는 나비는 갓 알에서 나온 유충 상태로 운반합니다. 도착 뒤에는 유충을 인큐베이터에 넣어서 이동하고, 성충으로 기른 후 사용한다는 게 항공사 설명입니다. 연어, 고등어 같은 신선식품도 모두 그에 걸맞은 온도와 보관 상태를 유지해서 운반합니다.

특히 계란은 깨지기 쉽기 때문에 국제항공운송협회의 승인을 받은 전용 종이박스에 포장해서 수송한다고 하는데요. 종이박스에는 30개들이 계란 12판이 담겨 총 360개의 계란이 들어간다고 합니다.

또 신선도 유지를 위해서 화물칸 온도를 섭씨 8~12도로 맞춘다고 하는데요. 2017년 고병원성 조류인플루엔자AI 여파로 발생한 계란 파동 때 화물기의 활약이 빛났다고 합니다.

헬기나 F1 머신 같은 고가의 화물도 있는데요. 경주 차량인 F1 머신은 개발비와 제작비를 합쳐 대당 가격이 100억 원을 웃돈다고 알려져 있습니다.

여기서 절대 빼놓으면 안 되는 게 있습니다. 바로 화물 탑재를 총지휘하는 탑재 관리사, 즉 '로드 마스터'입니다. 다년간의 화물 운송 경험

짐을 싣고 있는 아시아나항공 화물기　　　　　　　　출처: 아시아나항공

을 갖춘 직원 중에서 화물 운송 전문교육을 이수하고 테스트를 통과해
야 로드 마스터가 될 수 있는데요.

　이들은 화물의 접수 단계부터 화물별 특성을 파악하고, 한정된 공간
과 이륙 가능한 중량 범위 내에서 최대한 효율적이고 안전하게 화물을
탑재하는 임무를 수행합니다. 대한항공에만 60여 명이 근무 중이라고
합니다. 얼핏 단순해 보이는 항공 화물 운송에도 첨단 기술과 다양한
장비 등이 동원돼 상당한 부가가치를 창출하고 있습니다. ✈

# 11

# 하늘 길을 다니는 자유도
## '레벨(Level)'이 다르다

1980년 후반까지만 해도 우리나라 항공기는 유럽에 가기 위해 미국 알래스카의 앵커리지공항을 들렀다 가는 북극 노선을 이용하는 사례가 많았습니다. 아니면 태국이나 중동 등지에 잠시 착륙해 급유를 받고 가는 노선을 이용하기도 했는데요. 중국이나 러시아(구 소련)를 통과해서 가는 현재 노선에 비하면 상당히 우회하는 노선입니다.

그렇다면 왜 굳이 시간이 더 걸리고, 기름 값도 더 들어가는 우회 노선으로 다녀야 했을까요? 바로 우리나라 항공기가 중국이나 러시아 영공을 통과할 자유를 얻지 못했기 때문입니다. 당시는 양국과 수교 관계가 아니었고, 변변한 외교 채널도 없었는데요. 이 영공 통과의 자유를 얻은 건 소련과의 수교(1990년), 중국과의 수교(1992년) 이후입니다.

이처럼 넓디넓은 하늘 길이지만 비행기가 마음대로 다닐 수는 없습니다. 국가 간의 비행은 사전에 합의되거나 허가되지 않으면 허용되지 않는데요. 양국 간, 또는 여러 국가 간에 항공협정을 맺는 것도 이 때문입니다. 어느 정도까지 항공 운송을 허용할 것인지 정하는 겁니다. 참고로 양국 간 항공협정은 1946년 미국과 영국 간에 체결된 '버뮤다협정'이 그 시초라고 합니다.

이렇게 정해진 '하늘 길의 자유'를 '국제항공운수권'이라고 부르는데요. 일반적으로 제1~9자유로 구분합니다.

'제1자유'는 가장 기본적인 사항으로 '영공 통과의 권리'라고도 부릅니다. 한 나라가 다른 나라 항공기에 착륙은 하지 않고 영공을 통과할 수 있도록 허용한 권리인데요. 앞서 우리 항공기가 러시아, 중국 영공을 지나가지 못한 이유가 이 '제1자유'를 얻지 못했기 때문입니다.

물론 영공을 그냥 통과하는 건 아닙니다. 기본적으로 영공 통과를 위해서는 24시간 전에 비상계획을 해당 국가에 통보해야 합니다. 또 대부분 영공 통과료도 지불합니다.

'제2자유'는 일명 '기술 착륙의 권리Technical Landing Right'라고도 하는데요. 외국 항공기에게 급유, 예기치 못한 정비, 비상시 착륙 등 비운송 목적으로 자국의 영역 내에 착륙하도록 허용한 권리입니다. 일반적으로 인도적 차원에서 대부분 허용해주는 권리입니다. 우리 항공기가 유럽을 가기 위해 앵커리지공항에 들러서 급유를 받았던 사례가 있는데요. 이때 승객이나 화물을 내리거나 실을 수는 없습니다.

'제3자유'와 '제4자유'는 보통 한 묶음으로 얘기합니다. 우리나라와 일본을 예로 들면 우리 항공기가 인천공항에서 승객과 화물을 싣고 일본 도쿄의 나리타공항에 도착해 승객과 화물 등을 내릴 수 있는 권리가 '제3자유'입니다. 반대로 나리타공항에서 승객과 화물을 싣고 인천공항으로 올 수 있는 권리가 '제4자유'입니다.

이 두 가지 자유를 얻게 되면 정식으로 노선을 개통하게 되는 셈인데요. 다만 어느 공항을 열어줄 것인지, 운항 편수는 얼마나 할 것인지 등은 해당 국가 간 개별 협정에 따라 달라집니다.

항공 운수권은 9가지로 나뉜다.                                          출처: 아시아나항공

 '제5자유'도 있는데요, '이원권以遠權, Beyond Right'으로 부릅니다. 예를 들어 미국 뉴욕을 목적지로 한국에서 출발한 우리 항공기가 중간에 일본에 들러 뉴욕행 승객이나 화물을 더 실을 수 있는 권리입니다. 물론 반대로 뉴욕에서 출발한 우리 항공기가 한국으로 돌아오면서 일본에 착륙해 한국행 승객을 태우는 것도 마찬가지입니다.

 '제5자유'는 자칫 자국 항공사의 승객을 빼앗기는 상황이 될 수도 있어 그렇게 쉽게 허용하지는 않습니다. 그리고 '제5자유'가 실현되려면 A, B, C 등 3개국 사이에 각각 항공 협정이 성립돼야만 하는데요. 국제항공협정은 대부분 상호 호혜, 평등의 원칙을 따르기 때문에 A국가가 '제5자유'를 누린다면 B, C국가도 역시 같은 권리를 요구하게 된다는 설명입니다.

 일반적으로 얘기하는 '항공 자유화Open Skies'는 이 '제3~5자유'를 대상으로 노선 구조나 운항 횟수, 운임(신고제) 등에 제한을 두지 않는 것을 의미합니다. 미국은 가장 적극적으로 120여 개국과 항공 자유화 협정을 맺고 있습니다. 이는 다른 나라 항공사와의 경쟁에서 앞설 자신이 있기 때문일 텐데요. 하지만 최근에는 중동 항공사들의 저가 공세에 시달리며 곤욕을 치르고 있습니다.

'제6자유'는 A국가의 항공사가 C국가를 목적지로 하는 승객이나 화물을 B국가에서 싣고 자국으로 온 뒤 이를 다시 C국가까지 싣고 가는 권리입니다. 한국을 예로 들면 아랍에미리트UAE의 아랍에미리트항공이 인천공항에서 유럽행 승객을 싣고 아랍에미리트의 두바이공항에 도착한 뒤 다시 유럽까지 가는 건데요. 사실상 환승이나 마찬가지입니다.

우리 항공사들은 이처럼 환승객을 잡으려는 중동 항공사들의 저가 공세에 밀려 유럽행 직항 승객을 상당 부분 뺏기고 있습니다. 제6자유는 따로 설정하기보다는 해당 항공사가 나라별로 설정된 제3~4자유권을 각각 연결해서 사실상 제6자유처럼 사용하는 경우가 많다고 합니다.

'제7자유'는 아예 자기 나라가 아닌 다른 나라들 사이를 오가며 승객과 화물을 운송할 수 있는 권리인데요. 예를 들어 우리나라 항공사가 일본~대만 노선에서 직접 영업을 하는 겁니다. 이 경우 일본의 한 지점에 우리 항공기를 두고 이곳에서 대만을 오가는 승객이나 화물을 실어 나르게 됩니다.

'제8자유'는 인천공항에서 출발한 우리 항공사가 일본 도쿄에 들른 뒤 일본 국내선 구간인 삿포로까지 운항할 수 있는 권리를 말합니다. '제9자유'는 아예 우리 항공사가 일본에 비행기를 배치해두고, 일본 내 국내선 영업을 할 수 있는 권리인데요. 이 두 자유는 전문용어로 '카보타지 Cabotage, 국내운송'라고 합니다.

'제7~9자유'는 상당히 높은 수준의 항공 자유권으로 통합 작업을 가속화하고 있는 유럽연합<sup>EU</sup>이나 긴밀한 협력관계를 유지하는 호주·뉴질랜드에서 그 활용 사례를 찾아볼 수 있습니다. 유럽의 대표적 항공사인 라이언에어나 이지젯이 이런 자유를 활용해 활발하게 영업하고 있습니다.

이처럼 다양한 항공 자유가 존재하기 때문에 양국 또는 다자간 항공협정은 상당한 계산과 오랜 협상을 거쳐 체결되는 경우가 많습니다. 그만큼 한 국가의 항공 산업에 미치는 영향이 크기 때문입니다. ✈

# 12

# '쿵쾅'거리고 착륙하면
## 조종사 실력이 엉터리?

≥

　예전 출장길에 유럽 공항에서 겪은 일입니다. 당시 외국 국적의 항공기를 이용했는데 '쿵쾅' 하는 굉음과 함께 기체가 심하게 흔들리며 둔탁하게 착륙했습니다. 대체로 부드럽게 착륙하는 우리 국적기에 익숙해 있다 보니 동행들도 꽤나 놀라는 눈치였습니다. 그래서 "조종사가 초보인가 보다" "조종사가 무슨 기분 안 좋은 일이 있나" 등의 불평을 쏟아낸 기억이 나는데요. 이후 착륙할 때 비행기가 많이 흔들리거나 둔탁한 소리가 들리면 '조종사 실력이 좀 떨어지나'라고 생각했습니다.

　그런데 부드럽게 착륙하는 조종사는 실력이 좋고, 둔탁하게 착륙하는 조종사는 초보이거나 실력이 미흡한 걸까요? 이런 의문에 대해 아시아나항공의 훈련 교관에게 물어봤습니다. 답변은 '아니다'였습니다.

　부드럽거나 둔탁한 착륙 모두 정상적인 착륙 기술이라고 설명했습니다. 매끄러운 착륙은 '소프트랜딩Soft Landing, 연착륙'이라고 하는데요. 활주로가 길고, 기상 여건이 좋을 때 사용하는 방식입니다. 상당히 조용히, 별 흔들림 없이 내려앉기 때문에 승객들은 편안함을 느끼게 되는데요. 다만 완전히 멈출 때까지 활주로를 달리는 거리가 길어진다는 단점이 있습니다. 또 자칫 활주로를 벗어나 잔디밭까지 내달리는 오버런<sup>Over run</sup>이 생길 가능성도 있습니다.

반면 둔탁한 착륙은 펌랜딩<sup>Firm Landing, 충격 유발식 착륙</sup>이라고 합니다. 활주로가 짧거나, 뒷바람이 많이 불거나, 비나 눈이 와서 활주로가 미끄러운 경우에 사용합니다. 항공기 바퀴가 활주로를 찍듯이 세게 부딪혀 마찰을 일으키면서 속도를 크게 떨어뜨려 정지할 때까지 활주 거리를 줄이는 방식입니다. 활주로가 짧은 공항에 대형 항공기가 내릴 때 대부분 이 방식을 사용하는데요. 정상적인 착륙 방식이긴 하지만 소프트랜딩에 비하면 승객 입장에서는 불편을 느낄 수밖에 없습니다. 활주로가 짧은 항공모함에 함재기(항공모함과 각종 군함에 탑재하는 군용기의 총칭)가 착륙할 때도 펌랜딩을 주로 활용합니다.

하지만 흔히 소프트랜딩의 반대 개념으로 사용하는 하드랜딩<sup>Hard Landing, 경착륙</sup>은 의미가 약간 다릅니다. 펌랜딩이 조종사가 의도한 착륙이라면 하드랜딩은 조종사의 실수나 급격한 기상악화 등의 변수에 의해 의도치 않게 강하게 내려앉는 경우인데요. 항공기 점검이 필요할 정도로 세게 착륙하는 수준이라고 합니다. 승객들로서도 펌랜딩보다도 훨씬 강한 충격과 진동, 불쾌감을 느끼게 됩니다.

특히 항공기 내 어느 좌석에 앉아 있느냐에 따라 느껴지는 충격이 다른데요. 착륙하는 모습을 보면 짐작할 수 있겠지만, 비행기는 착륙할 때 항상 뒷바퀴<sup>Main Landing Gear</sup>가 먼저 활주로 지면에 닿고, 앞에 있는 바퀴가 나중에 살짝 닿습니다. 따라서 앞쪽에 앉은 승객보다는 뒷바퀴 부근에 앉은 승객이 더 큰 충격을 받을 가능성이 높습니다.

그런데 사실 모든 조종사가 펌랜딩과 소프트랜딩을 교범대로 지키는 건 아니라고 합니다. 대체로 외국인 조종사, 특히 유럽 지역은 기상 조

인천공항에 착륙하는 B777 여객기　　　　　　　　　출처: 대한항공

건이나 활주로 상태와 관계없이 펌랜딩을 선호하는 경향이 있다고 합니다. 유튜브 등에서 항공기가 착륙할 때 승객들이 찍은 영상을 보면 유럽 쪽 항공기들의 펌랜딩이 특히 눈에 많이 띕니다.

　반면 우리나라 조종사들은 소프트랜딩을 많이 시도합니다. 여러 여건이 맞기 때문이기도 하고, 승객들이 상대적으로 편안하게 느끼는 것을 고려해서입니다. 또 펌랜딩을 할 경우 승객들이 불만을 제기하거나, 다소 부정적인 탑승 후기를 쓰는 경우도 있기 때문에 이를 조종사들이 의식한 측면도 있는 게 사실이라고 하네요.

　하지만 무엇보다 중요한 것은 항공기 안전입니다. 펌랜딩이나 소프트랜딩 모두 안전을 담보할 수 있을 때, 또는 담보하기 위한 조치라는 겁니다. 때로는 다소 불편하더라도 안전을 위해 이해하는 자세도 필요합니다. ✈

## 13

# 승객들이 모두 탑승한 후
## 비행기 눈을 치우는 이유가 있었네

겨울철 항공기 운항의 최대 적敵은 무엇일까요? 바로 '눈'입니다. 폭설이라도 내리게 되면 공항마다 제때 출발하지 못하는 비행기가 속출하게 되는데요. 경우에 따라 수백 편씩 지연되기도 합니다.

이유는 크게 두 가지입니다. 하나는 활주로와 유도로 등 비행기가 움직이는 지상 도로의 제설 작업에 시간이 걸리기 때문인데요. 대부분의 대형 국제공항은 제설액과 결빙 방지제 그리고 특수 제설 차량 등을 동원해 활주로의 눈을 치웁니다.

인천국제공항은 눈이 올 경우 제설 작업이 필요한 면적만 국제규격 축구장(100×70m)을 1,140여 개를 합친 것과 맞먹는다고 합니다. 그래서 70여 대의 최첨단 제설 장비를 갖추고 있습니다. 하지만 활주로 제설 작업을 진행할 때는 순차적으로 활주로를 하나씩 폐쇄하고 눈을 치우기 때문에 활주로 용량이 어쩔 수 없이 떨어지게 됩니다. 그래서 항공기 이륙과 착륙도 지연될 수밖에 없다는 것입니다.

물론 신속한 제설 작업이 불가능할 정도로 눈이 내릴 경우에는 공항을 아예 폐쇄하기도 하는데요. 실제로 눈이 많이 내리는 미국 동부지역

공항들은 폭설로 인해 종종 모든 항공기의 이·착륙이 취소되기도 합니다. 다행히 인천공항은 2001년 개항 이후 아직까지 폭설 때문에 공항을 폐쇄한 적은 없습니다.

또 한 가지 이유는 '디아이싱De-Icing' 작업 때문인데요. 항공기 표면에 쌓인 눈과 서리, 얼음을 깨끗이 제거하고 다시 얼어붙지 않도록 하는 작업입니다. 고온의 특수 용액을 고압으로 항공기에 분사하는 장면을 보면 마치 항공기를 '세차'하는 것 같은 느낌인데요.

만일 비행기에 쌓여 있는 눈을 제거하지 않고 이륙할 경우 날개 및 동체의 가동 부분이 얼어붙어 제 기능을 못 하고, 항공기 날개의 공기 역학적 특성이 제대로 발휘되지 않아 자칫 큰 사고로 이어질 수 있다고 합니다.

특히 항공기는 날개의 위와 아래로 공기가 통과하면서 생기는 기압 차(양력)를 이용해서 이륙하는데, 날개 표면에 눈이 얼어붙어 있으면 공기 흐름이 불규칙해져 제대로 양력을 얻기 힘듭니다. 항공 전문가들은 "눈이 쌓여서 얼면 비행기 무게가 무거워져 부담이 되는 데다 최악의 경우 이륙을 못 하고 추락할 수도 있다"고 말합니다.

디아이싱 작업은 기본적으로 항공사와 지상 조업사 간의 계약으로 이뤄집니다. 짐 운반, 주유, 청소 등 항공기가 지상에 있을 때 필요한 정비 작업을 시행하는 지상 조업사들은 디아이싱 장비도 갖추고 있습니다. 인천공항의 지상 조업사들이 보유한 디아이싱 장비는 20여 대라고 하는데요. 특수차량인 까닭에 가격이 대당 7억~12억 원에 달한다고 합니다. 일반적으로 항공기 한 대에 2대의 특수차량이 동원되기 때문에 인천공항에서는 동시에 10여 대의 항공기에 대한 디아이싱 작업이 가능하다고 합니다.

비행기에 쌓인 눈을 치우는 디아이싱 작업
출처: 대한항공

디아이싱 작업은 활주로가 아닌 항공기 전용 제빙 처리장에서 이뤄집니다. 여객기가 승객을 모두 태운 뒤 이곳으로 이동하는데요. 항공기 위에 뿌리는 디아이싱 용액이 환경오염을 일으킬 가능성이 있기 때문에 폐수처리 시설을 갖춘 전용 처리장에서 작업을 하는 것입니다.

항공기가 도착하면 특수차량인 디아이싱 트럭이 항공기 날개 등 주요 부위에 세심하게 용액을 뿌리면서 곳곳에 붙은 눈과 얼음을 제거합니다. 그리고 한 차례 더 특수 용액을 뿌려서 남아 있는 물기가 얼어붙는 것을 방지합니다. 이렇게 디아이싱 작업을 끝마치는 데 걸리는 시간은 비행기 크기에 따라 다르지만 대략 25~35분가량 소요됩니다.

그러면 왜 승객을 모두 태운 뒤 디아이싱 작업을 할까요? 국제공인 규정상 디아이싱을 한 항공기는 정해진 시간 내에 반드시 이륙해야 합니다. 안 그러면 자칫 비행기 표면에 다시 눈이 쌓이고 얼음이 얼 가능성이 있기 때문인데요. 만일 시간 내에 이륙하지 못하면 디아이싱 작업을 다시 해야 합니다. 이 때문에 디아이싱을 먼저 한 뒤 승객을 태우다 보면 시간이 많이 지체되고, 또다시 제빙 처리장을 찾아야 하는 상황이 생길 수도 있습니다.

항공기가 디아이싱 작업을 마친 뒤 일단 이륙하면 비행 안전에는 별 문제가 없습니다. 비행기는 일반적으로 구름 위를 날기 때문에 비나 눈의 영향을 크게 받지 않는 데다 자체적으로도 결빙을 막는 시스템을 장착하고 있기 때문입니다.

설레는 여행길, 공항에 폭설이 내리면 다소 난감하겠지만 조금 여유를 갖는 게 좋을 것 같습니다. 제설과 디아이싱 작업에 시간이 소요되기 때문인데요. 안전한 운항에 꼭 필요한 절차인 만큼 출발이 지연되는 것에 대한 여행객들의 폭넓은 이해가 요구됩니다. 물론 항공사와 공항의 신속한 안내와 배려는 필수겠죠. ✈

# 14

# 인천공항 출국장에는 없고
# 입국장에만 있는 '이것'

≫

"인천공항의 출국장 복도에는 없고, 입국장 복도에만 깔린 건 뭘까요?" 인천공항을 자주 이용한 여행객들이라면 아마도 눈치를 챘을 텐데요. 바로 '카펫'입니다.

제1여객터미널과 탑승동 그리고 제2여객터미널의 출국장과 입국장을 떠올려보면 생각이 날 겁니다. 출국장 복도는 대부분의 구역이 대리석으로 되어 있습니다. 반면 비행기에서 내려 출국심사대로 향하는 입국장 복도에는 푹신한 카펫이 깔려 있는데요.

세 곳의 입국장에 깔려 있는 카펫 면적만 총 5만 5,759m²에 달합니다. 여기에 제2여객터미널의 탑승 게이트 주변 라운지에 깔린 카펫 1만 7,529m²를 합하면 카펫 규모만 7만 3,288m²인데요. 국제규격 축구장(7,140m²) 10개를 합친 것보다 넓습니다. 그럼 왜 입국장에만 이런 카펫을 대규모로 깔아놓을까요?

인천공항에 따르면 제1여객터미널을 설계할 당시 해외 중·대형 공항을 위주로 여객터미널 현황을 조사했다고 합니다. 그랬더니 대부분 입국장 복도에 카펫을 사용하는 걸 확인했다고 하는데요.

인천공항 입국장에 깔린 카펫                               출처: 인천공항

 

    미국과 유럽 지역 주요 공항은 물론 싱가포르, 인도 등 아시아에 있
는 공항들도 역시 입국장에 카펫을 깔았습니다. 그래서 인천공항도 카
펫을 도입했는데요.

    전 세계 주요 공항이 이처럼 입국장 복도에 카펫을 까는 이유는 크게
두 가지입니다. 첫째, 여객 편의를 위해서입니다. 장시간 여행한 승객
이 비행기에서 내리자마자 대리석 같은 딱딱한 바닥에 발을 내디딜 경
우 무릎과 발목에 무리가 올 수도 있기 때문입니다.

    가뜩이나 긴 비행에 지친 상태에서 딱딱한 바닥을 접하면 피곤함을
더 많이 느끼는 점도 고려됐다고 합니다. 그래서 상대적으로 푹신하고
편한 카펫을 까는 겁니다.

    둘째, 소음을 줄이기 위해서입니다. 공항 내 다른 지역에 비해 길고,

인천공항 출국장에 깔린 대리석

폭이 좁은 입국장 복도에서 여행객들이 한꺼번에 입국심사대로 이동할 때 발생할 소음을 최소화하자는 건데요.

만일 대리석이나 나무 같은 딱딱한 바닥이라면 구두 발자국 소리, 하이힐 소리에 여행용 가방을 끄는 소리까지 합쳐져 엄청난 소음을 일으키게 될 겁니다. 이 경우 흡음성과 방음성이 뛰어난 카펫이 제격인 겁니다.

반면 출국장은 승객들이 각자의 탑승 게이트를 찾아 흩어져 이동하기 때문에 소음이 상대적으로 적다고 하네요.

이런 과학적 요인과 여객 편의를 위해 카펫을 도입했지만, 문제는 관리입니다. 다른 바닥재에 비해 내구연한이 상대적으로 짧고 오염도 잘 되기 때문인데요.

우선 공항용 카펫은 가정이나 호텔에서 쓰는 것과는 선택 기준이 다릅니다. 사용자가 일정한 가정이나 호텔과 달리 불특정 다수가 사용하기 때문에 무엇보다 잘 닳지 않고 튼튼한지를 먼저 고려합니다. 여기에 공항별 특색을 드러낼 수 있는 디자인까지 겸비된다면 금상첨화겠죠.

공항의 카펫 청소에는 상당한 인력과 비용이 소요됩니다. 인천공항에서는 세 가지 청소 방식을 사용하고 있는데요. 첫째, 먼지 제거 작업이 있습니다. 진공청소기와 카펫 청소차, 카펫 세척기를 이용해서 먼지를 최대한 제거합니다. 둘째, 세척(샴푸) 작업입니다. 익스트렌션이라는 장비를 사용해서 물 세척을 합니다. 셋째, 본넷 작업이라는 것도 있는데요. 마루 광택기를 이용해서 카펫에 묻은 커피와 껌 등 오염물을 제거하는 작업입니다.

축구장 10개가 넘는 규모이다 보니 청소도 주기를 나눠서 하는데요. 공간별 부분 세척 작업은 주 1회, 전체적인 세척 작업은 분기당 한 번씩 한다고 합니다. 반면 본넷 작업은 오염이 발생할 때마다 바로바로 시행한다고 하네요.

카펫 청소를 전담하는 인력만 10명으로 평상시 2인 1조로 작업한다고 합니다. 카펫 관리에 소요되는 비용도 상당한데요. 제1여객터미널

인천공항 입국장에 깔린 카펫 청소와 방역　　　　　　　출처: 인천공항

과 탑승동만 따져 봐도 연간 4억 3,000만 원가량이 소요됩니다. 인건비에 장비비, 청소 약품비 등이 포함된 내역인데요. 한 달에 3,500만 원 정도가 들어가는 셈입니다.

또 내구연한(6~7년)이 다 되면 교체 작업도 진행하는데요. 개항 이후 2019년 초까지 두 차례의 전면 보수 작업에만 70억 원 가까이 사용됐다고 합니다. 이처럼 공항을 이용할 때 무심코 지나치는 시설이나 장비에도 각자의 역할과 기능이 있습니다. ✈

# 15

# 9,000개 '눈'이 지켜본다,
## 인천공항에서 수상한 행동은 하지 마라!

2016년 초 인천공항에 비상이 걸렸습니다. 입국장에 있는 남자 화장실에서 폭발물로 의심되는 물체와 아랍어로 쓰인 협박성 메모지가 발견된 것인데요. 수사에 나선 경찰은 닷새 만에 30대 한국인 남성을 체포했습니다. 비교적 빨리 범인을 잡을 수 있었던 건 공항 내 CCTV(폐쇄회로 TV) 영상 덕분이었는데요.

당시 경찰은 CCTV 영상을 정밀 분석해 사건 당일 범인이 쇼핑백을 들고 화장실에 들어갔다가 2분 후 빈손으로 나와서 바로 서울로 되돌아간 사실을 확인했습니다. 그리고 폭발물 의심 물체는 모조품인 것으로 밝혀졌습니다.

앞서 2014년에는 공항 출국장 내 명품 매장에서 다른 여행객이 깜빡하고 놓고 간 수백만 원이 든 돈 봉투를 훔친 대기업 간부가 붙잡힌 일도 있었는데요. 역시 매장 주변에 설치된 CCTV 분석을 통해서였다고 합니다.

2007년 인천공항에서 발생한 골프장 사장 납치 사건을 해결하는 데도 CCTV가 한 몫 했습니다. 여객터미널 출입구 앞 건널목에 설치된

폐쇄회로(CC) TV

CCTV 영상을 통해 납치 상황과 차량을 확인한 겁니다.

이처럼 인천공항에 설치된 CCTV가 발휘하는 위력은 상당한데요. 그렇다면 인천공항에는 CCTV가 몇 대나 설치되어 있을까요? 정답은 약 9,000대입니다.

이 가운데 인천공항공사에서 설치한 카메라가 90%를 훌쩍 넘는 8,500여 대인데요. 우선 승객들이 비행기를 타고 내리는 제1, 2여객터미널과 탑승동 내부에 설치된 CCTV가 2,600대가량 됩니다. 출국장과 입국장은 물론 출입국 심사대와 세관 구역 등 여객터미널 내 대부분의 구역에 '감시의 눈'이 있다고 보면 됩니다. 물론 일반 사무실과 화장실 내에는 없습니다.

여기에 세관에서 부정행위 단속을 강화하기 위해 별도로 설치한 CCTV가 420대가량 되는데요. 규모가 큰 제1여객터미널 세관 구역에 290여 대, 제2여객터미널에 130여 대 정도가 가동 중입니다. 또 부대 건물 등 외곽 지역에 720대가량이 있고, 주차장과 주변 접근 도로에도 5,200대가 넘는 감시카메라가 설치돼 있습니다.

이들 CCTV가 보내오는 영상은 공항 상황실 근무자들이 여러 대의 대형 스크린과 수십 대의 일반 모니터를 통해 24시간 주시합니다. 특이점이 발견되면 대형 스크린에 띄워 집중 감시를 하는데요. 감시카메라에 잡힌 화면은 모두 녹화되며, 3~4개월 분량이 보관되는 것으로 알려져 있습니다.

세관과 법무부 출입국관리소에서도 별도의 상황실을 운영하며 수상한 행동을 하는 여행객이 없는지 찾아냅니다. 물건을 몰래 숨기는 등 수상한 행동을 했다가는 적발되기에 십상입니다.

참고로 세관 구역에는 CCTV뿐 아니라 여행객으로 위장한 수상한 사람이 없는지를 파악하는 '로버<sup>Rover</sup>' 요원도 활동 중이어서 감시망이 매우 촘촘합니다. 한마디로 인천공항 주변 도로에 들어서서 비행기를 타고 떠나는 순간까지 여행객의 동선 전체가 CCTV의 시선 아래 놓여 있다고 보면 되는데요.

인천공항에 왜 이렇게 많은 감시카메라가 설치되어 있을까요? 무엇보다 인천공항이 국가보안시설 '가급'이기 때문입니다. '가급'은 청와대, 국정원, 원자력발전소, 방송국, 공항, 항만시설 등 유사시 적의 타격 목표 1순위에 해당되는 주요 시설로, 무기를 휴대한 청원경찰이나 경비인력이 경비를 서도록 관련 법률로 규정돼 있습니다. 게다가 항공 분야는 조금만 방심해도 큰 사고로 이어질 가능성이 높기 때문에 사소한 문제도 그냥 지나쳐서는 안 됩니다.

물론 인천공항에만 이렇게 많은 감시의 눈이 있는 건 아닙니다. 외국의 대형 공항도 보안을 위해 상당 규모의 CCTV를 설치해 운영하고 있습니다. 한편으로는 내 일거수일투족을 누군가가 세세히 들여다본다는 게 찜찜할 수도 있는데요. 하지만 일반 여행객이라면 그다지 CCTV를 의식할 필요는 없습니다. 여행객의 사생활을 침해할 목적으로 이용되지는 않기 때문입니다. 보다 안전한 공항과 비행을 위한 조치로 이해하면 어떨까요? ✈

# 16

# 인천공항 지하에는 서울~대전보다 긴 130km 고속도로가 있다?

세계적 규모를 자랑하는 인천국제공항에는 일반 항공기는 물론 현존하는 최대 여객기인 A380도 너끈히 뜨고 내립니다. 4km 길이의 대형 활주로가 있기 때문입니다. 이런 규모의 활주로는 전 세계 공항 가운데 20여 곳 정도만 있다고 하네요.

그런데 인천공항 지하에 활주로 길이는 비교도 안 되는 무려 130km짜리 고속도로가 있다는 사실을 아시나요? 서울~대전 사이 직선거리(117km)보다도 길이가 깁니다. 물론 자동차 도로는 아닙니다. 여행객들이 부치는 짐(수하물)을 이동시키고, 분류하기 위한 전용 컨베이어 벨트 등의 장치인데요. 공항 관련 용어로 BHS<sup>Baggage Handling System, 수하물 처리 시스템</sup>이라고 부릅니다.

인천공항 제1여객터미널에 88km가 설치되어 있고, 제2여객터미널에는 42km가 설치되어 있습니다. BHS 관련 시설은 층수로는 5층 규모에 연면적은 37만 5,610m²에 달합니다. 국제규격 축구장에 비교하면 무려 53개를 합친 크기라고 하네요.

이런 엄청난 규모만큼이나 처리 가능 용량도 상당한데요. 제1터미널은 출발의 경우 시간당 1만 2,240개의 수하물 처리가 가능하고, 도착은 이보다 많은 2만 8,000개가량을 수용한다고 합니다. 규모가 상대적으로 작은 제2여객터미널은 출발이 시간당 5,440개, 도착은 1만 2,240개입니다.

처리 용량 못지않게 소요시간도 중요한데요. 제1여객터미널에서는 출발은 26분, 도착 18분, 환승은 19분이면 해당 항공기나 캐러셀(수하물 수취대)에 짐이 도달한다고 합니다. 제2여객터미널은 출발 19분, 도착 5분, 환승 19분으로 좀 더 빠릅니다. 이를 뒷받침하려면 BHS 속도가 관건인데 인천공항의 BHS는 초속 7m에 달합니다.

유럽 등 다른 나라 공항에서 환승할 때 목적지에 짐이 제대로 도착하지 않는 사고가 종종 생기는데요. 이는 BHS 처리 속도가 항공기 출발 시각을 맞추지 못하기 때문인 경우가 적지 않습니다. 짐을 미처 다 싣지도 못했는데 비행기가 이륙하는 겁니다. 하지만 인천공항에서는 이런 사례가 무척 적습니다.

내친김에 정확도 문제도 따져보겠습니다. 빨리 처리는 하는데 엉뚱한 비행기에 짐이 실린다면 그것보다 큰 낭패도 없겠죠. 수하물이 예정된 비행기에 제때 실리지 못하는 비율, 즉 '수하물 미탑재율'을 살펴보면 인천공항은 수하물 10만 개당 0.9개에 불과합니다.

반면 유럽 지역은 무려 21개나 되고, 미국도 8개가량 됩니다. 인천공항의 수하물 분류 정확도와 속도 모두 세계적 수준이라는 의미입니다. 이처럼 정확한 운영을 24시간 계속하기 위해 BHS 점검용 CCTV만 500~600개가 설치됐다고 합니다.

인천공항 제2여객터미널이 당초 계획과 달리 활주로 북측 끝에 자리를 잡은 데에도 BHS의 영향이 컸습니다. 처음 인천공항 건설 계획 당

인천공항 지하에 설치된 BHS 시설 　　　　　　　　　　　출처: 인천공항

시에는 현재의 제1여객터미널과 교통센터 바로 뒤에 제2여객터미널을 지을 계획이었습니다. 그리고 제1여객터미널 앞에는 탑승동을 4개까지 세울 방침이었죠.

하지만 2000년대 후반에 계획이 바뀝니다. 제2여객터미널을 아예 제1여객터미널에서 한참 떨어진 반대편에 짓기로 한 겁니다. 여기에는 여러 요인이 있었지만, BHS가 큰 고려 사항이었다고 합니다.

인천공항 수하물 담당자는 "당초 계획대로 터미널을 지을 경우 BHS가 모두 통합 연결되는 데 자칫 문제가 생기면 공항 운영이 사실상 마비될 가능성이 제기됐다"며 "이 때문에 제2여객터미널을 따로 떼어서 별도 시스템으로 구축하게 된 것이다"라고 설명했습니다. 이렇게 하면 설령 두 개의 여객터미널 중 한 곳에 문제가 생기더라도 다른 한쪽 여객터미널에서 어느 정도 대체가 가능하다는 겁니다.

사실 칭찬을 많이 하긴 했지만, BHS 얘기를 꺼내면 인천공항도 아픔이 없지 않습니다. 개항이 임박했던 2001년 초 시험 가동 중에 BHS가 계속 오작동을 한 겁니다. 공항에서 BHS가 문제를 일으킨다면 그 혼란은 짐작하기 어렵지 않을 겁니다. 이 때문에 개항 연기론까지 심각하게 대두됐었는데요. 다행히 예정대로 개항했고, 현재 수준에 이르렀습니다.

인천공항이 세계 공항서비스평가에서 12년 연속 1위를 차지한 데에는 BHS의 공이 적지 않은 것 같습니다. BHS는 지금도 진화 중입니다. 과거 항공편이 많지 않고 공항 규모도 작던 시절에는 수하물 분류가 그다지 어렵지 않았습니다. 짐을 받아서 모아두었다가 해당 항공편에 실으면 되는 수준이었습니다. 그러다 점차 규모가 커지면서 BHS의 중요성도 그만큼 부각됐죠.

지금은 전 세계 주요 공항에서 가장 신경 쓰는 부분이자 경쟁력의 척도가 되고 있습니다. 그래서 BHS에 첨단 로봇을 투입하고, 속도를 더 빠르게 하는 등 투자와 개발이 이어지고 있습니다. 인천공항이 이런 치열한 'BHS 전쟁'에서 어떻게 계속 우위를 점하느냐가 세계적 수준의 공항으로 살아남기 위한 과제가 될 것 같습니다. ✈

# 17

# A380 기름 채우는 데만 1시간!
## 인천공항 지하에 60km 길이의 송유관이 있다

비행기가 공항에 도착해 승객이 내린 후 새로운 목적지를 향해 승객이 탑승하는 사이 주기장 주변은 매우 분주하게 움직입니다. 수하물을 내리고 싣고, 고장 여부를 확인하는 등 많은 일이 진행되는데요. 그 중에서도 가장 중요한 일이 바로 급유입니다. 도착지까지 오는 동안 기름을 거의 다 썼기 때문에 다시 목적지까지 비행하려면 반드시 항공유를 채워야 하는데요.

항공기에 필요한 양만큼 기름을 채우는 데 걸리는 시간은 기종과 목적지에 따라 제각각입니다. 우선 가장 작은 규모인 B737은 인천공항에서 일본으로 갈 때는 7,900리터가량을 채우는데요. 실제로 항공유를 넣기 시작해 급유가 끝날 때까지 걸리는 시간은 10~15분가량이라고 합니다. 반면 현존하는 가장 거대한 여객기인 A380은 크기만큼이나 들어가는 기름의 양도 상당합니다. 미국이나 캐나다 등 미주로 갈 때 넣는 기름은 20만 리터가 넘습니다. 일반 승용차로 따지면 2,000~3,000대를 가득 채울 수 있는 분량입니다.

주유 등 지상 조업을 담당하는 아시아나에어포트 관계자는 "무게로 따지면 160톤에 달하고, 미국 뉴욕행의 경우 기름 값만 2억 2,000만 원가량 된다"고 설명합니다. A380의 날개 등에 있는 연료탱크를 모두 채우면 32만 리터가량인 걸 고려하면 미주 노선에선 3분의 2 정도를 채워서 가는 셈입니다.

워낙 많은 양이다 보니 2대의 급유차를 동원해 양쪽에서 기름을 넣습니다. 그런데도 주유에 걸리는 시간만 1시간이라고 하는데요. 만약 급유차 1대만 사용하면 1시간 30~40분이 소요된다고 합니다. 보잉사에서 만드는 여객기 중 최대 크기인 B747은 미주행의 경우 13만 리터가량을 주유합니다.

이처럼 거대한 비행기들이 쉴 새 없이 드나드는 대형 공항들은 상당량의 항공유를 저장하고, 급유할 수 있는 시설을 갖추는 것이 필수인데

인천공항 계류장의 급유 시설

요. 세계적인 수준으로 꼽히는 인천공항도 마찬가지입니다.

우선 인천공항 주변에는 1기당 1,580만 리터를 보관할 수 있는 저장 탱크 12기를 보유한 항공유 저장기지가 있습니다. 모두 합하면 1억 9,000만 리터를 저장할 수 있는 규모인데요. 2001년 개항 이후 초기에는 하루에 탱크 1기 정도의 기름을 썼지만, 운항편수가 늘어나면서 하루 평균 탱크 1.5기를 사용한다고 합니다. 평소 바다 건너 인천에 있는 정유사의 저장기지에서 해저 송유관을 통해서 기름을 공급받고 있는데요.

인천공항공사 관계자는 "만약 여러 비상 상황으로 인해 정유사에서 기름 공급이 중단될 경우 인천공항은 자체 저장량으로 일주일가량 운영이 가능하다"고 설명합니다. 물론 그 사이에 별도로 비상 대책도 준비된다고 합니다.

그럼 이렇게 저장해놓은 기름은 어떻게 비행기까지 전달될까요? 흔히 기름을 가득 실은 탱크로리를 떠올릴 수 있는데요, 인천공항 주기장에서는 이 탱크로리를 찾아보기 어렵습니다. 항공유 저장기지에서 시작해 인천공항 주기장 곳곳에 뻗어 있는 지하 송유관 덕분입니다. 길이만 무려 60km에 달하며 지하 2~2.5m 깊이로 깔려 있다고 하는데요.

이 송유관은 비행기가 승객을 내리고 태우는 각 주기장에 설치된 2개의 급유 밸브와 연결됩니다. 호스와 각종 주유 장비를 구비한 급유 차량은 이 밸브에 호스를 연결해 비행기에 기름을 넣으면 되는데요. 독일 등에서 수입하는 급유 차량은 대당 가격이 3억 원이 넘는다고 합니다. 국내에서는 인천공항만 급유 시설이 모두 지하화되어 있고, 김포공항 등 다른 공항은 이런 시설이 완비되지 않아 탱크로리를 많이 사용하고 있습니다.

일반적으로 작은 비행기는 급유 밸브 1개만을 사용하지만, 대형 여

인천공항에서 급유 중인 항공기

객기는 급유 밸브 2개를 모두 사용해 기름을 넣는다고 하는데요. 기름을 넣기 전 급유 작업자가 맨 처음 하는 일은 비행기와 급유 차량 간에 접지선을 연결하는 것입니다. 아시아나에어포트 담당자는 "급유 과정에서 정전기가 발생하면 화재 위험이 있기 때문에 이를 막기 위해 접지선을 맨 처음 연결한다"고 말합니다.

참고로 1990년에 개봉한 미국 영화 〈다이하드 2〉에서는 후반부에 비행기에서 기름이 흘러나오게 한 뒤 주인공(브루스 윌리스)이 라이터로 불을 붙이자 불길이 맹렬한 기세로 비행기를 쫓아가는 장면이 나오는데요.

항공유 전문가들은 "영화에서나 가능한 일"이라고 말합니다. 등유를 주로 사용하는 항공유는 특성상 발화점이 높기 때문에 불을 일부러 갖다 대도 붙지 않는다고 설명합니다. 아시아나에어포트 관계자는 "세스나처럼 소형 비행기에 사용하는 '항공 가솔린'은 상대적으로 불이 잘 붙는다"고 말하며 "영화에서도 해당 장면을 연출하기 위해 이 기름을 쓴 것으로 안다"고 덧붙였습니다.

비행기에 기름을 넣는 과정도 그리 간단하지 않은데요. 일반 주유소에서는 주유 호스를 차량의 주유구에 넣고 기다리기만 하면 되지만 항공유 급유에는 절차들이 더 있습니다. 주유 작업자는 급유차뿐 아니라 비행기 날개 밑에 있는 주유 계기판을 직접 조작해 해당 연료 탱크별로 들어갈 기름의 양을 정확하게 입력합니다.

그리고 초기에 일정량의 기름이 들어가면 특수 시약을 사용해 기름에 수분이 있는지 확인하는데요. 항공유에 수분이 있으면 역시 화재 위험 등이 높아지기 때문에 반드시 점검해야 합니다. 시약이 녹색으로 변하면 수분이 있다는 의미로 이때에는 주유를 중단해야 하는데요. 주유 작업자는 이상 유무를 비행기 정비사에게 확인시킨 뒤 급유 작업을 계속하게 됩니다.

인천공항에서 항공유를 공급받는 비행기는 하루 평균 550편가량으로 모두 출발 편입니다. 인천공항에서는 동시에 36대의 비행기에 기름을 넣을 수 있다고 합니다.

이런 과정을 거쳐 넣은 항공유를 피치 못하게 공중에서 버려야 하는 경우도 간혹 생기는데요. 응급환자가 발생했거나 기체에 이상이 있어 비상착륙을 해야 할 때입니다.

대형 항공기일수록 이륙 때 전체 무게에서 기름이 차지하는 비중이 절반 가까이 되기 때문에 이를 줄이지 않으면 착륙할 때 기체에 주는 부담이 너무 커 사고가 발생할 수 있기 때문입니다. 예를 들어 B747의 최대 이륙 중량은 420톤가량인데, 이 가운데 비행기 동체(120톤)와 승객 · 화물(100~110톤) 무게를 뺀 나머지가 모두 기름 무게입니다. 항공유는 공중에서 뿌릴 경우 기화되기 때문에 환경오염을 일으키지는 않는다는 게 아시아나에어포트 측의 설명입니다. ✈

# 18

# 인천공항 활주로를 더럽히는 이것, 연간 44톤이 녹아 붙는다

인천공항에서는 항공기 이·착륙이 뜸한 자정부터 새벽 3시 사이에 활주로 청소 작업이 종종 진행됩니다. 4,000m 활주로 하나를 청소하는 데 대략 30일 정도 걸린다고 하는데요. 기상 상황이나 항공기 운항 여부에 따라 작업시간이 유동적이기 때문입니다.

2017년 인천공항의 활주로를 청소하는 데만 122일이 소요됐는데요. 얼핏 깨끗해 보이는 활주로를 이렇게 열심히 청소하는 이유는 뭘까요? 바로 항공기 착륙 때 활주로에 녹아 붙는 타이어 찌꺼기 때문입니다.

비행기 타이어가 활주로에 닿게 되면 마찰 때문에 표면 온도가 일반적으로 섭씨 150~250도에 이르게 됩니다. 그러면 타이어가 이를 견디지 못하고 녹아내리게 되는데요. 인천공항 담당자에 의하면 일반적으로 비행기 한 대가 착륙할 때 발생하는 타이어 고무 찌꺼기는 평균 454g이라고 합니다. 음식점에서 파는 소고기가 1인분이 150g가량인 걸 고려하면 3인분에 해당하는 양입니다.

물론 기체가 무겁고 타이어 개수가 많은 A380(에어버스<sup>Airbus</sup>사가 제작한 현존하는 세계 최대 여객기로 '꿈의 비행기', '하늘을 나는 호텔'이라고 불림)이

활주로의 타이어 찌꺼기 청소 차량 　　　　　　　　　　　출처: 인천공항

나 B747(보잉 Boeing 사가 개발한 대형 여객기) 같은 대형 기종은 녹는 양이 더 많은데요. A380은 바퀴가 22개, B747은 18개나 됩니다. 인천공항의 경우 하루에 500회 정도 착륙이 이뤄지는 걸 감안하면 하루 평균 쌓이는 타이어 고무 찌꺼기만 227kg가량으로 추정됩니다.

또 연간 청소 작업으로 수거하는 고무 찌꺼기는 평균 44톤인데요. 인천공항이 바빠지면서 고무 찌꺼기 양도 증가하고 있습니다. 2014년 41.2톤이던 것이 2017년에는 이보다 훨씬 많은 51.6톤으로 늘었습니다.

인천공항에 착륙하는 항공기의 약 60% 정도가 중소형 기종인데, 항공기 착륙 때 타이어가 녹으면서 액체 상태인 고무 일부가 공기 중으로 날아가고, 나머지는 활주로에 쌓이기 때문에 연간 수거량은 퇴적 예상량(연간 83톤)보다 적다는 설명입니다.

심야에 활주로를 청소 중인 특수차량 　　　　　　　　　　　　　　　출처: 인천공항

　비행기 타이어의 무게는 작은 기종인 B737용이 90kg, A380용은 120kg가량 되는데요. 이를 적용하면 1년에 B737용 타이어는 573개, A380용은 430개가 인천공항 활주로에 녹아 붙는 셈입니다. 타이어 가격이 대략 100만 원대인 걸 고려하면 5억 원이 넘는 규모입니다.

　참고로 이 가격은 추정치일 뿐 정확한 내역은 알기 어렵습니다. 항공사별로 타이어 공급사와 계약을 체결하면서 그 가격을 공개해서는 안 된다는 조항을 넣었기 때문이라고 하는데요. 그래서 상세한 시장 가격은 별도로 없다는 게 항공사들의 설명입니다. 바퀴에 사용되는 알루미늄 휠은 개당 2,000만 원이 넘습니다.

　이처럼 착륙 때마다 녹아내리고, 강한 충격을 받기 때문에 항공기 타이어는 기종에 따라 차이는 있지만 일반적으로 2~3개월 사용 후 교체

한다고 하네요. 물론 운항 거리가 길어 상대적으로 착륙 횟수가 적은 기종은 4~5개월 단위로 타이어를 바꾸기도 합니다.

그런데 이 찌꺼기를 제거하지 않으면 어떤 문제가 생길까요? 일반적으로 활주로에는 착륙할 때 미끄럼을 방지하고, 빗물이 잘 빠지도록 하기 위해 일정 간격으로 홈을 파놓습니다. 이를 그루빙Grooving이라고 하는데요. 이 홈에 타이어 찌꺼기가 쌓이면 빗물이 잘 빠지지 않게 되고, 바퀴와 활주로 사이에 수막이 형성돼 자칫 비행기가 미끄러지는 위험한 상황이 생길 수도 있습니다.

이 때문에 주기적으로 활주로 청소를 해야 하는데요. 이 청소 작업에는 특수차량이 동원됩니다. 강력한 물줄기를 분사하는 워터제트Water Jet 기능을 장착한 차량으로 가격은 대당 8억 원이 넘는데요.

강력한 물줄기를 뿜어서 활주로 홈에 박힌 고무 찌꺼기를 빼낸 뒤 이를 다시 빨아들이는 방식으로 청소합니다. 기본적으로 활주로 하나를 30일가량 청소하는 데 드는 비용만 약 9,000만 원 정도라고 하네요. 그리고 수거된 고무 찌꺼기는 환경법에 따라 폐기물로 처리합니다.

항공은 조그만 실수나 고장만으로도 최악의 사고를 유발할 수 있기 때문에 다른 어떤 교통수단보다도 안전이 최우선시되는데요. 모두들 잠든 심야시간대에 인천공항 활주로에서 첨단차량이 굉음을 내며 청소 작업을 하는 것도 그 이유입니다. 이 같은 보이지 않는 손길들이 모여 항공 안전이 유지됩니다. ✈

# 지구온난화가
# 활주로 길이를 늘였다?

　인천공항에는 현재 3개의 활주로가 있습니다. 1, 2활주로의 길이가 3,750m인 데 비해 3활주로는 250m 더 긴 4,000m입니다. 1, 2활주로는 2001년 인천공항 개항 당시 운영을 시작했고, 3활주로는 2008년에 완공됐습니다. 그런데 왜 3활주로는 이처럼 길게 만들었을까요?

　활주로를 설계할 때는 여러 요소를 고려해야 합니다. 우선 항공기 제작사에서 제공하는 항공기 매뉴얼상 이륙 소요 거리가 중요한데요. 해당 비행기가 이륙하기 위해서 얼마나 활주로를 달려야 하는지를 의미하는 겁니다.

　현재 운항하고 있는 대형 기종 중에서는 B747-400ER이 3,586m로 이륙 소요 거리가 가장 긴 편입니다. 이 비행기보다 큰 A380-800은 오히려 3,085m로 활주 거리가 훨씬 짧은데요. 그 이유는 A380이 활주 거리를 줄일 수 있는 동체 설계와 장비를 갖췄기 때문이라는 설명입니다. 하지만 앞으로 나올 대형 기종 중에서는 활주 거리를 더 필요로 할 가능성도 있기 때문에 이 역시 고려해야 합니다.

　활주 거리를 파악했으면 다음에는 해당 공항의 지역적 조건, 즉 고도

인천공항에서 이륙하는 여객기            출처: 대한항공

와 온도, 활주로 경사 등을 반영합니다. 인천공항에 따르면 해당 공항의 고도가 300m 상승할 때마다 7%, 온도가 기준보다 1도 높으면 1%, 경사가 1% 올라가면 10%씩 길이를 늘이는 식이라고 합니다.

인천공항이 3활주로를 설계하면서 하나 더 감안한 게 있습니다. 바로 지구 온난화입니다. 앞으로 지구가 계속 더워져 온도가 더 올라갈 것을 고려한 건데요. 20~30년 뒤 평균 기온이 지금보다 3도 정도 더 높아질 것으로 예상한 겁니다. 그래서 나온 활주로 길이가 바로 4,000m입니다.

그렇다면 왜 활주로를 설계하면서 지구온난화를 신경 쓴 걸까요? 기온은 비행기가 추진력을 얻는 원리와 밀접한 관계가 있습니다. 일반적으로 비행기 엔진은 많은 양의 주변 공기를 빨아들인 뒤 이를 여러 번

인천공항 활주로        출처: 인천공항

의 압축 과정을 거쳐 고압의 압축공기로 만드는데요. 여기에 연료를 분사해 혼합한 뒤 폭발시켜 엔진을 돌리는 힘을 얻게 됩니다.

그런데 기온이 높아지면 활주로 부근의 공기가 데워져 상승하면서 밀도가 낮아지는 탓에 비행기가 빨아들이는 공기량과 압축량이 줄어들게 됩니다. 이 때문에 이륙을 위한 추진력을 얻기 위해 더 오래, 더 멀리 달려야만 하는데요. 여름에 비행기의 활주 거리가 대체로 길어지는 것도 이러한 이유입니다. 그래서 보다 긴 활주로가 필요한 겁니다.

참고로 2023년 완공을 목표로 건설 중인 인천공항 4활주로는 착륙 전용으로 사용할 예정이어서 1, 2활주로와 동일한 3,750m 길이라고 합니다.

세계에서 가장 긴 활주로를 보유한 공항은 미국 덴버공항으로 길이가 4,877m나 됩니다. 이는 공항 표고가 1,655m나 되는 점이 주요하게 감안된 결과입니다. 프랑스 파리의 샤를드골공항도 4,215m짜리 활주로를 가지고 있습니다. 전 세계적으로 4,000m대의 활주로를 보유한 공항은 20여 개가 된다고 하네요.

활주로는 길이 못지않게 두께도 중요합니다. 최대 이륙 중량이 300~600톤에 달하는 대형 항공기들이 전속력으로 달리면서 가해지는 하중을 견뎌내야 하기 때문인데요. 특히 활주로 중에서도 비행기가 실제로 뜨고 내리는 양 끝단에 더 큰 하중이 가해집니다. 항공기 운항이 많고 혼잡한 공항의 경우 활주로가 받는 하중은 더욱 증가합니다.

이 때문에 인천공항에서는 1~3활주로 모두 양 끝단부는 강도가 센 콘크리트로 포장했습니다. 나머지 부분은 아스콘(아스팔트) 포장입니다. 3활주로를 예로 들면 총 연장 4,000m 가운데 좌우 양 끝단부 704m와 680m 길이는 콘크리트로 덮었습니다. 나머지 2,616m는 아스콘입니다.

두께도 다른데요. 콘크리트 포장은 두께가 70cm이고, 아스콘 포장은 90cm인데요. 아스콘 강도가 콘크리트보다 낮은 점을 고려한 겁니다. 참고로 일반 고속도로의 아스콘 포장 두께는 30~40cm 정도입니다.

해외에서는 공항 지역의 재료 확보 조건 등에 따라 활주로 전체를 아스콘 또는 콘크리트 한 가지로 포장하기도 합니다.

이처럼 다양한 요소들을 고려해 길이와 두께 등이 정해지는 활주로이지만, 미래 모습은 유동적일 것 같은데요. 현재의 항공기 못지않은 뛰어난 안전성을 구비한 대형 수직 이착륙기가 등장한다면 지금 같은 기다란 활주로는 필요 없지 않을까 싶습니다. ✈

# 승객들은 비행기 탈 때
# 왜 BBK 김경준을 보지 못했을까,
## '벙크'의 비밀

지난 2007년 대선판을 뜨겁게 달궜고 그 이후에도 계속 논란이 이어진 사건이 있습니다. 이른바 'BBK' 사건인데요. 당시 검찰이 미국 교도소에 수감 중이던 핵심 관련자 김경준 씨를 국내로 송환했습니다.

하지만 비행기가 이륙하기 전까지 기내에서 김 씨를 본 승객이 없었다고 합니다. 그를 일반 좌석이 아닌 별도 공간에 격리했기 때문인데요. 이유는 김 씨를 본 승객들이 이륙 전에 휴대전화 등으로 외부에 연락을 취해 송환 사실이 미리 공개되는 걸 방지하기 위해서였다고 합니다. 이 공간은 바로 승무원들이 흔히 '벙커'라고 부르는 승무원 전용 휴식 공간, 즉 'CREW REST BUNK'입니다. 줄임말도 '벙커'가 아니라 '벙크'가 맞습니다.

몇 년 전에는 국내 항공사의 한 승무원이 몸이 좋지 않다고 호소하는 자신의 중학생 딸을 벙크로 데려가 쉬게 했다가 논란을 빚은 적이 있었는데요. 관련 규정상 벙크에 일반인은 출입할 수 없습니다.

공식 보안구역은 아니지만, 테러나 밀입국 등 안전 보안상 이유 때문이라고 하는데요. 그래서 대한항공 등 국내외 항공사들은 벙크 출입

B747 여객기에 마련된 벙크　　　　출처: 대한항공

문에 승무원 외 출입금지라는 스티커를 붙이고, 별도의 시건장치(문이나 서랍, 금고 등에 설치하여 함부로 열 수 없도록 하는 장치)도 부착한다고 합니다. 또 비행 전과 착륙 전에 보안점검도 실시합니다.

벙크는 기종마다 위치와 크기가 다르고, 아예 벙크가 설치되지 않은 여객기도 있습니다. 대한항공에 따르면 벙크는 일반적으로 비행시간이 8시간 이상이거나 심야시간대(오후 10시~오전 4시)에 출발하는 비행편에서 활용한다고 하는데요.

예를 들어 미국 로스앤젤레스로 가는 대한항공 012편에 15명의 승무원이 탑승했을 경우 첫 번째 기내식 서비스와 두 번째 서비스 사이에 4시간이 비면 두 개 조로 나눠 2시간씩 벙크에서 휴식을 취합니다. 벙크가 없을 땐 별도로 객실 뒤쪽에 지정해놓은 몇 개의 좌석에서 교대로 눈을 붙이기도 합니다. 벙크를 사용할 때 남녀 승무원 간 구분은 없다는 게 대한항공의 설명입니다.

벙크는 항공기 구조상 객실 위쪽 또는 아래쪽에 위치하는데요. 위쪽에 있으면 문을 열고 계단으로 올라가게 되고, 아래쪽이면 계단을 내려가야 합니다. 객실 아래쪽에 설치되는 벙크는 일반적으로 화물칸에 위치합니다.

대한항공에서 운영하는 B747-400과 B777-300ER, B787-9는 비

행기 꼬리 쪽 객실 위에 벙크가 있습니다. 반면 B777-200은 객실 뒤쪽 객실 4분의 3 지점 아래에 벙크가 놓여 있습니다. 현존하는 최대 여객기인 A380은 1층 앞쪽의 아래쪽에 벙크가 있다고 하는데요.

벙크는 항공사가 여객기를 주문할 때 별도로 추가하는 옵션 사항입니다. 비행기 제작 때 처음부터 고정된 형태로 만들기도 하지만 컨테이너형의 모듈로 제작해 필요에 따라 떼었다 붙였다 할 수도 있습니다.

출입문이 화장실 문과 연이어 있기도 해서 승객이 가끔 화장실인 줄 알고 열려고 시도하는 경우도 있다고 하는데요. 일반적으로 벙크 안에는 6~10개의 침대와 인터폰, 에어컨 등이 설치되어 있고 항공사에 따라 영화 시청이 가능한 모니터도 준비되어 있습니다.

하지만 실내가 비좁고 건조한 데다 잠을 잘 수 있는 시간도 짧아 비행의 피로를 제대로 털어내기는 역부족이라는 게 상당수 승무원의 공통된 얘기입니다. 또 천장이 높지 않아 제대로 고개를 들고 서 있기 어려운 벙크도 있습니다.

객실 승무원과 별도로 조종사들이 휴식을 취하는 공간도 있는데요. 조종사용 벙크가 설치된 비행기에는 침대 2개와 비즈니스석 크기의 좌석 2개가 놓여 있기도 합니다. 별도의 벙크가 없을 때는 일등석 중 빈자리에서 교대로 휴식을 취합니다.

승무원들이 교대로 휴식을 취하는 시간대에는 아무래도 승객의 서비스 요청에 바로바로 응하기 어려울 수 있는데요. 장거리 비행에 승무원들도 휴식이 필요하다는 점을 이해한다면 어느 정도 불편은 감수할 수 있을 듯합니다. ✈

# 돌아가거나 인천공항으로 가라!
## 밤 11시 김포공항 '통금 사이렌'

2019년 8월 11일 제주공항을 떠나 김포공항으로 향할 예정이던 국내 저비용 항공사 소속 여객기는 예정시간(오후 9시 10분)보다 1시간 이상 늦은 오후 10시 30분께 이륙했습니다. 앞선 비행기들의 출발과 도착이 늦어지면서 항공기 연결이 많이 지연됐기 때문인데요. 당초 예정대로 이륙했다면 김포공항에는 오후 10시 안팎에 도착이 가능했습니다.

하지만 출발이 지연된 탓에 도착 가능 시간이 오후 11시를 훌쩍 넘기게 됐는데요. 결국 이 비행기는 김포공항에 내리지 못하고 인근 인천공항에 착륙해야만 했습니다. 이유는 김포공항에서 1988년부터 운영 중인 '커퓨타임Curfew Time', 즉 야간 운항제한 때문입니다.

김포공항은 오후 11시부터 다음 날 오전 6시까지 원칙적으로 모든 항공기의 이·착륙이 금지돼 있는데요. 물론 긴급 착륙이 필요하거나, 태풍 등 나쁜 기상으로 인해 항공기 운항이 심각하게 지연된 경우에는 예외적으로 커퓨타임을 한시적으로 해제하기도 합니다.

당시 해당 여객기가 인천공항에 도착한 시간은 오후 11시 31분이었습니다. 김포공항의 커퓨타임에 걸린 건데요. 김포공항의 야간 운항제한 때문에 착륙하지 못하게 된 항공기는 인근에 24시간 운영이 가능한 대체 공항, 즉 인천공항에 착륙하게 되어 있습니다.

이러한 커퓨타임을 공식적으로 운영하는 공항은 국내 15개 공항 가운데 김포공항과 김해공항, 광주공항, 대구공항 등 4곳입니다.

김해공항의 운항 제한시간은 오후 11시부터 다음 날 오전 6시까지이고, 대구공항은 밤 12시부터 다음 날 오전 5시까지입니다. 광주공항은 오후 10시부터 다음 날 오전 7시입니다. 국토교통부 공항안전환경과 관계자는 "다른 공항들은 항공편이 많지 않아 야간 운영이 불필요하거나, 운영 인력이 적어서 공항 자체적으로 운영시간을 제한하는 경우이기 때문에 공식적인 커퓨타임은 아니다"라고 설명합니다.

커퓨타임을 정해서 운영하는 이유는 공항 주변 주민들이 겪는 소음 피해를 줄이기 위해서입니다. 가뜩이나 항공기 이·착륙으로 인한 소음이 심한데 심야시간까지 비행기가 뜨고 내리면 주민 생활에 미치는 부정적인 영향이 너무 크기 때문인데요.

실제로 공항 인근 주민들은 공항의 운항 편수가 늘어나는 움직임에 상당히 민감합니다. 김포공항이 국제선을 늘리고 싶어도 못 하는 이유 중 하나가 주민들의 반발 때문입니다.

또 공항 활성화나 수용 능력 증대를 위해 커퓨타임을 줄이고 싶은 지자체·공항 측과 이를 반대하는 지역 주민·시민단체 간의 마찰이 종종 빚어지기도 합니다.

이 같은 취지로 운영하는 커퓨타임이지만 이로 인해 어쩔 수 없는 피해도 발생하고 있는데요. 바로 커퓨타임에 걸려 목적지 공항이 아닌 다른 공항에 내려야 하는 승객들입니다.

한국공항공사가 국회에 제출한 '공항별 커퓨타임 운영 현황'에 따르

인천공항 전경                                                              출처: 인천공항

면 지난 2014년부터 2019년 8월까지 커퓨타임으로 인한 항공기 회항
은 모두 283대였는데요. 승객은 총 4만 7,500여 명이었고, 회항한 공
항은 모두 인천공항입니다.

커퓨타임으로 인한 회항은 대부분 제주발 김포행 비행기들이었습니
다. 제주공항이 워낙 붐비는 데다 종종 태풍 등 기상악화의 영향으로
항공기 연결이 순조롭지 않은 때가 많기 때문이라는 분석입니다.

김포공항이 아닌 인천공항에, 그것도 늦은 시간에 내린 승객들로서
는 난감할 텐데요. 서울 등 최종 목적지까지 거리가 더 멀어진 데다 대
중교통편도 마땅치 않기 때문입니다.

그래서 국내 항공사 대부분은 김포공항 대신 인천공항으로 회항하는
경우 전세 버스를 급히 수배해 승객들에게 제공하는데요. 항공사마다

운행하는 구간은 조금씩 다르지만, 김포공항은 물론 서울 주요 지점과 경기도 주요 지역까지 승객을 운송하기도 합니다.

한 항공사 관계자는 "일반적으로 기상악화 등으로 인한 항공기 지연의 경우 항공사가 승객에게 별도로 보상을 하지 않지만, 커퓨 회항은 기상 악화 때문이라도 전세 버스 등 교통편을 제공하고 있다"고 말합니다. 버스편 제공만으로 승객들의 불편을 다 해소하기는 어렵지만, 아쉬운 대로 긴급 처방은 되는 것으로 보입니다.

이처럼 공항의 커퓨타임 운영에는 긍정적인 요소와 부정적인 부분이 공존하는 것 같습니다. ✈

# 22

# 인천공항 비행편 못 늘리는 이유,
## 2개 891억 원에도 팔리는 '슬롯'

"인천공항에서 출발하는 항공편을 띄우고 싶은데 슬롯<sup>Slot</sup>이 없어서…."

"비행편을 더 많이 유치해야 하는데 슬롯이 부족해서…."

항공사나 인천공항 관계자들을 만나면 자주 듣는 하소연입니다. 항공사는 승객이 가장 많이 몰리는 인천공항에서 출발하고 도착하는 노선을 운항하고 싶어 하는 게 당연한데요. 하지만 '슬롯'이 없어서 못 한다고 합니다.

동북아의 허브<sup>Hub</sup> 공항을 지향하는 인천공항으로서도 보다 많은 항공사와 노선을 유치하는 게 필요하지만 마음대로 못 한다는 건데요. 역시 '슬롯' 부족이 이유랍니다.

슬롯이 뭐기에 부족하다는 하소연이 나오는 걸까요? '슬롯'은 사전을 찾아보면 '개인용 컴퓨터에서 별도로 추가할 보드 따위를 끼워 넣는 자리'라는 의미가 가장 먼저 나옵니다. '구멍'이나 '자리'라는 의미도 함께 있는데요.

이 같은 자리나 공간이라는 의미를 보다 확장해보면 공항에서 항공기가 뜨고 내릴 수 있는 틈이라는 의미까지 이어질 수 있습니다.

흔히 항공 업계에서 '슬롯'은 시간당 최대 이·착륙 횟수 정도로 풀이하지만, 국제항공운송협회의 국제슬롯가이드라인에서는 슬롯을 '항공기가 특정 날짜와 시각에 대형 공항(3종 공항)에서 출·도착에 필요한 제반 공항 시설을 전 범위에서 사용할 수 있는 허가'로 규정하고 있습니다.

풀어서 설명하면 해당 공항이 갖춘 각종 설비를 이용해서 특정 날짜와 시간대에 뜨고 내릴 수 있는 권리이자 허가라고 할 수 있는데요. 국내에서는 인천공항과 김포공항, 제주공항이 항공기 운항 전에 슬롯 배정을 반드시 받아야 하는 공항입니다.

국내에서 슬롯 배정과 관련해서는 국토교통부가 관장하는 스케줄협의회가 최고 의결기관입니다. 국토부 산하 서울지방항공청 간부와 인천공항공사, 한국공항공사 담당 임원이 참석합니다. 또 슬롯 배정의 실무는 양 공항공사와 항공사 직원들이 참여하는 한국공항스케줄사무소에서 담당합니다.

항공사가 원하는 노선에 취항하려면 떠나는 공항과 도착하는 공항 모두에서 슬롯을 확보해야만 하는데요. 특히 여행객들이 선호하는 시간대에 출·도착이 가능한 슬롯을 얻기 위한 경쟁은 상당합니다.

항공사가 일단 슬롯을 확보하면 일정 수준의 운항 횟수를 유지하는 한 그 슬롯은 항공사의 자산처럼 간주된다고 하는데요. 실제로 지난 2017년에는 스칸디나비아항공SAS이 영국 런던의 히드로공항 출·도착 슬롯 2개를 다른 항공사에 7,500만 달러(약 891억 원)에 팔기도 했습니다.

이러한 슬롯을 많이 보유하고 있다는 건 공항의 경쟁력 측면에서도 상당한 강점이 될 수 있는데요. 인천공항의 슬롯은 시간당 65회(여객 기준) 정도입니다. 2001년 개항 당시 시간당 38회였는데 2020년 초 기준으로도 채 2배가 되지 않는데요.

이 사이 인천공항 운항편은 일평균 312회에서 지난해에는 1,107회로 3.5배나 급증했는데 말입니다. 인천공항은 비선호 시간대인 심야(오후 11시~오전 6시)에만 슬롯에 여유가 있을 뿐 나머지 시간대에는 거의 포화 상태입니다.

인천공항과 경쟁 관계인 창이공항(싱가포르)과 첵랍콕공항(홍콩)도 슬롯이 시간당 65~68회 정도로 포화 상태라고 합니다.

반면 스키폴공항(네덜란드)은 피크 시간대에 시간당 106회, 프랑크푸르트공항(독일)은 시간당 104회나 됩니다. 일본 도쿄의 하네다공항도 시간대별로 다르지만, 시간당 최대 90회까지 슬롯 운영이 가능하다고 하는데요.

그렇다면 인천공항은 왜 슬롯을 대폭 늘리지 못하는 걸까요? 사실 인천공항은 2018년에 제2여객터미널과 3활주로를 짓는 2단계 확장 사업을 마쳤고, 지금은 4활주로 신설과 계류장·터미널 확장을 내용으로 하는 3단계 사업을 진행하고 있습니다. 그래서 활주로나 계류장 그리고 여객 처리 시설(체크인, 출입국 검사, 세관 검사, 수하물 처리 시설) 등 하드웨어는 여유가 있습니다. 하지만 크게 두 가지에서 제동이 걸리고 있는데요.

우선 공역 문제입니다. 항공기가 이륙 후 움직일 수 있는 하늘 길이 좁기 때문인데요. 공군의 훈련 공역에다 휴전선 등 지리적 제약 요건이 있어서 추가로 하늘 길을 확보하기 어렵다는 설명입니다.

또 다른 한 가지는 출입국 검사와 세관 검사 인력 부족입니다. 비행편이 늘어나서 입·출국 승객이 증가해도 이들 인력이 부족하다면 제대로 된 공항 운영이 어렵기 때문입니다. 하지만 출입국과 세관 검사 인력 모두 공무원이라서 쉽게 늘리기는 어렵다고 하네요.

그렇다고 인천공항을 계속해서 슬롯이 부족한 상태로 둘 수도 없는데요. 일단 정부에서는 2020년 인천공항의 슬롯을 시간당 70회로 늘린다는 계획입니다. 출입국과 세관 인력 확충도 추진되고 있습니다.

이렇게 되면 조금이나마 인천공항 운영에 숨통이 트이겠지만 충분한 수준은 못 됩니다. 결국 관제 능력 증대, 공군과의 공역 확충 협의 등 보다 근본적인 방안이 추진되어야 슬롯 가뭄이 해소될 것 같습니다. ✈

# 23

# 15배 무게 비행기를 끄는 괴력, 공항의 작은 거인 '토잉카'

비행기를 타는 장면을 한번 떠올려보시죠. 체크인과 보안검색 등을 마치고 탑승교를 거쳐 기내 좌석에 앉습니다. 승객들이 모두 자리에 앉으면 문이 닫히고 이어 비행기가 천천히 뒤로 이동하며 탑승교를 떠나게 되는데요. 객실 창을 통해 밖을 내다보면 공항터미널에서 서서히 멀어지는 모습을 확인할 수 있습니다.

그런데 여기서 궁금한 게 하나 생기는데요. 비행기가 자동차처럼 스스로 후진을 하는 걸까요? 답은 '아니다'입니다.

이론적으로는 비행기도 후진이 가능하다고 합니다. 엔진을 역추진 모드로 바꾸면 되는 거죠. 하지만 엔진에 무리가 많이 가고 연료 소모가 심한 데다 자칫 주변 건물 등 다른 시설에 악영향을 줄 수 있어 사용하지 않는다고 합니다. 다만 착륙할 때 속도를 줄이기 위해 역추진 기능을 사용합니다.

그럼 평상시에는 어떻게 뒤로 이동을 하는 걸까요? 비행기를 타기 전 탑승구 근처에서 기다리면서 유심히 비행기 주변을 관찰한 경험이 있다면 아마도 답을 비교적 쉽게 알 수 있을 것입니다. 바로 '토잉카

Towing Car'가 비행기를 밀어주는 겁니다.

토잉카는 공항에서 비행기를 견인하는 트랙터를 말합니다. 토잉카는 대부분 길고 넓고 납작한 상자 모양을 하고 있는데요. 커다란 철제 상자에 거대한 바퀴만 달아놓은 듯한 특이한 모양새입니다.

토잉카는 여러 가지 용도로 사용되는데 계류장에 대기하고 있던 비행기를 탑승교까지 끌고 오기도 하고, 반대로 탑승교에 있던 비행기를 유도로까지 밀어주기도 합니다. 때로는 격납고에 있는 항공기를 꺼내오는 역할도 합니다.

항공기 크기가 다양한 만큼 토잉카도 작은 소형 제트기용부터 초대형 여객기인 A380용까지 여러 가지입니다. 작은 토잉카는 소형 자동차 크기인 반면, A380을 견인하는 토잉카는 길이가 10m, 높이 2.4m, 중량은 70톤에 육박합니다.

토잉카의 장점은 뭐니 뭐니 해도 힘인데요. '더글러스 TBL-600'의 경우 중량은 37톤이지만 거의 15배나 무거운 A380을 밀거나 끌 수 있습니다. 속도도 시속 30km가 넘는다고 하네요. 참고로 A380은 승객과 짐을 이륙 가능한 수준까지 최대로 실으면 무게가 550톤 안팎까지 나갑니다. 그래서 토잉카의 별명이 '작은 거인'입니다.

토잉카는 항공기에 따라 견인봉Tow Bar, 토우바을 연결해 사용하는 것과 견인봉 없이Towbarless 사용하는 두 종류로 나뉩니다. 견인봉이 없는 토잉카는 항공기 바퀴를 차량 중앙까지 밀착시킨 뒤 살짝 들어 올리는 방식으로 작동합니다.

이처럼 특수한 역할을 하다 보니 토잉카는 상당한 고가인데요. 소형은 2~3억 원가량이고, 대형은 10억 원대에 달합니다. 대한항공의 지상 조업을 담당하는 자회사인 한국공항은 이런 토잉카를 60여 대 보유

여객기를 끌고 있는 토잉카 　　　　　　　　　　　　　　출처: 대한항공

하고 있다고 하네요.

　그런데 워낙 고가인 탓이어서 그럴까요? 북한의 평양 순안공항에서는 토잉카 대신 군용트럭이 비행기를 견인하는 장면이 포착되기도 했습니다. 외국 공항에서 특수트럭인 '유니목'을 토잉카 대신 사용하는 경우는 간혹 있지만, 이처럼 군용트럭을 쓰는 사례는 이례적이라고 하네요.

　토잉카 중에는 에너지 절약에도 한 몫 하는 경우가 있는데요. 비행기는 일반적으로 주엔진을 끈 상태에서도 기내 에어컨이나 장비들을 가동하기 위해 보조엔진을 켜야 합니다. 보조엔진만 가동해도 기름이 적지 않게 소모되는데요.

　일부 토잉카는 차량 자체에서 발생하는 에너지를 기내에 공급할 수 있는 기능이 있기 때문에 비행기는 보조엔진을 꺼도 된다고 합니다. 이런 방식으로 항공사들은 연간 수천만 원 이상을 아낀다고 하는데요, 일석이조의 효과를 보는 셈입니다. ✈

# 짜증나는 항공기 지연,
# 알고 보니 '하늘 길 병목' 탓?

해외여행을 위해 비행기를 이용할 때 가장 짜증나는 기억이 있다면 아마도 출발이 많이 늦어지거나 연착하는 경우일 겁니다. 특히 이미 승객들은 모두 탔는데도 짧게는 20~30분, 길게는 1시간가량 이륙을 못 한 채 비행기 안에 꼼짝없이 앉아 있었던 경험이 있다면 더 그럴 텐데요.

비행기의 출발이나 도착이 늦어지는 이유는 여러 가지입니다. 특히 기체 결함, 기상악화 등이 큰 영향을 주는데요. 여기에 또 하나의 복병이 있습니다. 바로 하늘 길의 '병목Bottleneck' 현상입니다. 마치 도로처럼 하늘 길도 특정 구간에 항공편이 몰리면서 정체 구간이 생기는 겁니다. 주변에 병목되는 곳이 많으면 그만큼 비행기 출발과 도착에 지연이 잦을 수밖에 없는데요.

안타깝게도 우리나라 주변의 하늘 길도 사정이 녹록지 않습니다. 하늘 길, 즉 항로는 항공기가 다니기 적합하다고 지정한 통로로 국가별 심의기구에서 국제민간항공기구ICAO와 협의해서 정합니다. 이 과정에서 국가별 제한 사항과 연료비, 영공 통과료 등 경제성 그리고 안전성을 많이 고려하게 되는데요. 참고로 항로 명칭은 1개의 알파벳 문자에 1~999까지의 숫자를 붙여서 구분합니다. 'A593' 'Y711' 등으로 표시하는 겁니다.

항로에서는 비행 고도를 일정 기준에 따라 달리하거나, 수평 간격을 떨어뜨리는 방식으로 비행기를 여러 대 통과시키는데요. 항로별 상황에 따라 그 수용량이 제각각입니다. 수용량이 적을수록 교통 정체가 생길 수밖에 없는데요.

인천공항을 출발해서 중국 베이징 방면으로 가거나, 베이징을 통과해 유럽으로 가는 항로가 대표적인 병목 구간입니다. 인천발 유럽행 항공기는 대부분 베이징과 몽골 지역, 시베리아를 거쳐 유럽으로 가는 항로를 이용하는데요. 이곳은 수용량이 상대적으로 적습니다. 중국 관제 당국이 항공기 간격을 상당히 떨어뜨려 놓기 때문인데요. 여기에 일본에서 출발한 비행편까지 몰리면서 혼잡이 더 심해졌습니다.

특히 중국 내 영공이 붐비거나 군사 훈련이라도 있게 되면 간격을 더 벌리는 상황이 생길 수 있습니다. 이런 방침이 우리 측 공항에 통보되면 이 방면으로 가야 하는 비행편의 출발이 줄줄이 늦어지게 되는데요. 1시간 이상 지연되는 경우까지 발생합니다.

게다가 이곳을 가까스로 통과하더라도 몽골과 중국의 접경 구간에서 또 정체가 생깁니다. 두 나라 간의 관제 이양이 원활하지 않기 때문입니다.

국내 항공사들의 대륙별 지연율을 보면 유럽 방면이 13.6%로 가장 높은데요. 바로 베이징 통과 항로의 병목 현상이 큰 이유라고 합니다. 중국행 지연율도 7%가 넘는데요. 우리 정부에서는 이 문제를 해결하기 위해 중국 측과 항로 복선화 등을 추진하고 있는데 어려움이 많다고 합

대표적인 하늘 길 병목 구간인 베이징 항로      출처: 대한항공

니다. 중국 군부의 반대가 심하다는 얘기도 들리고 있습니다. 이 때문
에 대한항공 등 일부 항공사는 영국 런던, 체코 프라하, 프랑스 파리 같
은 몇몇 유럽행 노선의 경우 시간이 조금 더 걸리더라도 아예 베이징을
우회해서 가는 다른 항로를 이용하기도 합니다.

　제주 남단을 지나 동남아로 향하는 항로도 만만치 않은 병목 구간입
니다. 특히 동남아 운항편이 집중되는 오후 6~7시 사이가 가장 심각하
다고 하는데요. 항로 복선화 등 대책이 추진되고 있다고 합니다.

　우리 하늘인데도 중국과 일본이 관제권을 행사하고 있는 '아카라~
후쿠에 회랑 항로' 주변도 우리 비행기들에게는 병목 구간으로 통하는
데요. 이 구간은 중국과 일본 항공기들이 전용 고도를 사용하면서 우리

나라의 출발과 도착편이 영향을 받아 지연되는 사례가 잦다고 합니다. 이 항로는 중국 상하이로 가거나 상하이를 지나 동남아로 가는 데 많이 이용됩니다.

국내 항공사의 대륙별 지연율 가운데 동남아 7.3%, 서남아 9.0%로 높은 편인 것도 이러한 상황이 반영된 결과입니다. 특히 장거리 구간이 많은 대한항공과 아시아나항공이 적지 않게 어려움을 겪고 있는데요. 아시아나항공은 국제선 지연율이 8.4%, 대한항공은 5.8%로 다른 국내 항공사들에 비해 높습니다.

대한항공의 한 운항 관련 간부는 "우리 자체의 문제로 지연되기보다는 하늘 길 병목 현상 때문에 지연율이 높아지는 측면이 커서 해결책을 찾기도 어렵다"고 하소연하더군요. 결국 이런 문제를 풀기 위해서는 인접 국가 간에 적극적인 논의를 통한 새 항로 개설이 무엇보다 필요한데요. 국가마다 이해관계가 달라 쉽지 않은 게 사실입니다. 그래도 보다 원활한 협조가 이뤄져 하늘 길이 좀 더 편하고 빨라졌으면 합니다.

✈

# 25

# '순풍에 돛 단' 비행기,
## 제트기류 타면 3시간 빨리 도착

≽

2015년 1월쯤 외신에 이런 소식이 전해졌습니다. 미국 뉴욕을 출발한 영국 브리티시항공의 여객기가 당초 예정시간보다 무려 1시간 30분이나 빨리 영국 런던에 도착했다는 내용이었는데요. 일반적으로 뉴욕→런던은 6시간 50분가량 소요됩니다. 그런데 이 여객기는 5시간 16분을 기록했습니다. 비결은 이례적으로 강한 '제트기류 Jet Stream' 덕분이었는데요.

당시 제트기류는 서쪽에서 동쪽으로 시속 320km 이상의 속도로 움직였다고 합니다. 보통은 시속 100~200km 정도이니 당시 속도가 얼마나 예외적이었는지 알 수 있습니다. 시속 900km 안팎으로 비행하는 여객기가 이 세찬 기류까지 등에 업었으니 속도가 훨씬 빨라진 건데요. 시속 1,200km의 속도였다고 전해집니다.

이는 마치 육상 100m 달리기에서 매우 강한 뒷바람을 맞고 뛰는 것과 마찬가지인데요. 그래서 100m 달리기에서는 뒷바람이 초속 2m를 초과하는 경우 기록을 인정하지 않는다고 합니다. 반대로 런던에서 뉴욕으로 갈 때 이 제트기류를 만났다면 상당히 고전했을 겁니다. 일반적으로 8시간에서 8시간 30분 정도 걸리는 비행시간이 아마도 훨씬 길어졌을 것이란 예상이 가능합니다.

이처럼 장거리 비행을 하게 되면 갈 때와 올 때의 비행시간이 제법 차이 나는 경우가 많습니다. 여러 요인이 있겠지만, 제트기류로 대표되는 바람의 영향이 상당히 크다는 게 항공 업계의 설명인데요. 제트기류는 중위도 지방의 고도 9~10km 대류권과 성층권 경계면인 대류권계면 부근에서 형성돼 북반구를 기준으로

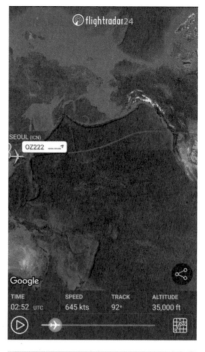

여객기의 비행 항로                    출처: 아시아나항공

서쪽에서 동쪽으로 흐르는 강한 바람대를 일컫습니다.

참고로 제트기류는 1926년 일본의 기상학자인 오이시 와사부로가 후지산 근처의 높은 하늘에서 처음 그 존재를 발견한 것으로 전해집니다. 공간적으로는 길이가 수천 km에 달하고 두께도 수백 km나 됩니다. 북반구에서는 제트기류가 여름철보다 겨울철에 강하고, 위치도 다소 남쪽으로 내려오는 경향이 있는데요. 공교롭게도 이 제트기류가 흐르는 높이가 여객기의 순항 고도와 비슷합니다. 이 때문에 여객기의 비행시간에 상당한 영향을 끼치게 되는 것입니다.

제트기류의 영향을 많이 받는 경우는 인천~미국 하와이 노선이 대

표적입니다. 인천공항을 출발해 동쪽에 있는 하와이로 갈 때는 8시간 정도에 도착 가능합니다. 하지만 반대로 하와이를 떠나 서쪽에 있는 인천공항으로 올 때는 3시간이 더 걸려 11시간가량이 소요됩니다.

인천~미국 샌프란시스코 노선도 갈 때는 10시간 25분, 올 때는 13시간으로 2시간 반가량 차이가 생깁니다. 반면 인천~런던 노선은 갈 때 12시간 30분가량이 걸리지만 올 때는 이보다 짧은 11시간 안팎이 소요되는데요. 이는 런던에서 올 때 제트기류를 타기 때문입니다. 간혹 강한 제트기류를 만나게 되면 10시간이 채 안 걸릴 수도 있다고 합니다. 이렇게 제트기류를 여객기 운항에 이용한 건 1950년대 초 미국 항공사가 처음이라고 알려져 있습니다.

항공사들은 매일매일 기상과 공항 여건 등 다양한 요소를 고려해 여객기의 최적 항로를 짜는데요. 제트기류가 뒷바람일 때는 가급적 이용하지만 맞바람일 땐 이를 피해가도록 합니다.

맞바람을 그대로 맞으면서 오면 비행시간도 더 걸리고 연료 소모도 많아 경제성이 크게 떨어지기 때문인데요. 그래서 장거리 노선에서는 오갈 때 항로가 다른 경우가 많습니다. 미주 왕복 노선을 예로 들면 갈 때는 제트기류를 탈 수 있는 태평양 항로를, 올 때는 제트기류를 피해 북극 항로를 이용하는 방식입니다.

실제로 제트기류가 비행시간과 연료비 증가에 미치는 영향을 분석한 연구 결과가 2016년 영국에서 발표되었는데요. 영국 레딩대학 연구팀이 지난 40년간 런던 히스로공항과 뉴욕 JFK공항을 오간 130만 개의 비행 노선을 분석했다고 합니다. 그 결과 제트기류와 순방향인 뉴욕→런던 비행시간이 평균 4분이 빨랐고, 반대로 역방향인 런던→뉴욕은 5분 18초가 더 걸렸다고 합니다. 제트기류로 인해 왕복 비행에 평균

1분 18초가 더 소요된 건데요.

이를 하루 300편인 운항 편수에 대입하면 비행시간이 연간 2,000시간, 연료비는 약 260억 원가량이 더 든다고 계산된다고 합니다. 당시 연구팀은 '제트기류는 전 세계 모든 곳에 있기 때문에 다른 비행 노선들도 비슷한 영향을 받고 있을 것'이라고 밝혔습니다.

이처럼 최첨단을 걷는 항공기도 자연의 강한 바람을 이겨내기는 쉽지 않아 보입니다. 아마도 여객기의 순항고도가 더 높아지고, 속도 역시 음속을 돌파하는 수준이 되면 바람의 영향이 최소화되지 않을까 기대합니다. ✈

# 26

# 9·11 보안세, 연대세, 항공여객세
## 항공료 속에 숨은 세금들

해외여행이나 출장 등을 위해 항공권을 고를 때 중요하게 고려하는 항목은 대체로 날짜, 소요시간, 요금 등일 텐데요. 날짜가 맞고, 가급적 직항이면서 가격도 저렴하면 금상첨화겠죠. 그런데 항공권 가격, 즉 항공료를 따질 때 총액은 유심히 보지만 그 세부 명세까지 아는 경우는 많지 않습니다. 흔히 공항 이용료와 유류 할증료 정도가 익숙할 뿐인데요. 특히 항공료에 어떤 세금이나 수수료가 붙는지는 자세히 살펴보기 전에는 알기 어렵습니다. 이런 세금과 수수료는 항공료에 일괄 포함됩니다.

"사실 항공사 직원들도 담당 분야가 아니면 이런 내역을 일일이 알기는 쉽지 않다"는 게 항공 업계 관계자의 설명입니다. 취항하는 나라마다 부과하는 세금과 수수료가 매우 다양하기 때문인데요. 국가별로 처한 상황이나 정책에 따라서 나름의 세금과 수수료가 책정된다고 합니다.

대한항공에 따르면 대표적인 세금이 미국을 오갈 때 지불하는 '9·11 보안세September 11th Security Fee'입니다. 2001년 미국에서 발생한 9·11 테러 이후 역할이 커진 미국 교통안전국<sup>Transportation Security Administration</sup>의 재정 확충을 위해 징수하기 시작한 세금인데요.

미국 공항에서 출발하는 항공편 승객 1인당 편도 기준으로 5.6달러(약 7,000원)를 부과합니다. 예를 들어 인천~미국 뉴욕 노선을 왕복으로 끊으면 9·11 보안세가 포함되지만, 인천에서 뉴욕까지 편도로 항공권을 사면 이 세금은 안 내도 됩니다. 반대로 뉴욕발 인천행 편도라면 9·11 보안세를 내야만 합니다.

미국 교통안전국이 홈페이지에 밝힌 연간 징수내역에 따르면 9·11 보안세 수입은 계속 증가해 2019년에는 42억 6,000만 달러(약 5조 2,000억원)에 달했다고 합니다.

보안세 외에도 미국에선 출입국 때 여러 종류의 수수료를 받는데요. 동·식물검역국 서비스료<sup>US Animal and Plant Health Inspection Service Fee</sup>(3.96달러), 이민국 서비스료<sup>US Immigration and Naturalization user Fee</sup>(7달러), 세관 서비스료<sup>US Customs User Fee</sup>(5.89달러) 등입니다. 물론 다른 나라처럼 공항 이용료 <sup>Passenger Facility Charge</sup>(4.5달러)도 받습니다.

프랑스에서는 이름만 들어서는 어떤 용도인지 알기 어려운 세금이 항공료에 포함되는데요. 그중 '연대세<sup>Solidarity Tax Effective</sup>'가 우선으로 꼽힙니다. 프랑스에서 출발하는 모든 항공편 승객에게 비행거리에 따라 부과되는 세금으로 2006년에 신설됐습니다. 파리발 인천행의 경우 이코노미 승객은 4.5유로(약 6,100원)가량을 내야 하는데요. 프랑스가 밝힌 연대세를 도입한 이유는 '아프리카 등에서 발생한 각종 질병퇴치에 사용하기 위해서'입니다.

영국에는 '항공여객세<sup>Air Passenger Duty</sup>'라는 게 있는데요. 영국 내 공항에서 출발하는 항공기 승객에게 부과되며, 비행거리에 따라 두 가지 유형으로 분류합니다. 비행거리가 3,200km 이내면 A그룹, 그 이상이면 B그룹으로 구분되는데 탑승 항공기가 저비용 항공사인지 대형 항공사인지에 따라 요금이 달라집니다. 히스로(런던)발 인천행 대한항공기의 경우 항공여객세로 승객 1인당 80파운드(약 12만 원)가 부과됩니다. 단, 만 15세 이하의 탑승객은 이 돈을 내지 않아도 됩니다.

뉴욕발 인천행 항공 요금 세부 항목　　　　출처: 대한항공

파리발 인천행 항공 요금 세부 항목　　　　출처: 대한항공

태국에도 다른 나라 공항에서는 찾아보기 힘든 수수료가 하나 있습니다. '사전 승객 처리료Advance Passenger Processing User Charge'인데요. 이 수수료는 입국과 출국 때 각각 1.11달러(약 1,400원)씩 징수되는데, 사전에 요주의 승객을 골라내는 첨단 시스템 도입과 운영비용 명목이라는 설명입니다.

이들 국가 외에도 여러 나라가 나름대로 항공과 공항 관련 세금을 받고 있는데요. 참고로 우리나라는 출발 때만 출발세를 받고, 입국 때는 따로 세금을 받지 않습니다. 출발 때 내는 세금은 국제공항 이용료(인천·김포 1만 7,000원), 출국 납부금(1만 원), 국제 질병퇴치기금(1,000원) 등 모두 2만 8,000원입니다.

이러한 세금과 수수료는 해당 국가에서 다른 나라에 일일이 알려주는 대신 국제항공운송협회IATA에 징수할 항목을 고지하면, 국제항공운송협회가 회원국 항공사에 이를 전달하는 방식으로 공유됩니다. 항공사가 이를 바탕으로 발권 시스템에 입력하면 항공권을 발권할 때 자동으로 해당 세금이 징수된다고 하네요.

그렇다고 비정상적이거나 불공정한 세금까지 마음대로 받을 수 있는 건 아닙니다. 만일 불공정한 세금을 받겠다고 하는 나라가 있으면 국제항공운송협회에서 항의한다고 하는데요. 항공 분야는 차별에 특히 민감하기 때문입니다.

혹시 해외여행을 위해 항공권을 구매하게 되면 세부 항목을 한번 살펴보기 바랍니다. 대한항공의 경우 온라인으로 예약하면 요금 세부 항목 중에서 '세금, 수수료 및 기타 요금'을 볼 수 있는데요. 이곳을 클릭하면 어떤 세금과 수수료가 징수되는지 확인할 수 있습니다. ✈

# 27

# 3,805개 과정을 합격해야
# 비행기를 띄울 수 있다!
## 90일짜리 '죽음의 관문'

신생 항공사가 정부로부터 항공운송사업 면허를 받았다고 해서 바로 비행기를 띄울 수 있는 건 아닙니다. 무엇보다 운항증명, 즉 AOC<sup>Air</sup> <sup>Operator Certificate</sup>를 받아야만 비로소 운항을 시작할 자격을 얻었다고 볼 수 있는데요.

AOC는 사업 면허를 받은 항공사가 안전 운항을 위해 필요한 조직과 인력, 시설 및 장비, 운항·정비 관리와 종사자 훈련 프로그램 등 안전운항체계를 제대로 갖추었는지 종합 검사하는 제도입니다. 쉽게 말하면 해당 항공사가 제대로 비행기를 띄울 준비가 되어 있는지 평가하는 겁니다.

사업 면허를 취득하는 과정도 쉽지는 않지만, AOC를 통과하는 건 그야말로 어렵다는 게 항공 업계의 일반적인 평입니다. 실제 운항에 나서기 위한 마지막 관문이나 마찬가지인데요.

AOC의 검사 항목이 85개 분야에 무려 3,805개인 것만 봐도 얼마나 폭넓고 까다로운 검사인지 짐작이 갑니다. 우선 운항증명을 받기 위한 절차는 크게 5단계로 나뉘는데요. 신청서 접수→예비평가→서류 검사

→현장 검사→운항증명서 교부 순서입니다.

신청서를 접수해서 운항증명 교부 여부를 결정하기까지 정해진 법정 기한은 90일입니다. 서류 검사에 2개월, 현장 검사에 1개월 정도가 소요되는데요. 실제로는 "항공사의 준비 부족 등 여러 요인으로 인해 대체로 6개월 정도 걸린다"는 게 국토교통부의 설명입니다. 플라이강원은 AOC 발급에도 6개월가량 소요됐습니다.

그런데 신청서 접수 전에 눈에 띄는 절차가 하나 더 있습니다. 바로 사전 협의인데요. AOC를 신청하려는 항공사 관계자가 국토교통부 담당자들과 미리 만나서 인가받으려는 사안에 대한 예비지도와 운항증명 절차에 대한 설명을 듣는 겁니다. 이때 AOC 신청 때 첨부해야 할 서류 목록과 내용 등에 대한 안내도 이뤄진다고 하는데요. 이 과정도 1개월가량 걸립니다. 이후 관련 서류를 준비해 AOC를 신청하게 되면 국토교통부가 구성한 검사팀에서 예비평가를 하게 됩니다. 검사팀은 담당 간부와 항공안전감독관, 운항자격심사관, 항공보안점검관 등 10여 명으로 구성되는데요.

참고로 AOC를 신청할 때 첨부해야 하는 서류는 ▷항공운송사업 면허 등 사본 ▷각종 사업 계획의 추진 일정 ▷조직·인력의 구성과 업무 분장 및 책임 ▷주요 임원의 이력서 ▷항공 법규 준수의 이행 서류와 이를 증명하는 서류 ▷항공기 또는 운항·정비와 관련된 시설과 장비 등의 구매·계약 또는 임차서류 등입니다.

또 ▷종사자 훈련 교과목 운영 계획 ▷운항·정비 규정 ▷승객 브리핑 카드 ▷급유·재급유·배유 절차 ▷비상구열 좌석 배정 절차 ▷약물 및 주정음료 통제 절차 ▷비상탈출 시현 계획 ▷환경영향평가서 ▷정비 규정 등의 서류도 준비해야 합니다.

[별지 제111호서식] <개정 2015.11.3.>

**운항증명서**
**Air Operator Certificate**

대한민국
국토교통부

Republic of Korea
Ministry of Land, Infrastructure and Transport

| 1. 운항증명번호(AOC No.): ***** **-***** 2. AOC 형태(Type of AOC) ☐ International Air Carrier ☐ Domestic Air Carrier ☐ Small Commercial Air Transport Operator | 3. 사업자 명(Operator Name): PamPa 4. 주소(Operator Address): Cathay Pacific City,8 Scenic Road,HongKong International Airport,Lantau, Hong Kong 5. 전화번호(Telephone): +852 2747-7938 6. 팩스(Fax): +852 2560 1411 7. E-mail:none | 8. 세부 연락처: 운영기준 Part ( * ) 참조 Operational Points of Contact: Contact details, at which operational management can be contacted without undue delay, are listed in Op Spec Part( * ). |
|---|---|---|

9. 이 증명서는 ( cathaypacific )가 「항공법」 그리고 이에 관련된 모든 항공 규정 및 운영기준에서 정한 운항조건과 제한사항에 따라 항공운송사업 및 항공기사용사업을 수행토록 인가되었음을 증명함

This certificate certifies that ( cathay pacific ) is authorized to perform commercial air operations, as defined in the attached operations specifications, in accordance with the Operations Manual and the Civil Aviation Act of the Republic of Korea and regulations and standards.

10. 유효기간: 이 증명서는 양도될 수 없으며 정지 또는 취소되거나 반납하지 아니하는 한 무기한 유효함.

Expiry Date: This certificate is not transferable and unless returned, suspended or revoked, shall continue in effect until otherwise terminated.

11. 발행일자(Date of issue): 2016   년(year)   8 월(month)   10 일(day)

국 토 교 통 부 장 관  [직인]
Minister of Land, Infrastructure and Transport

또는  지 방 항 공 청 장  [직인]
Administrator of OO Regional Aviation Administration

210mm×297mm[인쇄용지(특급) 70g/㎡]

국토교통부가 교부하는 운항증명서       출처: 국토교통부

목록을 대략 언급했지만, 세부적으로 들어가면 훨씬 더 복잡한데요. 예를 들어 운항·정비 규정만 해도 운항 일반 교범, 항공기 운영 교범, 최소 장비 목록 및 외형 변경 목록, 훈련 교범, 항공기 성능 교범, 노선 지침서, 비상탈출 절차 교범, 위험물 교범, 사고 절차 교범, 보안 업무 교범, 항공기 탑재 및 처리 교범, 객실 승무원 업무 교범 등 14가지 세부 항목으로 나뉩니다.

이런 서류를 다 준비해서 제출하면 박스 여러 개 분량이 될 정도입니

다. 그러다 보니 검사팀에서는 혹시 누락된 자료는 없는지, 신청서 작성은 제대로 됐는지를 살펴보는 예비평가 단계를 거치게 되는데요. 비교적 가벼운 결함이면 바로 보완을 요구하지만, 중대한 문제가 있을 때는 신청 반려 사유를 적어서 되돌려 보낸다고 합니다.

예비평가에서 별 이상이 없으면 본격적인 서류 검사가 시작됩니다. 이 절차를 통과하게 되면 현장 검사가 진행되는데요. 일반적으로 분리해서 하지만 서류 검사와 현장 검사가 동시에 진행되기도 합니다. 현장 검사에서는 AOC를 신청한 항공사가 실제로 운항할 비행기를 가지고 50시간 이상 시범 비행을 하게 되는데요. 기상악화와 항공기 고장 등 비정상적인 상황을 설정해 조종사의 대처 능력을 확인합니다.

또 비상시 물에 착륙해서 승객을 탈출시키는 능력을 평가하고, 예비 부품의 확보 상태와 취항 예정 공항의 운항 준비 상태 등도 점검하는데요. 한 항공사 관계자는 "현장 검사에서 검사팀이 워낙 꼼꼼하게 지적하고 까다롭기 때문에 애를 먹기도 한다"고 말합니다. 하지만 해당 항공사가 승객을 안전하고 편리하게 운송할 준비가 되어 있는지 확인하는 중요한 절차인 만큼 검사팀으로서는 세세하게 살펴볼 수밖에 없습니다.

이 과정을 거쳐서 합격점을 받게 되면 국토교통부 장관 또는 지방항공청장 명의의 운항증명서가 교부됩니다. 이 증명서를 받은 항공사는 국토교통부로부터 운항노선 허가와 운수권을 받아서 실제 운항에 나설 수 있습니다. ✈

# 28

# 아시아나는 왜 AA 아닌 OZ일까
## 역사 짧은 항공사 '선착순의 비애'

'KE 081', 'OZ 222', '7C 3105', 'TW 295'

국내 항공사들이 운영하는 노선의 편명입니다. 앞에 영문 또는 숫자 +영문으로 되어 있는 두 글자는 각 항공사를 뜻하고, 뒤에 세 글자는 해당 노선을 표시하는 건데요. 여행을 많이 다녀봤다면 앞 두 글자만 보고도 어느 항공사인지 구분이 될 겁니다. 'KE'는 대한항공, 'OZ'는 아시아나항공, '7C'는 제주항공, 'TW'는 티웨이항공입니다.

이런 형식으로 특정 항공사를 영문 또는 숫자+영문으로 표시하는 것을 '2자리 코드2-Letter Code'라고 부르는데요. 국제항공운송협회IATA에서 부여합니다. 1945년 설립된 국제항공운송협회는 현재 120개국 290개 항공사가 가입된 국제민간기구로 '항공 업계의 UN'이라고 불릴 정도로 권위가 있습니다.

항공사가 설립되면 대부분 국제항공운송협회에서 이 코드를 받는데요. 주로 항공권 예약과 비행 스케줄 작성 등에 사용됩니다. 비행기 티켓은 물론 공항의 출발·도착 전광판에도 이 국제항공운송협회 코드가 표시됩니다.

각 항공사는 국제항공운송협회 코드를 신청할 때 가급적 영문 이름에 가깝게, 승객들이 쉽게 해당 항공사를 구분하고 기억할 수 있는 약자를 받으려고 합니다. 그렇다면 대한항공은 영문명이 'KOREAN AIRLINES'인데 왜 KE가 됐을까요. 영문명에 충실하자면 'KA'나 'KL'이 더 나을 텐데요.

그 이유는 KL은 네덜란드 KLM 항공이 사용하고 있고, KA도 사용하는 항공사가 있기 때문입니다. 국제항공운송협회 코드는 먼저 신청하는 항공사가 우선권을 갖는 선착순 원칙입니다. 처음 신청한 코드를 사용하기 어려울 땐 항공사와 국제항공운송협회가 협의해 결정합니다.

그래서 오래된 항공사들이 항공사 영문명과 거의 일치하는 국제항공운송협회 코드를 갖고 있는데요. 1930년에 설립된 아메리칸항공 AMERICAN AIRLINES 이 'AA', 에어프랑스 AIR FRANCE 가 'AF', 미국 유나이티드항공 UNITED AIRLINES 이 'UA'를 사용하고 있습니다.

반면 세계적 규모의 저비용 항공사인 사우스웨스트항공 SOUTHWEST AIRLINES 은 영문명과는 얼핏 무관해 보이는 'WN'을 사용하고 있습니다. 대한항공은 차선책으로 KE로 코드를 받은 뒤 'E'에 뛰어남·우수함이라는 뜻을 가진 영어 단어 'EXCELLENCE'라는 의미를 부여해 광고 등에 활용 중입니다.

1988년 설립된 아시아나항공 ASIANA AIRLINES 이 OZ를 받은 것도 같은 맥락입니다. 처음에는 AA를 원했지만, 아메리칸항공이 이미 사용 중이었습니다. 또 다른 대안인 AS는 미국 알래스카항공이, AL은 몰타항공이 차지하고 있었죠.

고심하던 아시아나항공은 마침 호주의 한 항공사가 반납한 OZ 코드를 발견했다고 합니다. AA나 AS는 물 건너갔으니 차라리 '오즈의 마법사'를 떠올리게 하는 OZ를 사용하는 게 좋다고 판단했다는 건데요.

아시아나항공 관계자는 "당시 신생 항공사로서 신비감을 줄 수 있다는 계산도 있었던 것 같다"고 설명합니다. 국제항공운송협회 코드는 해당 항공사가 폐업할 경우 일정 기간이 지나면 다른 항공사에서 사용이 가능합니다. 영문만으로 사용하기 마땅치 않을 경우 제주항공이 7C를 쓰듯이 숫자와 영문을 조합한 두 자리 코드를 쓰기도 하는데요. 국제적으로 주로 저비용 항공사가 이런 방식을 많이 사용합니다.

국내 항공사 중에서 영문명에 가장 가까운 코드를 확보한 곳은 단연 티웨이항공TWAY AIRLINES입니다. 영문명의 앞 두 자리를 그대로 옮겨 놓은 'TW'를 받은 건데요. 티웨이항공 측은 "국제항공운송협회 코드는 선착순인데 다행히 TW를 쓰고 있는 항공사가 없어서 확보가 가능했다"고 말합니다.

항공사가 설립되면 받는 코드는 한 가지가 더 있습니다. UN 산하 기구인 국제민간항공기구ICAO에서 부여하는 '3자리 코드3-Letter Code'입니다. 신생 항공사가 대거 설립되면서 국제항공운송협회 코드가 일부지만 중복되는 등 복잡해지자 대안으로 1980년대 중반에 도입됐다고 하는데요. 이 코드는 주로 항공기 운항이나 관제에 활용됩니다.

국제항공운송협회 코드에 비해 늦게 도입된 만큼 항공사들이 원하는 영문명을 받기는 상대적으로 용이한데요. 대한항공은 익히 알려진 'KAL', 아시아나항공은 'AAR', 제주항공은 'JJA'를 쓰고 있습니다.

하지만 공항에 도착하면 국제항공운송협회의 두 자리 코드가 훨씬 많이 쓰입니다. 항공사 체크인 카운터 안내도 두 자리 코드로 하고, 항공권 역시 두 자리 코드가 찍힙니다. 따라서 승객 입장에서는 자신이 이용할 두 자리 코드만 제대로 살펴도 잘못된 탑승구를 찾아가는 일은 없는데요. 특히 환승객은 시간만 신경 쓰다 정작 항공사를 혼동하는 경우가 간혹 있는데, 이때도 항공사 코드에 주목하면 실수를 줄일 수 있습니다. ✈

**PART○02**

# 오늘도
## 철마는 달린다

# 01

# 나폴레옹 때문에
## 철도 폭이 달라졌다?

수원~인천을 오가던 추억 속의 수인선 협궤열차는 1995년 말에 운행을 중단했습니다. 이 열차는 국내에서는 보기 드물게 철도 폭이 762mm로 다른 철도(1,435mm)의 절반밖에 되지 않습니다. 그래서 좁은 철로라는 뜻을 담은 '협궤'라는 이름이 붙어 있는데요. 열차 내부도 다른 기차에 비해 꽤 좁습니다.

국내의 다른 철도는 폭이 국제 표준(1,435mm)에 맞는다고 해서 '표준궤'라고 부릅니다. 그런데 러시아, 스페인 등에는 국내에는 낯선 '광궤'라는 철도가 있습니다. 폭이 넓은 철로라는 의미인데요. 한 가지로만 통일되면 열차가 서로 다니기 편할 텐데, 왜 이렇게 철로 폭을 다르게 했을까요?

우리나라 주변 국가 중 협궤를 많이 이용하는 나라는 단연 일본입니다. 지금도 고속열차인 신칸센과 사철(민간 철도) 등을 제외하면 철도 폭이 1,067mm인 협궤가 많습니다.

협궤는 건설비용이 적게 드는 데다 곡선 구간 등의 범위가 작기 때문에 험준한 산골짜기나 수풀이 우거진 험지 등을 개척할 때 유용했다고 하는데요. 광산에서 채굴한 광석이나 현지 산물을 운송할 때 자주 사용했다고 합니다.

러시아는 대표적인 광궤 철도(1,520mm)의 나라이지만 툰드라의 늪지대나 우랄의 산간 오지 등에서는 아직도 협궤가 운행되고 있습니다. 용어는 협궤로 통일돼 있지만, 철도 폭은 400~1,400mm까지 다양합니다. 하지만 협궤는 대부분 구조적으로 기관차나 화차가 작기 때문에 운송 능력이 떨어진다는 한계가 있습니다.

그런데 자신의 나라에는 협궤를 많이 건설한 일본이 일제강점기에 우리나라에는 왜 표준궤를 깔았을까요? 바로 중국이 표준궤를 쓰기 때문입니다. 열차를 이용한 중국 진출과 원활한 수탈물 운송을 염두에 뒀다는 설이 유력합니다. 실제로 철도를 통해 각 항구로 막대한 수탈물이 운반되기도 했습니다. 표준궤 철도가 침략과 수탈의 수단이 된 셈인 거죠.

그럼 1,435mm의 국제 공인 표준궤는 어떻게 탄생했을까요? 사실 유래가 정확하게 밝혀진 것은 없습니다. 다만 말 두 마리가 끄는 마차의 폭, 즉 마차의 궤간에서 유래했다는 설이 가장 유력합니다.

최초로 이 궤간을 표준화한 나라는 영국으로 알려져 있습니다. 영국 스톡턴~달링턴 구간에 처음 적용됐고, 1825년 이 구간을 달린 역사상 최초의 증기기관차가 조지 스티븐슨이 만든 '로코모션 1호'입니다.

당시 40km 구간을 2시간에 주파했고, 말이 끄는 마차보다 50배나 많은 짐을 운반했다고 하는데요. 지금 기준으로 보면 무척 느린 속도이지만 당시로서는 매우 놀랄 만한 사건이라고 합니다. 이후 유럽과 미국 등에 철도가 확산되면서 대부분 표준궤를 깔게 됐습니다. 현재는 전 세계 철도의 60%가량이 표준궤라고 합니다.

표준궤가 깔려 있는 서울역 탑승장

광궤를 깐 국가 가운데 우리에게 가장 익숙한 나라는 러시아인데요. 아마도 시베리아횡단철도<sup>TSR, Trans Siberian Railway</sup> 때문일 것입니다. 모스크 바와 블라디보스토크를 잇는 세계 최장의 철도(9,288km)로 철로 폭이 1,520mm인 광궤가 깔려 있습니다. TSR은 남북 간에 경의선 등 철도연 결 논의가 한창이던 2000년대 초반 국내에서 자주 언급된 바 있습니다.

그런데 유럽과 붙어 있는 러시아가 왜 대세인 표준궤를 따르지 않고 광궤를 놓았을까요? 역시 여러 설이 있지만, 프랑스의 나폴레옹 보나 파르트(1769~1821년) 때문이라는 설명이 설득력을 얻습니다.

18세기 후반~19세 초반 나폴레옹의 침략으로 혼쭐이 난 기억이 있 는 러시아는 늘 프랑스를 의식하지 않을 수 없었는데요. 그래서 철도를 놓을 때 표준궤를 사용하는 프랑스와 바로 연결이 되지 않도록 광궤를 깔았다는 겁니다. 자칫 직결됐다가는 프랑스가 철도를 이용해 대량으 로 병력과 무기를 실어 나르며 침략해오지 않을까 우려한 겁니다.

또 독일의 침략을 견제한 결과이기도 합니다. 독일 역시 표준궤를 사 용하고 있는데요. 실제로 독일군은 제2차 세계대전 당시 러시아 내 점 령지역의 광궤를 표준궤로 바꾸기 위해 꽤 고생을 했다고 합니다.

스페인도 유사한 사례인데요. 1848년 프랑스보다 10년 늦게 철도를 개통한 스페인 역시 프랑스를 의식해 표준궤보다 폭이 넓은 1,688mm 짜리 광궤를 건설했습니다. 인근 국가의 침략을 막기 위한 방패로 철도 폭을 달리한 곳입니다.

인도에도 광궤가 많은데요. 영국이 인도를 식민지배할 당시 더 많은 자원을 빼내오기 위해 수송력이 뛰어난 광궤를 깔았다는 설명입니다.

철도 폭이 달라지면 열차는 달릴 수 없습니다. 부산을 출발해 북한 땅을 거쳐 TSR이 시작하는 블라디보스톡 부근까지 가더라도 그 너머로는 갈 수 없다는 얘기입니다.

하지만 시베리아대륙횡단철도를 이용하면 배로 갈 때보다 유럽까지 가는 거리와 시간이 훨씬 단축됩니다. 그래서 나온 방식이 '대차교환(바퀴와 틀 교체)' 또는 '환적'입니다. 철도 폭이 달라지는 곳에서 그에 맞게 바퀴 틀을 갈아 끼우는 겁니다. 이를 대차교환이라고 하는데요. 또 한 가지는 짐을 바퀴 폭이 다른 열차에 통째로 옮겨 싣는 겁니다.

대차교환 시스템은 TSR에서 많이 사용하는데요. 우리나라를 기준으로 하면 시베리아대륙횡단철도가 시작되는 곳에서 광궤로 바퀴를 바꾸고, 이어 표준궤가 시작되는 벨라루스 등 동유럽에서 다시 한번 표준궤로 바꿔야 합니다.

이런 작업에 소요되는 시간을 줄이고, 통행시간을 단축하기 위해 유럽에서는 자동으로 철도 폭에 따라 바퀴가 조정되는 '가변궤간 대차'를 개발 또는 운영하고 있습니다. 대표적인 구간이 스페인~프랑스 구간으로 표준궤와 광궤 모두에서 달릴 수 있는 고속열차가 운행 중입니다.

국내에서도 유라시아 철도와의 연결을 대비해 한국철도기술연구원에서 '궤간 가변대차'를 2014년에 개발했습니다. 대차에 설치한 스프링 등 여러 장치를 통해 바퀴를 움직이며 표준궤와 광궤를 자유로이 달릴 수 있도록 한 겁니다.

하지만 우리나라가 대륙철도와 연결되려면 큰 난제가 하나 있습니다. 바로 북한입니다. 북한 철도 구간을 이용해야만 제대로 연결이 가능한데요. 언젠가 통일이 되거나, 아니면 안정적인 교류협력이 가능해진다면 정말로 부산에서 출발해 시베리아를 거쳐 유럽까지 기차로 갈 수 있는 날이 올 것이라고 기대해봅니다.◀

# 02

# "기념사진 찍을래!"
## 노량진역 열차 위 올랐다가 '펑'

2018년 부산에서 한 50대 남성이 2만 5,000V가 넘는 특고압 전기에 감전되는 사고가 있었습니다. 사연은 이렇습니다. 이 남성은 부산의 한 지하철역에서 새로 구입한 낚싯대를 펼치고 있었는데요. 길게 펴진 낚싯대가 선로 위 5m 지점에 설치된 전차선에 닿은 겁니다.

이런 전차선 감전 사고는 조금만 방심하면 언제든 발생할 수 있습니다. 실제로 지난 2005년부터 10년간 지하철과 KTX 선로 등에 설치된 전차선에 감전돼 숨진 사람만 50명에 달합니다.

전문가에 따르면 심장에 일시적으로 2만 5,000V가 넘는 굉장히 강한 전류가 흐르면 부정맥이 생기면서 사망에 이를 수 있다고 하는데요. 고압선에 직접 닿지 않고 가까이 접근만 해도 감전될 가능성이 있습니다. 그래서 전차선 작업을 할 수 있는 자격증 소지자도 고압선의 접근 한계가 90cm라고 하네요.

전차선 감전 사고는 소중한 생명을 앗아가는 건 물론, 단전을 일으켜 열차 운행이 상당 시간 지연돼 승객들에게 큰 불편을 주게 됩니다. 가장 큰 원인은 호기심 또는 부주의로 열차 지붕 위에 올라가는 행동입니다. 코레일에 따르면 2013~2017년 사이 5년간 발생한 16건의 감전 사고 중 56%에 달하는 9건이 이 때문이었습니다.

대표적인 사례가 2014년 서울 노량진역에서 한 대학생이 기념사진을 찍기 위해 역에 정차해 있던 화물열차에 무단으로 올랐다가 고압선에 감전돼 사망한 사고입니다. 당시 감전 충격이 얼마나 컸던지 한 목격자는 "옆 건물에서도 들릴 만큼 '펑' 소리가 크게 났는데, 당시에는 타이어가 터지는 소리인 줄 알았다"고 말할 정도였는데요. 유사한 사고들이 적지 않습니다.

낚싯대나 풍선이 전차선에 닿아 감전되는 경우도 30%가 넘습니다. 2015년 경기도 수원의 국철 1호선 승강장에서 60대 남성이 감전되는 사고가 있었는데요. 승강장에서 전동차를 기다리면서 낚싯대를 펼쳐보다 열차가 들어오자 순간적으로 낚싯대를 들어 올렸고, 이때 전차선을 건드려 감전됐다는 겁니다.

알루미늄 풍선도 위험합니다. 전차선 주변에서 줄에 매달고 가다가 자칫 닿기라도 하면 큰 사고로 이어집니다. 그래서 어린이들이 많이 이용하는 지하철역에선 '알루미늄 풍선 반입금지'라는 안내문까지 붙일 정도입니다.

외부 작업자의 부주의도 간혹 사고를 유발합니다. 청소나 통신 시설 교체 같은 작업을 하다가 실수로 고압선을 건드려 사망하거나 화상을 입는 사례가 종종 생기곤 합니다. 때로는 선로 위에 설치된 다리를 지나면서 이물질을 던져 단전 사고를 일으키는 경우도 있습니다.

이러한 감전 사고 못지않게 코레일 등 열차 운영기관에서 신경 쓰는 것은 전차선에 지어놓은 까치집과 바람에 날아다니는 폐비닐입니다. 까치가 전차선 주변에 젖은 나뭇가지와 철사 등으로 집을 짓게 되면

철로 변에 설치된 고압선로

전차선과 닿았을 때 합선을 일으키는 탓에 전력 공급이 중단될 수 있기 때문인데요.

그래서 코레일은 2012년 이후로 최근까지 3만 개가 넘는 까치집을 제거했다고 합니다. 또 까치집 등 전차선 주변 위험요인을 신고하면 상품권을 증정하는 '전기철도 위험요인 신고포상제'까지 운영하고 있는데요. 까치의 산란기인 2월부터 5월까지가 까치집으로 인한 사고 가능성이 가장 높다고 합니다.

요즘은 열차에 설치한 영상장비를 통해 촬영된 화면을 인공지능[AI]이 실시간으로 분석해 위험요인이 있는 까치집을 발견해내는 '실시간 까치집 자동 검출 시스템'까지 활용하고 있습니다. 지금까지는 작업자가

1일 1회 열차 운전실에 탑승해 전차선 위를 직접 맨눈으로 점검했다고 하네요.

방치된 폐비닐도 마찬가지입니다. 폐비닐이 전차선에 걸려 있으면 전력 공급에 지장을 초래해 열차가 멈춰서는 사고가 발생할 수 있습니다. 폐비닐로 인한 단전 사고는 논밭 갈이가 시작되는 봄에 많이 생기는데요. 땅속에 묻힌 채 방치되어 있던 폐비닐이 드러나 바람에 날리면서 사고를 일으키기 때문입니다. 물론 태풍이 찾아오는 여름도 안심할 수는 없습니다.

전기로 움직이는 전동차는 친환경 대량 교통수단으로 그 역할이 막대합니다. 하지만 전기 공급이 중단되는 순간 무용지물이 되어버리는데요. 사소한 부주의가 큰 사고와 불편으로 이어지지 않도록 늘 조심하고 배려하는 자세가 필요합니다. ◢

# T자로 탈선,
## 아찔했던 강릉선 KTX에서
## 사망자 없었던 비결은?

2018년 12월 8일 아침 아찔한 열차 사고 소식이 전해졌습니다. 강릉 역에서 승객 198명을 태우고 서울로 향하던 KTX-산천 열차가 출발한 지 5분 만에 탈선한 사고였는데요. 당시 사고의 충격으로 열차 10량 전부가 탈선했고, 특히 앞쪽 두 량은 'T<sup>티</sup>' 자로 꺾인 채 튕겨 나갔습니다. 얼핏 보면 승객 피해가 엄청났을 것으로 추정되는 상황이었는데요.

불행 중 다행으로 사망자는 단 한 명도 없었습니다. 승객 15명 등 모두 16명이 크지 않은 상처를 입은 정도였습니다. 이렇게 작지 않은 사고에서 인명피해가 발생하지 않은 건 정말 '천운<sup>天運</sup>'인데요. 여기에 철도 전문가들이 한 목소리로 꼽는 '비결'이 있었습니다.

바로 KTX-산천에 적용된 '관절대차'입니다. KTX와 KTX-산천 열차를 자세히 보면 객차와 객차 사이에 '대차'가 설치된 걸 확인할 수 있는데요. 대차는 바퀴와 차축 등 여러 장치로 구성돼 차체 중량을 지지하고 철도 차량의 주행을 쉽게 하는 장치를 말합니다. 보통 바퀴 4개가 달려 있는데요. 일반적으로 일반열차는 객차 1량(칸) 밑에 이런 대차가 2개 들어갑니다. 그리고 객차 사이에는 별도의 연결 장치로 연결되어 있는데요.

하지만 KTX와 KTX-산천은 객차와 객차 사이에 대차를 넣습니다. 이렇게 하면 무엇보다 객차 사이가 단단하게 연결되고, 유사시 충돌 충격도 상당 부분 흡수된다는 장점이 있습니다. 마치 뼈와 뼈 사이를 연결해 원활한 움직임을 가능하게 하는 인체의 '관절'과 기능이 비슷하다고 해서 '관절대차'라고 부른다고 합니다. 또한 이를 '연접대차'로 칭하기도 합니다.

강릉선 탈선 사고 때 맨 앞 동력차와 바로 뒤 객차는 관절대차로 연결되지 않았기 때문에 'T'자로 꺾였을 뿐이고, 나머지 객차는 약간 틀어진 정도였습니다. 철도 전문가들은 "만일 다른 열차였다면 객차가 분리되고 관성에 따라 차곡차곡 접히면서 서로 충돌하는 이른바 '잭나이프 현상'이 발생해 피해가 컸을 것이다"라고 설명합니다. 관절대차가 '잭나이프' 현상을 상당 부분 막아줬다는 의미인데요.

고속열차에 관절대차를 처음으로 사용한 건 프랑스 고속열차인 TGV(테제베)입니다. 우리는 국내 고속철도에 TGV를 도입하면서 그 영향으로 자연스럽게 관절대차를 사용하게 된 겁니다.

반면 독일 ICE(이체)나 일본 신칸센은 관절대차를 사용하지 않는 대신 객차와 객차를 꼼꼼하게 연결해주는 장치들을 사용하고 있습니다. 이들 열차가 동력집중식인 TGV나 KTX와 달리 동력분산식인 점도 관절대차를 사용하기 어려운 이유로 얘기되는데요. 동력집중식은 앞쪽의 동력차가 열차 전체를 끌고 달리는 방식을 말하며, 동력분산식은 말그대로 여러 대의 객차에 분산된 동력원으로 달리는 방식을 말합니다.

동력분산식은 동력원이 여러 개인 만큼 힘이 좋고 속도를 더 빠르게할 수 있다는 장점이 있는데요. 그러려면 대차를 여러 개 넣어야 하기

KTX의 객차 사이를 이어주는 관절대차

때문에 열차 전체의 대차 수가 훨씬 적은 '관절대차' 방식은 사용하기 어렵다는 설명입니다.

코레일의 차량 전문가는 "20량 한 편성을 기준으로 할 때 일반열차는 대차가 1량에 2개씩 40개가 필요하지만, 관절대차를 사용하는 KTX는 거의 절반 수준인 23개만 들어간다"고 설명합니다. 그만큼 열차 무게가 줄고 중심도 낮아지는 효과가 있다고 합니다.

국내에서 차세대 고속열차로 개발한 해무HEMU-430도 동력분산식이어서 관절대차를 적용하지 않았습니다. 그런데 ICE나 신칸센 등이 객차와 객차 사이를 단단하게 연결하는 장치들을 사용한다고는 해도 유사시 TGV의 관절대차보다는 대응력이 떨어지는 건 사실입니다.

1998년 6월 독일의 에세데에서 발생한 열차 사고가 대표적인데요.

함부르크로 향하던 ICE의 바퀴가 파손되고, 그 여파로 선로 분기기까지 이상이 생기면서 결국 열차가 탈선하고 말았습니다. 당시 객차들이 관성의 법칙에 따라 차곡차곡 밀고 들어와 쌓이면서 피해가 엄청나게 커졌다는 분석이 나왔는데요. 승객을 포함해 사망자만 103명에 달합니다. 만일 ICE가 관절대차를 사용했다면 잭나이프 현상을 어느 정도 줄일 수 있지 않았을까 하는 얘기도 나왔습니다.

여기까지만 얘기하면 관절 대차가 여러모로 상당한 우위에 있는 것처럼 보일 수 있는데요. 관절대차에도 몇 가지 단점은 있습니다. 우선 관절대차를 사용하면 지탱할 수 있는 차체 폭과 너비에 제한이 생겨 ICE나 신칸센에 비해 수송력이 떨어진다고 합니다. 또 열차 칸 수를 늘릴 수 없고, 유지 보수에도 시간이 더 소요된다고 합니다.

무엇보다 사고 상황에서 관절대차가 결코 '무적'은 아닙니다. 열차가 과속하거나 안전 규정을 지키지 않은 상황에서 사고가 발생할 때는 대응력도 한계를 드러낼 수밖에 없는데요.

2013년 스페인 갈리시아 지방에서 발생한 고속열차AVE 아베 탈선 사고가 이를 입증합니다. 이 열차는 프랑스 기술로 만들어져 관절대차가 적용되어 있었습니다.

하지만 급 곡선 구간에서 무리하게 과속 주행한 탓에 열차는 탈선했고, 탑승자 240명 가운데 30%가 넘는 80여 명이 사망하는 대참사가 벌어지고 말았습니다. 강릉선 KTX는 사고 당시 시속 100km 안팎으로 서행했기에 다행이지, 만일 시속 200km 이상으로 달렸다면 어떤 피해가 발생했을지 가늠하기 쉽지 않은데요.

이렇게 보면 유사시 완전한 방비책은 존재하기 어려워 보입니다.

결국 사고가 발생하지 않도록 미연에 방지하는 것만이 최선인데요.

차량의 정비를 철저히 하고, 평소 선로에 위험요인은 없는지 꼼꼼히 점검하는 예방 노력이 필요합니다. 또 기관사와 관제사는 사고 위험을 최소화하기 위해 정해진 안전 규정을 반드시 준수해야만 합니다.◀

# 표 살 땐 좌석 없더니,
## 기차 타보니 빈자리가 있는 이유

서울에서 근무하는 회사원 김 모(45) 씨는 업무 차 고속열차를 이용해 오송역(충북 청주) 부근을 자주 갑니다. 이때 주로 스마트폰에 깔아놓은 코레일이나 SR(수서고속철도)의 열차 예매 애플리케이션(앱)을 이용해서 오송역까지 가는 기차표를 구하는데요.

간혹 좌석이 대부분 매진된 걸로 표시돼 어렵게 표를 구하기도 합니다. 그런데 정작 해당 열차를 타보면 의외로 비어 있는 자리들이 눈에 띈다고 하는데요. "열차 예매 앱에서는 좌석이 없다고 표시되는데 왜 빈자리가 있는지 잘 이해가 안 간다"고 말합니다. 실제로 열차를 이용하다 보면 비슷한 경험을 하게 되는데요. 간신히 표를 구해서 탔더니 막상 빈자리가 있었던 기억 말입니다.

이런 상황이 생기는 이유는 여러 가지가 있겠지만, 열차 운영회사들이 시행하고 있는 '구간 좌석 할당제'의 영향이 큰 것으로 보입니다. 구간 좌석 할당제는 쉽게 말해 열차운행 구간을 거리에 따라 몇 개 그룹으로 나눠 판매할 좌석 수를 미리 정해놓은 건데요.

이러한 기법을 동원하면 빈 좌석을 최소화하고 운영을 보다 효율화

할 수 있다고 합니다. 예를 들면 운행 구간을 ▷단거리 ▷중거리 ▷장거리로 나눈 뒤 열차표를 각각 30%, 30%, 40%씩 배정해놓는 겁니다.

이처럼 비율을 나눌 때는 노선과 시간대, 탑승률 등 다양한 빅데이터를 활용한다고 하는데요. 이 경우 앞의 사례처럼 서울~오송 구간은 단거리에 해당해 예매 가능한 표가 전체의 30%밖에 되지 않습니다. 때문에 나머지 70%의 좌석은 일단 비어 있더라도 살 수 없는 겁니다.

반면 장거리 승객은 상대적으로 유리합니다. 장거리에 40%를 배정했더라도 실질적으로는 단거리, 중거리 몫까지 100% 좌석을 예매할 수 있기 때문인데요. 고속철도가 장거리 수송을 목적으로 건설된 만큼 그 취지를 최대한 활용하기 위해서라는 게 운영사의 설명입니다. 물론 장거리 요금이 더 비싸기 때문에 수입에 보탬이 되는 측면이 있기도 합니다.

중거리는 단거리 몫을 합해 60%의 좌석에서 선택이 가능합니다. 그러다 보니 단거리 승객은 일단 표를 구하기 쉽지 않게 됩니다. 그런데 만일 장거리와 중거리 표를 많이 배정해놓았는데 다 팔리지 않는다면 어떻게 할까요? 출발을 앞두고 일정 시간이 되면 구간 좌석 할당제가 해제된다고 합니다.

이렇게 되면 단거리 승객도 남은 좌석들에 한해서 제한 없이 표를 구매할 수 있습니다. 혹시 '단거리 표를 구하기 어려우니까 일단 장거리로 끊어놓은 뒤에 열차 출발이 임박해서 반환하고, 그때 풀린 단거리 좌석을 사면 어떨까?'라고 생각하는 분도 있을 텐데요.

얼핏 그럴듯해 보이지만 출발이 임박해서 표를 반환하면 '반환 수수료'를 물어야 하고, 또 할당제가 풀린 표는 순식간에 팔리는 경우가 많기 때문에 이를 잡을 확률은 그리 높지 않다는 게 운영사 얘기입니다.

이런 복잡한 과정을 거치더라도 간혹 팔리지 않거나 막판에 반환된 표가 있기 때문에 열차에 빈 좌석이 보이게 되는 겁니다. '구간 좌석 할당제'에 대해서 간단하게 설명했지만 실제로는 상당히 복잡한 고난도의 기법이 작동한다고 합니다.

KTX-산천의 일반실 좌석

최근 몇 달간의 노선별, 시간대별 탑승률과 공실률 등 다양한 빅데이터를 조합해 구간 좌석 할당 비율을 설정한다고 하는데요. 코레일은 하루 3,000회가 넘는 열차 운행과 400만 명에 육박하는 승객들을 처리하는 과정에서 어마어마한 양의 데이터가 매일 쌓인다고 합니다.

이러한 빅데이터를 활용해 전략을 짜기 때문에 같은 노선의 열차라도 그때그때 할당 비율이 다르다고 합니다. 또 할당제를 해제하는 시간도 수시로 바뀐다고 하는데요. 사실 '구간 좌석 할당제'의 세부 내용은 운영사들이 철저히 보안을 유지하고 있는 영업기밀입니다.

그래서 대략적인 내용도 공개를 꺼리는 게 사실입니다. 상황에 맞게 전략을 어떻게 활용하느냐에 따라 순식간에 수억 원의 수익이 왔다 갔다 하기 때문이라고 하는데요. 구간 좌석 할당제 운용을 사내 최고의 에이스 직원에게 맡기는 것도 그 이유입니다.◀

# 05

# 버스, 비행기에는 있는데
## KTX에는 왜 안전벨트가 없을까?

"자동차, 항공기에도 다 있는데 열차에는 왜 안전벨트가 없는 거죠?"

지인들로부터 가끔 듣는 질문입니다. 고속버스나 항공기를 탈 때는 안전벨트를 신경 쓰지만, 시속 300km로 달리는 KTX(고속열차)를 타면서는 안전벨트를 찾아본 적이 없는데요. 그저 원래 없는 것에 익숙한 탓일 겁니다.

사실 우리나라는 물론 외국 열차에도 대부분 안전벨트는 없습니다. 대형 열차 사고가 날 때면 안전벨트 설치를 놓고 논란이 일기도 하는데요. 미국에서는 2015년 5월 필라델피아에서 200여 명의 승객을 태운 뉴욕행 열차가 탈선하면서 140명이 넘는 사상자가 발생한 적이 있습니다.

국내에서도 2014년 7월 강원도 태백역 인근에서 무궁화호 열차와 관광열차가 정면충돌해 1명이 사망하고 80여 명이 부상당한 사고가 있었는데요. 이런 대형 사고를 전후해 열차 안전벨트가 실제 효과가 있을지에 대한 논의들이 있었다고 합니다. 하지만 아직 열차 안전벨트는 도입되지 않았는데요.

전문가들은 그 이유를 이렇게 설명합니다. 우선 열차의 제동거리는 자동차에 비해 무척 깁니다. 도로가 마른 상태를 기준으로 승용차는 시속 50km로 달릴 때 브레이크를 밟으면 제동거리가 10m가량 됩니다. 버스의 제동거리는 17m입니다.

타이어 마모 상태도 영향을 주어서 새 타이어인지, 오래된 타이어인지에 따라 시속 100km 주행 시 제동거리는 47~70m가량 차이가 나는데요. 어쨌거나 이 정도로 급제동하면 승객들에게 미치는 영향은 상당합니다. 안전벨트를 안 하고 있을 경우 몸이 붕 뜨거나 앞 좌석에 머리를 세게 부딪치는 등 물리적으로 심한 충격을 받아 숨지거나 크게 다칠 수 있다는 건데요.

반면 차체 무게만 400톤이 넘는 KTX는 급정거하더라도 워낙 무거운 탓에 제동거리가 최대 3km가 넘고 시간도 1분 10초가량 걸립니다. 브레이크를 밟은 뒤 1분여가 지난 뒤 멈춘다는 얘기인데요. 그만큼 열차 승객들로서는 급제동 자체로 인해 느끼는 변화가 상대적으로 크지 않다는 겁니다. 자동차처럼 좌석에서 갑자기 튕겨 나가는 일이 드물다는 의미입니다.

또 한 가지는 탈선 및 화재 사고 때 안전벨트 착용이 오히려 더 큰 피해를 가져올 수 있다는 겁니다. 열차는 충돌하거나 탈선할 때 승객이 열차 밖으로 튕겨 나가는 사례보다 차체가 찌그러지면서 압사하는 경우가 더 많다는데요. 이때 안전벨트를 하고 있다면 신속하게 탈출하는데 어려움이 크다는 설명입니다.

이와 관련해 미국과 영국에서 실제로 열차의 안전벨트가 승객 안전에 도움이 되는지에 대한 실험을 한 적이 있는데요. 먼저 2002년 미국의 연방철도국FRA, Federal Railroad Administration에서는 정지한 기관차에 여객 차량이 시속 48km로 충돌할 때 안전벨트를 착용한 인형과 착용하지 않

안전벨트가 설치된 KTX 장애인석

은 인형의 부위별 부상 위험도를 분석했습니다.

결과는 안전벨트 착용 여부에 따른 차이가 전반적으로 크지 않았다고 합니다. 특히 두 경우 모두 상해 기준치를 초과하지 않았고, 오히려 안전벨트를 했을 때 목 부위에 가해지는 충격이 더 컸다고 하네요.

2007년 영국 철도안전표준위원회RSSB, Rail Safety and Standards Board에서는 실물 크기의 모형 열차를 사용해 2점식과 3점식 안전벨트를 모두 실험했는데요. 허리 부위만을 고정하는 2점식 안전벨트를 착용했을 때 안전벨트 미착용에 비해 목 부상 위험이 더 심각하게 나왔다고 합니다.

또 어깨와 허리를 동시에 고정하는 3점식 안전벨트는 목과 머리 부상 위험이 상대적으로 작았지만, 전반적으로 안전벨트를 매지 않은 경우도 부상 기준치보다 낮게 나타나서 안전벨트가 큰 역할을 하지는 못한다는 결론이 나왔습니다.

영국 철도안전표준위원회에서는 이 충돌 실험 외에도 1996~2004년 사망자가 발생한 영국 내 중·대형 철도 사고 6건에 대한 분석도 했는데요. 사고 시 승객이 열차 밖으로 튕겨 나가는 걸 방지하는 목적으로 안전벨트가 어떤 효과가 있는지 알아보기 위해서였습니다.

이 6건의 사고에서 열차 밖으로 튕겨 나가 사망한 사람은 11명이었고, 열차 내부 손상으로 인한 사망자는 14명이었습니다. 그런데 열차가 찌그러지고 부서지면서 유사시 승객이 생존할 수 있는 공간이 사라진 좌석이 220석이었다고 합니다.

이런 요소를 고려해 계산해보면 만약 모든 객차에서 모든 승객이 안전벨트를 착용했다고 가정할 경우 사망자는 무려 88명으로 늘어난다는 결론이 나왔다고 합니다. 안전벨트를 했다면 열차 밖으로 튕겨 나가 숨지는 인원은 줄일 수 있겠지만, 반대로 제때 탈출하지 못해 열차 내에서 압사하는 승객이 6배 이상 증가할 것이란 의미입니다.

이러한 이유로 전 세계적으로 열차에는 안전벨트를 설치하지 않는다고 하는데요. 어찌 보면 더 큰 피해 가능성을 줄이기 위해 상대적으로 적은 피해는 감수하겠다는 것으로 해석할 수도 있습니다.

하지만 유사시 단 한 명의 소중한 생명이라도 더 보호하려는 노력은 계속돼야 할 것입니다. 그래서 전문가들은 효과가 모호한 안전벨트보다는 열차 내 충격완화 설비를 보강하고, 비상탈출을 위한 구조 개선에 더 집중할 필요가 있다고 권고합니다. ◀

# 06

# 첨단 KTX가 고운 모래를
## 꼭 싣고 다니는 까닭은?

≫

한겨울에 눈이 내려 빙판길이 만들어지면 가장 먼저 떠오르는 게 모래나 연탄재일 겁니다. 미끄러짐을 방지하기 위해 빙판 위에 모래나 연탄재를 뿌리는 건데요. 요즘은 연탄을 사용하는 가정이 적기 때문에 모래가 주로 사용됩니다. 또 얼음과 눈을 녹이기 위해 모래에 염화칼슘을 섞어서 사용하기도 하는데요.

빙판길에 뿌려진 모래는 보행자의 신발 바닥이나 자동차 바퀴와 마찰을 일으키면서 미끄러짐을 줄여주는 역할을 합니다. 그래서 넘어져 다치거나 사고가 나는 걸 어느 정도 막아주곤 하는데요.

이런 모래는 열차에도 아주 유용하게 사용됩니다. 기차는 철鐵로 만들어진 바퀴와 선로(레일) 사이의 마찰력을 이용해 움직이는 구조인데요. 건조하고 맑은 날에는 자연스럽게 둘 사이에 마찰력이 발생한다고 합니다. 기관차 자체 무게만 해도 수십 톤에 달해 선로에 가해지는 압력도 그만큼 크기 때문인데요.

하지만 비나 눈이 오면 상황이 달라집니다. 선로가 젖으면 마찰력이 급격하게 떨어지게 되는데요. 그러면 미끄럼 탓에 바퀴가 헛도는 사태가 생길 수도 있습니다. 이때 해결사로 등장하는 게 바로 '모래'입니다. 고운 모래를 싣고 다니다가 기관차 바퀴 앞의 선로에 뿌리는데요. 이를 '살사장치撒砂裝置, Sanding Device'라고 부르는데 압축공기를 이용해 모래를 살포하는 장치입니다.

일반적으로 기관차의 보일러 위나 기관차 바퀴 부근에 모래상자Sand Box를 설치하고, 운전실의 코크Cock 조작을 통해 모래를 뿌리는 방식입니다. 평상시는 자주 사용하지 않지만 기차 바퀴가 조금 미끄러진다는 느낌이 들면 기관사가 이 장치를 가동한다고 하는데요. 레일 위에 모래를 뿌리고 기관차 바퀴가 이를 밟고 지나가면 레일 위에 납작하게 눌러진 모래들로 인해 얇은 막이 형성되는데 이를 통해 마찰력이 증가한다고 합니다.

열차 바퀴 앞에 달린 살사장치
출처: 코레일

살사장치는 눈·비가 올 때뿐만 아니라 오르막 선로를 지날 때도 사용한다고 하는데요. 오르막길을 오르려면 아무래도 평지보다는 더 큰 마찰력이 필요하기 때문입니다. 오르막을 오를 때 자칫 바퀴가 헛돌기라도 한다면 큰 사고가 일어날 수도 있습니다.

이러한 살사장치가 언제 처음 등장했는지는 명확하지는 않지만 1800년대 기차가 처음 개발됐을 당시부터 미끄러짐 방지를 위해 고안됐을 거라는 게 코레일 전문가의 설명입니다.

국내에서는 현재 일반 디젤기관차는 물론 KTX, ITX-새마을 같은 전철에도 살사장치가 설치돼 있습니다. 그런데 자세히 살펴보면 살사장치를 사용하는 열차에는 한 가지 공통점이 있습니다. 바로 기관차 또는 동력차가 나머지 객차나 화차를 끌고 가는 방식이라는 건데요. 이를 철도 용어로 '동력집중식'이라고 부릅니다.

기관차나 동력차의 바퀴에만 동력이 전달되고 나머지 객차·화차의 바퀴는 그저 따라서 구르기만 하는 겁니다. 자동차로 치면 엔진 동력이 앞바퀴에만 전달되는 '전륜구동前輪驅動, Front Wheel Drive'이나 뒷바퀴에만 전해지는 '후륜구동後輪驅動, Rear Wheel Drive'과 유사한 형태입니다.

이들 방식은 동력이 전달되는 바퀴가 헛돌 경우 운행 자체가 어렵기 때문에 미끄럼을 방지하기 위한 별도의 장치가 필요한 겁니다. 그래서 등장한 것이 살사장치입니다.

여기에 사용하는 모래 굵기는 고속차량과 일반차량에 따라 차이가 나는데요. 고속차량용은 굵기가 0.3~1.0mm이고, 일반차량용은 이보다 큰 1.2~1.5mm라고 합니다. 고속차량은 아무래도 속도가 빠르다 보니 진동을 줄이기 위해서 보다 고운 모래를 사용하는 것 같습니다.

그럼 우리가 자주 이용하는 지하철에도 이런 살사장치가 있을까요?

정답은 '아니다'입니다. 지하철은 열차를 움직이는 방식이 KTX나 디젤기관차와는 다른데요. 지하철에는 별도의 동력차가 없고 조종실과 객실이 바로 붙어 있는 구조입니다.

대신 동력장치들을 여러 객차 아래에 분산 배치해놓았습니다. 이를 철도 용어로 '동력분산식'이라고 하는데요. 동력원이 여러 곳에서 나뉘어 있다는 의미입니다. 자동차로 치면 바퀴 4개에 모두 동력이 전달돼 회전하는 '사륜구동四輪驅動, Four Wheel Drive'과 비슷한데요.

그러다 보니 동력분산식 차량은 동력집중식 열차보다 힘이 훨씬 뛰어납니다. 바퀴 한두 개가 미끄러지더라도 나머지 바퀴들이 이를 밀고 갈 수 있기 때문에 별도의 살사장치가 필요하지 않습니다. 전 세계적으로 시속 400km 이상을 넘어서는 고속열차들은 대부분 동력분산식으로 제작됩니다.

하지만 동력분산식이라고 해서 무조건 살사장치를 설치하지 않는 건 아니라고 합니다. 열차의 전체적인 구동력과 마찰력을 계산해서 살사장치가 별도로 필요하다고 판단되면 설치할 수도 있다고 코레일 관계자는 설명합니다. 기술이 발달할수록 초기에 도입한 방식은 대부분 도태되기 마련인데요. 하지만 살사장치처럼 열차의 역사와 함께 여전히 활용되는 사례도 있습니다.◀

# 07

# 고무 타이어로
## 달리는 열차 아시나요?

흔히 열차 바퀴하면 철로 된 바퀴(철제 차륜)를 떠올립니다. 그런데 마치 트럭용 타이어처럼 생긴 고무 바퀴를 달고 달리는 열차가 있는데요. 이 바퀴를 철도 용어로 '고무 차륜'이라고 부릅니다.

국내에서도 몇몇 노선에서 고무 차륜이 사용되고 있습니다. 우선 2011년에 개통한 부산지하철 4호선이 있습니다. 최고 속도는 시속 70km 정도라고 합니다. 사실 국내에 처음 도입된 고무 차륜 열차는 인천공항에 있습니다. 제1여객터미널에서 맞은편에 있는 탑승동을 오가는 지하 셔틀트레인이 그 주인공인데요. 2008년에 첫 선을 보였습니다.

잦은 고장과 운영 적자 끝에 운영자가 바뀐 의정부 경전철도 고무 타이어를 사용하는 열차로 2012년에 개통됐습니다.

고무 차륜 열차는 철 바퀴 열차와 비교하면 소음이 적고 경사로를 오르는 능력이 뛰어나다는 게 장점입니다. 그리고 지하가 아닌 고가형 경전철로 지을 경우 건설비가 상대적으로 적게 들어갑니다. 선로도 자세히 보면 다릅니다. 철제 레일 두 가닥이 깔린 일반 철도와 달리 얼핏 보면 콘크리트 도로처럼 보입니다. 물론 주행 시 방향을 잡아주는 보조레일이 깔려 있기는 합니다.

단점도 있습니다. 승차감이 다소 떨어지는데요. 일반 열차에 비해 위아래로 움직이는 진동이 느껴집니다. 버스 탈 때와 비슷합니다. 그리고 고무 차륜은 일반 전철보다는 규모가 작은 경전철에 많이 적용되는데 수송 능력이 다소 처집니다. 1량당 보통 50명이 탈 수 있는 데 비해 철바퀴를 단 경전철은 90~120명까지 수송 가능합니다.

또 눈이 내리거나 얼음이 얼면 철제 바퀴보다 더 잘 미끄러져 운행에 지장을 받기도 합니다. 참고로 바퀴 수명은 약 10만~50만km입니다.

열차 하면 뭐니 뭐니 해도 철 바퀴를 사용하는 게 일반적입니다. 1800년대 증기를 이용한 기관차가 등장할 때부터 대부분 철 바퀴가 사용됐습니다. 지금도 일반열차와 고속열차인 KTX 역시 철제 바퀴로 달립니다.

철제 차륜은 선로와 바퀴의 마찰력을 이용해서 달립니다. 엔진 또는 모터의 힘 그리고 마찰력을 활용해 속도를 계속 높이고 있습니다. 시험 구간에서 기록한 최고 시속이 500km대를 넘어설 정도인데요. 하지만 새로운 방식의 열차들이 속속 등장하다 보니 철 바퀴의 미래가 어떻게 될지는 두고 봐야 할 것 같습니다.

우선 모노레일을 꼽을 수 있는데요. 말 그대로 궤도가 하나뿐인 열차입니다. 세계 최초의 모노레일은 1901년 독일 부퍼틸에서 개통됐고, 지금도 운영 중입니다. 한때 새로운 교통 수단으로 꽤 각광을 받았고, 현재도 전 세계 여러 도시에서 사용되고 있습니다.

국내에서는 주로 관광지나 유원지 등에 관광용으로 많이 설치됐는데요. 진정한 대중교통 수단으로서의 모노레일은 2015년 개통한 대구 지하철 3호선입니다. 사실 대구 지하철 3호선은 당초 지하철로 건설하려다가 지상·지하 혼합으로 변경됐으며, 다시 경전철로 바뀌는 등 우여곡절을 겪었습니다. 사업비 문제로 고민이 많았기 때문인데요. 그러다가 최종적으로 모노레일로 결정됐다고 합니다.

모노레일은 크게 두 가지 형태로 나뉩니다. 우선 차량이 선로 위에 걸터앉은 채 세로로 설치된 여러 개의 작은 고무 또는 철제 바퀴로 달리는 방식인 과좌식과 선로에 매달려서 달리는 현수식이 있습니다.

대구 지하철 3호선은 과좌식입니다. 일본, 독일 등 외국에서는 현수식으로 된 모노레일도 많은데요. 건설 면적이 작고 비용도 적게 드는 장점이 있다고 합니다. 무엇보다 테마파크에서 놀이기구를 타는 듯한 느낌이 들 것 같기도 합니다. 하지만 한 번 건설하고 나면 선형 변경이 불가능하다는 단점이 있습니다. 선형을 바꾸려면 아예 교각과 선로를 뜯어내고 다시 지어야 합니다.

자기부상열차도 빼놓을 수 없습니다. 아예 바퀴가 없는데요. 기술적으로는 여러 방식으로 나뉘긴 하지만 단순하게 말하자면 자석의 성질을 이용해 열차를 선로에서 살짝 떠서 달리게 하는 겁니다.

철로가 없기 때문에 당연히 마찰도 없어 기존 철도에 비해 소음과 진동이 매우 적다는 게 장점인데요. 시속 300~500km 이상의 초고속 주행이 가능합니다. 실제로 중국 푸동공항(상하이)에서 시내를 오가는 자기부상열차(마그레브)는 시속 400km 이상으로 달립니다. 이 열차는 독일 기술을 수입해서 설치했습니다.

아직까지 자기부상열차를 관광용이 아닌 평상시 여객 운송에 투입한 나라는 매우 적습니다. 중국 상하이의 자기부상열차를 제외하면 일본 나고야에서 운행 중인 도심형 자기부상열차와 인천공항에 설치한 자기부상열차 정도가 전부입니다.

인천공항 주변을 운행하는 자기부상열차       출처: 인천공항

　나고야와 인천공항의 자기부상열차는 상하이 마그레브와는 성격이 다른데요. 상하이 자기부상열차는 장거리 운송에 적합한 초고속 열차인 데 비해 나고야와 인천공항은 최고 시속이 100km 안팎인 도심형입니다. 쉽게 말해 도심 통근용으로 활용하기 위한 겁니다.

　자기부상열차는 승객 수송용으로는 적당하지만, 화물용으로는 부적합하다는 단점도 지적됩니다. 그리고 KTX 등과 비교하면 선로 호환성과 확장성이 떨어지는 점도 언급되고 있습니다. 시속 1,000km를 넘는 '하이퍼루프' 등 신개념 열차 시스템이 등장하는 요즘 기존의 바퀴 구분도 별 의미가 없어질 날이 오지 않을까 싶습니다.◀

# '딱지 티켓' 기억하시나요?
## 기차표의 변신은 무죄

1899년 9월 18일, 제물포에서 노량진까지 33.2km 구간에 철도가 개통됐습니다. 비록 한강을 건너 서울 도심까지 들어오진 못했지만, 공식적으로 이날을 국내 철도 역사의 시작으로 인정하는데요. 당시에 사용되던 승차권의 원본은 워낙 희귀해서 부르는 게 값일 정도라고 합니다.

이로부터 120여 년이 흘렀습니다. 그 사이 열차에도 큰 변화가 있었습니다. 증기기관차가 디젤차로, 또 전동차에서 지금은 고속열차(KTX)로 발전했습니다. 이에 따라 기차표도 못지않게 많은 변신이 있었습니다. 경인선이 개통된 이후 해방 전까지 사용된 승차권은 한자 또는 일본어로 표시된 에드몬슨식 승차권, 일명 '딱지' 기차표였습니다.

에드몬슨식 승차권은 일정한 크기의 두꺼운 종이에 승차권 내용을 인쇄하는 방식으로 제조되는데요. 영국인 토마스 에드몬슨<sup>Thomas Edmondson</sup>이 발명했기 때문에 '에드몬슨식'이라는 이름이 붙었다고 합니다.

이 승차권은 과거 수기로 기차표를 발행하던 방식을 대체하기 위해서 도입됐는데요. 승차권에 필요한 표시 사항(도착역, 요금 등)을 미리 넣어 인쇄한 뒤 현장에서 발매하는 방식입니다. 승객이 매표소에서 목적지를 말하면 직원은 해당하는 승차권을 꺼내 일자를 찍거나 손으로 적어서 판매했습니다.

1905년 1월 1일 개통된 경부선에도 역시 이 승차권이 사용되었는데요. 경부선은 서울(남대문)~부산 초량 사이 445.6km 길이였습니다. 해방 전에 사용된 기차표는 요즘도 애호가들 사이에서 1매당 10만~30만 원선에 거래된다고 합니다.

해방 이후의 승차권은 표기 내용이 일본어나 한자 전용에서 한글이 혼용되었다는 점이 특징입니다. 1960년대까지는 목적지 등은 한자로 쓰고, 중간중간에 한글을 섞어 썼는데요. 1970년대에 들어서면서 상황이 달라졌습니다. 한자 위주로 적혀 있던 승차권의 표기 내용이 모두 한글과 아라비아 숫자로 바뀐 겁니다.

또 그 이전까지 운행 노선과 등급에 따라 새마을호, 통일호, 풍년호, 증산호, 협동호, 부흥호, 약진호, 계명호, 동백호, 화랑호, 상무호 등 많은 이름이 있었지만 1977년부터 새마을호, 우등, 특급, 보급, 보통 등 5개로 열차 명칭이 통합됐습니다. 1974년 8월 서울역~청량리역 사이 지하철 1호선이 개통하면서 새로이 전철 승차권도 발행되기 시작했습니다.

1980년대 들어서면서 기차표에 일어난 가장 큰 변화는 전산 승차권 도입입니다. 1981년 10월 1일 새마을호에 대해 최초로 전산 승차권 발매가 시작되면서 '지정 공통 승차권(지공승)'이 사용됐는데요. 어떤 열차, 어떤 구간, 어떤 종류의 승차권에도 공통으로 적용할 수 있게 만들어진 승차권이라는 의미입니다.

승차권 발매가 전산화되기 전까지 매표창구 직원은 승객이 기차표를 요구하면 에드몬슨식 승차권을 함에서 **빼낸** 후 열차번호와 좌석 번호

1981년 도입된 열차표 전산 발매 시스템    출처: 코레일

등 각종 기재사항을 손으로 적어야 했습니다. 그러다 보니 가끔 운임 계산이 잘못되거나 좌석이 겹치는 일도 생기곤 했는데요. 전산 발매 시스템이 도입되면서 이런 문제들이 상당 부분 해소됐다고 합니다.

전산 승차권은 경부선, 호남선 등 주요 노선을 시작으로 점차 확대됐지만 지방의 지선이나 규모가 작은 역에서는 여전히 딱지 승차권이 사용돼 이른바 '딱지와 전산의 공존'이 이뤄졌습니다.

2004년 4월 KTX의 등장을 전후해 전산 승차권이 마그네틱 스트라이프(자성띠 MS 방식)로 바뀌었는데요. 승차권 뒤에 각종 정보가 입력된 자성띠가 있어서 '자성 승차권'이라고 불렸습니다.

앞서 전철 승차권에서 먼저 사용된 MS방식은 발매역, 출발역, 도착역, 열차번호 같은 폭넓은 정보를 담고 있다는 점에서 기존 승차권과는 근본적으로 달랐습니다. 이 같은 전산 승차권이 등장하면서 100년 넘게 생명력을 자랑하던 '딱지' 승차권이 역사의 뒤안길로 사라지게 됐습니다.

동대구~부산 왕복 새마을호 승차권　　　출차: 코레일

변화는 여기서 그치지 않았는데요. 2005년 6월부터 집에 있는 컴퓨터와 프린터로 기차표를 예매하고, 인쇄하는 '홈티켓팅 승차권'이 도입됐습니다. 2006년 9월에는 종이 승차권이 필요 없는 휴대전화 문자메시지SMS 티켓이 사용되기 시작했습니다.

2010년대 들어 스마트폰이 확산되면서 스마트폰 예매 앱이 등장했는데요. 스마트폰으로 열차 좌석까지도 지정해 예매하고, 그 속에 승차권을 저장해 사용하고 있습니다. 그야말로 종이 없는 승차권 시대인 것입니다.

이러한 흐름에 맞춰 철도역과 차내에서 하던 개표 가위를 이용한 검표도 2000년대 중후반 추억 속으로 사라졌습니다. 승무원들이 휴대용 무선이동단말기PDA로 각 좌석 탑승자의 운행 구간 등 열차 좌석 정보를 실시간으로 확인하는 방식으로 바뀐 겁니다. 미래에는 기차표가 어떤 모습으로 진화할지 궁금합니다.

# 09

# 80여 년 전 '에어컨'과 첫 만남,
## 여름에 기차 창문이 닫혔다

더운 여름에 열차나 지하철을 타면 꽤 시원함이 느껴지는데요. 간혹 "실내가 춥다는 민원이 들어와서 냉방을 줄인다"는 지하철 기관사의 안내 멘트가 나올 정도입니다. 그런데 사실 열차나 지하철을 타면서 이런 호사(?)를 누린 건 철도의 역사에 비춰보면 그리 오래되지 않습니다.

스티븐슨이 만든 증기기관차가 세계 최초의 철도로 불리는 영국 스톡턴~달링턴 사이 40km 구간을 시속 16km로 처음 주행한 것이 1825년입니다. 일반 열차에 에어컨이 설치되기 시작한 건 이로부터 100년이 넘게 흐른 1930년대 초반 미국에서입니다. 그전까지는 열차의 창문을 열어 바람이 통하도록 하는 게 유일한 냉방 수단이었는데요.

앞서 에어컨이 발명된 건 1902년입니다. 히터기와 송풍기 제조회사에 다니던 미국의 공학자인 윌리스 하빌랜드 캐리어(1876~1950년)가 개발했는데요. 이 회사 고객인 뉴욕의 한 인쇄소가 여름철이면 고온과 습기 탓에 인쇄용지가 변질돼 고민하는 것을 보고 이를 해결하고자 고심한 게 발명의 동기로 알려져 있습니다. 캐리어는 뜨거운 공기를 채운 코일 사이로 공기를 통과시키는 기존 난방 시스템의 원리를 활용해서 냉매를 채운 코일 사이로 공기를 보내 온도를 낮추는 방식을 고안해냈는데요.

1915년 직접 '캐리어 엔지니어링'이라는 에어컨 회사를 차려 1924년 디트로이트의 허드슨 백화점, 1928년 미 의회에 에어컨을 설치하기도 했습니다. 이러한 과정을 거쳐 1930년대 초반 열차에 에어컨이 도입되기 시작합니다.

기록에 따르면 1932년 객차에 설치된 에어컨 시험을 담당했던 캐리어사의 한 직원이 친척에게 보낸 편지에 "나는 객차에 설치된 에어컨에 정말 흠뻑 빠졌다. 객차에 타고 있는 내내 쾌적하고, 열차에서 내릴 때도 마치 처음 탈 때처럼 상쾌한 기분이다"라고 적었다고 합니다.

그런데 미국 등에서만 일부 도입된 열차 에어컨이 얼마 안 있어 만주에 등장합니다. 흔히 '만철'로 줄여 부르는 일본의 남만주 철도 주식회사가 1934년 7월 중국 다롄과 신징(창춘) 구간에서 운행을 시작한 특별 급행열차 '아시아'가 그 주인공인데요.

바퀴 지름이 2m나 되는 대형 증기기관차가 끄는 '아시아'는 시속 100km가 넘는 속도를 자랑하는 데다 에어컨 등 호화시설로 꾸며졌습니다. 당시 만철 소속 설계사가 미국과 유럽 등지를 돌며 당대 최고의 열차 기술들을 조사하고 도입한 덕분이라고 합니다.

《만철 일본제국의 싱크탱크》(저자 고바야시 히데오)를 보면 이런 얘기가 나옵니다. "아시아호 안내에 나선 설계사가 영국에서 온 사절단에게 에어컨 장치를 설명하면서 지폐를 환기구 앞에 놓아두었는데, 그것이 천장의 입구에 딱 들러붙자 일행은 '원더풀'을 연발하며 감탄했다고 한다."

그렇다면 우리나라에는 언제 처음 에어컨 달린 열차가 들어왔을까요?

국내 최초로 에어컨이 설치된 관광호 열차　　　　출처: 코레일

철도 관련 기록들을 보면 1969년 2월 서울~부산 구간에서 처음 선을 보인 특급 '관광호'라고 합니다. 서울 노량진에서 인천 제물포를 연결하는 경인선 철도가 개통한 게 1899년이니 꼭 70년 만입니다.

앞서 일제강점기인 1939년 특급 '아카쓰키'에 에어컨이 설치되긴 했지만, 우리 열차는 아니었기에 '관광호'를 국내 최초의 에어컨 열차로 평가합니다. 당시 관광호는 에어컨은 물론 서양식 변기와 전자레인지까지 갖춘 초호화 열차였다고 하는데요. 요금도 지금 기준으로 환산하면 서울~부산이 40만~50만 원 정도라고 하니 서민들로선 엄두를 내기 힘들었을 것 같습니다.

이 관광호는 5년 후인 1974년 '새마을호'로 이름을 바꿉니다. 이후 도입된 특급열차들은 대부분 전기 냉난방 시설들을 갖추게 됩니다.

반면 지하철은 에어컨 도입이 좀 늦습니다. 미국 뉴욕도 지하철에 에어컨이 설치된 건 1950년대 후반이라고 하는데요. 본격적으로 보급된 건 1960년대와 1970년대입니다. 열차에 이어 지하철도 세계 최초로 개통한 영국의 런던은 상황이 더 나쁩니다. 일부 노선을 제외하곤 아직도 지하철에 에어컨이 없습니다. 오래전에 지어진 탓에 터널에 환기 기능이 거의 없는 데다 차량 역시 작아서 에어컨 설치가 쉽지 않다고 하는데요. 이 때문에 한여름에는 차내 온도가 거의 섭씨 40도에 육박하는 등 '찜통 지하철'이 된다고 합니다. 노선 길이가 약 70km로 런던 지하철 중 가장 긴 센트럴선의 경우 2030년은 돼야 에어컨이 구비된 지하철이 들어올 거란 소식입니다.

우리나라는 1974년 서울 지하철 1호선이 개통됐는데요. 당시엔 에어컨은 없었고, 천장에 달린 선풍기가 전부였습니다. 서울 지하철 2호선이 순차적으로 운행하기 시작한 1983년, 마침내 에어컨이 구비된 지하철이 등장하게 되는데요. 1호선도 1989년에 선풍기를 떼어내고 에어컨을 달기 시작합니다. 인쇄소의 고민을 해결하기 위해 고안된 에어컨이 기차를 만나 새롭고 쾌적한 철도 여행을 가능하게 한 겁니다. ◀

# 10

# 부산에 가려고 란 KTX가 포항행?
## 중련·복합열차 비밀

서울역에는 평일(월~목) 오전에 포항으로 출발하는 고속열차가 있습니다. 'KTX-산천 457' 열차인데요. 그런데 열차 시간표를 보면 같은 시각에 동일한 승강장에서 역시 포항으로 떠나는 또 다른 열차가 있습니다. 'KTX-산천 4051' 열차입니다.

두 기차는 번호도 분명 다른 별개의 편성이지만 사실상 하나의 열차처럼 운행됩니다. 기관차를 포함해 각 10량씩인 열차 두 편성을 하나로 연결해 모두 20량을 만들어 포항까지 가는 건데요.

이처럼 두 개 이상의 열차를 연결해서 하나의 차량처럼 운행하는 방식을 철도 용어로 '중련重連'이라고 부릅니다. 열차뿐 아니라 기관차만 여러 대 더 연결해서 운행하는 것 역시 중련에 해당됩니다.

중련을 하는 이유는 무엇보다 효율적인 운영을 위해서입니다. KTX 산천이나 SRT(수서고속열차)는 평소 10량 한 편성으로 다니다가 승객이 몰리는 요일이나 시간대에는 두 편성을 이어 붙여 좌석 수를 두 배로 늘리는데요. 매번 20량으로 다니는 것보다 열차 활용성과 여객 수송 효율 등에서 유연한 중련이 훨씬 효과가 크다는 설명입니다. 중련은 일반적으로 출발지와 도착지가 같은 경우를 칭하는데요.

중련에 포함되기는 하지만 구분되는 방식이 있습니다. 예를 들어 서울역에는 평일 낮에 같은 승강장에서 출발하는 고속열차가 두 편성이 있습니다. 하나는 'KTX-산천 131' 열차이고, 또 다른 열차는 'KTX-산천 461'입니다.

이 두 열차는 하나로 연결돼 동대구역까지 이동한 뒤 갈라지는데요. '131' 열차는 부산으로, '461' 열차는 포항으로 가게 됩니다. 두 열차는 서울로 향할 때는 동대구역에서 만나서 다시 하나로 연결됩니다.

코레일 차량 기술단 관계자는 "중련은 보통 출발지와 목적지가 동일한 경우를 말하고, 출발지는 같지만 중간에 나뉘어서 목적지가 각기 다를 때는 '복합열차'로 부른다"라고 설명합니다. 출발지는 달라도 중간

KTX-산천 두 편성을 연결한 중련열차

에 만나 같은 목적지로 이동하는 경우 역시 '복합열차'가 됩니다.

조금 쉽게 설명하자면 복합열차는 중련에 포함되지만 모든 중련이 복합열차는 아닌 겁니다. 복합열차는 일반 중련과 마찬가지로 여객 수송의 효율성에서 장점이 있습니다.

또 서울~광명 구간처럼 선로 용량이 부족한 구간을 각기 다른 목적지의 열차가 한꺼번에 통과하게 되면서 원래 두 번 지나가야 할 걸 한 차례 주행으로 줄이는 효과도 있습니다.

과거 열차 시스템이 꼼꼼하게 갖춰지지 않았던 유럽에서는 복합열차의 좌석을 잘못 앉는 바람에 중간에 열차가 나누어져 엉뚱한 곳에 도착하는 일이 종종 있었다고 합니다. 중련은 사실 고속열차뿐 아니라 ITX-새마을, 누리로 등 일반열차와 화물열차도 모두 가능합니다. 다만 수요 등을 따져 중련을 편성할 필요가 없기 때문에 하지 않는 건데요.

예외가 하나 있습니다. 20량 한 편성으로 된 KTX인데요. 이 KTX도 열차와 열차를 연결할 수는 있습니다. 운행 중 고장이 나면 다른 KTX를 연결해서 견인하는 것입니다.

하지만 승객 수송을 위한 중련은 하지 않습니다. 가장 큰 이유는 국내 기차역의 플랫폼 길이 때문입니다. KTX는 한 편성의 길이가 388m에 달합니다. 두 편성을 연결하면 거의 780m나 되는데요. 반면 플랫폼은 대부분 400~500m가량에 불과합니다.

만약 KTX를 중련하면 열차가 플랫폼에 다 들어오지 못하는 상황이 생기는 겁니다. KTX-산천을 중련할 때도 두 편성만 하는 것 역시 같은 이유입니다. KTX-산천은 한 편성의 길이 200m가량인데요. 만약 세 편성을 연결하면 길이가 600m를 넘기 때문입니다.

그런데 KTX-산천 두 편성을 연결하면 엔진(모터)은 앞 열차만 가동하는 걸까요? 아니면 두 열차 모두 기관차를 가동할까요? 정답은 '모두 가동한다'입니다. KTX-산천은 처음부터 중련을 염두에 두고 설계·제작되었기 때문에 열차를 연결하면 앞 열차의 기관실에서 뒤 열차의 엔진과 조명, 신호 등을 한꺼번에 통제할 수 있는데요. 이를 '총괄제어'라고 부릅니다.

이렇게 되면 앞 열차의 기관사 한 명이 열차 두 대를 마치 한 대처럼 조종할 수 있는 것입니다. SRT 열차 역시 마찬가지입니다. 초기에 만들어진 20량짜리 KTX는 이 기능이 없다고 합니다. 하지만 조만간 중앙선에 투입될 동력분산식 준고속열차인 EMU-250 역시 중련과 총괄제어가 가능하게 제작되었다고 합니다.

중련과 복합열차, 모두 나름의 효용성이 있는데요. 승객 입장에서는 특히 복합열차를 이용할 때 자신이 타야 할 열차번호를 반드시 확인해야만 엉뚱한 목적지로 가는 낭패를 피할 수 있을 것 같습니다. KTX-산천은 열차끼리 떼었다 붙였다 하는 데 걸리는 시간이 5분도 채 안 되기 때문입니다.

# 김정은이 방중 때 탄 '1호 열차'도
## 중국 기관차가 끌었다

시기를 가늠하긴 어렵지만 북한의 비핵화가 이뤄지고, 국제적인 대북 제재가 해제되면 본격적으로 남북 철도가 연결될 가능성이 높습니다. 이렇게 되면 남북종단철도$^{TKR}$가 시베리아횡단철도$^{TSR}$, 중국횡단철도$^{TCR}$ 등과 이어져 대륙으로 뻗어 나가게 됩니다. "서울·부산에서 기차 타고 유럽 가자"는 말은 이런 기대감에서 나오지 않았나 싶습니다.

그런데 여기서 한 가지 짚고 갈 게 있습니다. 서울이나 부산에서 출발한 우리 열차가 그대로 대륙철도를 달려서 유럽까지 갈 수 있을까요? 남북·대륙 철도 분야의 대표적 전문가인 안병민 한국교통연구원 선임연구위원에게 물었습니다. 답은 '아니다'였습니다.

이유는 여러 가지인데요. 우선 KTX처럼 전기로 달리는 전철의 경우 남과 북은 물론 러시아, 중국 등이 모두 전력 공급 방식이 다릅니다. 직류, 교류로 나뉘고 전압도 제각각인데요. 기관차 한 대로 이들 구간을 별 탈 없이 모두 달릴 수는 없다는 얘기인 겁니다.

그럼 디젤기관차로 달리면 어떠냐고요? 여기에도 장벽이 있습니다. 국가마다 철도 신호체계와 무선통신 주파수, 사용 언어 등이 다르기 때

북한 신의주와 중국 단둥을 연결하는 철교

문인데요. 조금이라도 착오가 생기면 큰 사고가 발생할 수 있기 때문에 무척 조심스러운 부분들입니다. 유럽연합처럼 통합 작업을 가속화하는 지역에서만 국가 간 열차 운행에 별 제약이 없다고 합니다.

이 때문에 국경 지역에서 해당 국가의 기관차로 바꿔 다는 게 일반적입니다. 안 연구위원은 2001년과 2011년 두 차례 러시아를 열차로 방문한 북한의 김정일 국방위원장 사례를 소개했습니다. 김 위원장은 2001년 7월 '특별열차' 편으로 북한을 출발해 러시아의 하산, 하바로프스크, 이르쿠츠크, 모스크바를 거쳐 상트페테르부르크까지 다녀왔는데요. 대략 20여 일간의 일정이었습니다.

당시 이 일정을 소개한 책이 《동방특급열차》(도서출판 중심)인데요. 푸틴 대통령의 전권특사로 임명돼 김 위원장을 수행한 콘스탄틴 보리

소비치 폴리코프스키가 쓴 책입니다. 여기에 김 위원장이 탄 '특별열차'에 대한 소개가 나옵니다.

"나와 김정일이 정기적인 만남의 장소로 사용한 객차는 스탈린 대원수가 조선민주주의인민공화국의 첫 번째 지도자였던 김일성에게 선물한 것이다. … 객차들은 그저 평범한 일반 차량일 뿐 방탄용 철판이 깔린 것은 김정일 전용 칸의 바닥뿐이었다."

"김정일의 전용열차는 그의 러시아 방문 훨씬 이전부터 북한 측의 두만강역에서부터 하산역을 지나 우스리스크까지 수차례에 걸쳐 시운전했다. … 북한 철도는 러시아 철도에 비해 너비가 좁기 때문에 바퀴를 갈아 끼우는 작업이 병행되었다."

남·북한과 중국은 철도 폭이 1435mm인 표준궤를 쓰는 반면 러시아는 이보다 넓은 광궤(1,520mm)를 사용합니다. 이 때문에 양쪽 구간을 오가려면 바퀴 교체가 필요합니다.

여기서 재미있는 내용이 하나 더 나옵니다. "북한 측 대표단을 위한 5량의 객차와 우리 측을 위한 7량의 객차가 한 조로 편성되어 러시아 전역을 여행했다." 북한 측 객차에 러시아 측 객차를 연결했다는 의미인데요. 당시 이들 객차를 끌고 달린 기관차가 바로 러시아 기관차입니다.

안 연구위원은 "당시 러시아 철도 중에 전철화가 안 된 구간은 디젤 기관차를, 전철화 구간에서는 전철용 기관차를 연결해서 달렸다"고 설명합니다. 그러니까 북한 측 기관차는 두만강역에 두고, 러시아 기관차에 북한 객차만 연결해서 운행한 겁니다. 2011년 김 위원장이 열차 편으로 또다시 러시아를 방문했을 때도 같은 방식을 사용했습니다.

중국도 마찬가지입니다. 2018년 3월 북한의 김정은 위원장이 중국을 방문했을 때 열차를 이용했는데요. 당시 열차도 중국의 단둥역에서 중국 측 기관차를 연결해서 이동한 것으로 확인됐습니다. 당시 중국 기관차는 '둥펑 2호'로 '둥펑 1호'와 함께 중국의 최고위급 인사가 열차를 이용할 때 동원하는 기관차라는 게 안 연구위원의 설명입니다.

당시에도 중국 측 영접 인사와 경호팀 등을 태운 중국 측 객차 여러 량이 연결됐는데요. 이 같은 방식을 잘 모르는 일본 언론 등에서 중국 객차를 촬영한 뒤 '김 위원장이 타지 않았다'고 오보를 한 일도 있었다고 합니다. 그 뒤 또 다른 언론에서 북한 측 객차를 확인하고는 '김 위원장이 방중했다'는 다른 보도를 내기도 했습니다. 현재도 운행 중인 평양~북경 간 국제열차도 단둥역 또는 신의주역에서 기관차를 교체해서 달린다고 합니다.

결론적으로 우리 열차 그대로 유럽까지 가는 건 어렵다는 얘기입니다. 아예 환승하지 않는다면, 기관차는 국경 지역에 두고 객차만 다른 나라 기관차에 연결해서 가는 방식이 될 겁니다. 그래도 남한에만 갇혀 있던 철도가 북한을 넘어 대륙으로 이어진다는 자체만으로도 의미는 크다는 평가입니다. ◀

# 12

# KTX 특실은 왜 2~4호차일까?
## 특실 위치에 담긴 속뜻

여객기를 타면 가장 비싼 좌석인 일등석과 비즈니스석은 대부분 기내 앞쪽에 자리하고 있습니다. 일등석과 비즈니석의 배치를 두고 일부에서는 안전 때문이라는 해석도 하는데요. 사고가 날 경우 상대적으로 항공기 앞쪽이 안전하기 때문이라는 주장입니다.

하지만 국내 항공사 관계자는 "사실 사고가 어떻게 나느냐에 따라 충격 규모와 부위가 각기 다르기 때문에 어느 위치가 더 안전하다고 단정하기는 어렵다"고 말합니다. 안전보다는 오히려 기내 앞부분이 타고 내리는 동선이 짧고, 엔진 소음이 훨씬 적기 때문에 항공기 제작사들이 일등석과 비즈니스석을 앞쪽에 배치한다는 게 일반적인 설명입니다.

그렇다면 지상에서 가장 빠른 교통 수단인 KTX(고속열차)의 특실 위치는 어떻게 정해진 걸까요? 2004년 첫 선을 보인 20량짜리 KTX의 특실은 2~5호차까지 모두 4량이었습니다. 그러다 코레일이 2017년 5호차를 일반실로 개조하면서 현재는 2, 3, 4호차만 특실로 운영 중인데요.

코레일에 따르면 초기에 KTX를 제작사인 프랑스 알스톰사에서 들

특실로 꾸며진 KTX 3호차

여올 당시부터 특실 위치가 열차 앞쪽인 2~5호차로 지정되었다고 합니다. 그러니까 프랑스, 즉 유럽 방식을 준용했다는 건데요.

코레일의 차량 전문가는 "프랑스 등 유럽에서는 역의 출구가 대부분 북쪽에 만들어진 경우가 많다. 그래서 열차 방향을 기준으로 북쪽에 가깝게 특실을 배치하면 특실 승객이 열차를 타고 내릴 때와 역을 빠져나갈 때 동선이 짧아지는 등 편리하기 때문"이라고 설명합니다.

비행기와 마찬가지로 요금이 비싼 특실 승객의 이동 편의를 고려해 특실 위치를 정했다는 얘기인데요. 국내 기술로 개발한 10량짜리 KTX−산천도 KTX 사례를 준용해 3호차를 특실로 운영하고 있다고 합니다.

그런데 프랑스처럼 특실 승객의 동선만을 고려한다면 아예 1호차부터 특실로 정하는 게 더 나을 수도 있을 텐데요. 이렇게 하지 않은 데에는 한 가지 이유가 있습니다. 바로 소음 때문입니다.

KTX는 일반열차와 달리 엔진이 아닌 모터를 가동해 달리기 때문에 상대적으로 소음이 덜하지만, 그래도 기관차와 모터카(동력 객차)에서 나오는 '웅' 하는 소음이 적지 않다고 합니다. 그래서 모터카에 이어진 1호차는 특실로 사용하지 않는다고 하네요.

이렇게 프랑스 방식을 따라서 KTX의 특실 위치를 정했지만, 국내 철도역의 구조상 특실 승객의 이동이 더 편리하다고 말하기는 어렵습니다. 오송역, 울산역, 신경주역 등 KTX 정차를 위해 새로 만든 역은 그나마 조금 나은 편이지만 서울역, 용산역 등 기존 역을 활용한 경우는 특실 승객의 동선이 일반실보다 그다지 짧지는 않습니다.

코레일 관계자는 "서울역은 오히려 특실 승객이 더 많이 걷는 문제가 있어서 2013년에 플랫폼을 남영역 방면으로 50m를 더 늘였다. 그래서 지금은 특실인 4호차에서 내리면 대합실로 올라가는 계단과 바로 만날 수 있게 됐다"는 에피소드도 소개합니다.

2020년 중앙선에 투입될 예정인 신형 준고속열차 EMU-250(6량 한 편성)은 KTX와 달리 1호차를 특실로 운영할 예정인데요. EMU-250은 앞에서 기관차가 끌고 가는 동력집중식인 KTX와 달리 기관차가 따로 없고, 지하철처럼 모터가 객차들 밑에 설치된 동력분산식 차량입니다.

이 중 1호차는 운전실이 설치된 객차로 모터가 없기 때문에 소음이 가장 적다고 합니다. 여기에 같은 동력분산식 차량인 독일 고속열차 ICE Inter City Express의 사례를 벤치마킹해 특실에 앉으면 운전실과 열차 앞 풍경도 함께 볼 수 있도록 하겠다는 계획이었는데요. 하지만 안전

등을 이유로 운전실과 객실 사이에 격벽을 설치하기로 하면서 이런 풍경을 즐기지는 못할 것 같습니다.

현재는 모두 사라졌지만, 과거 새마을호와 무궁화호에서 운영되는 특실의 위치는 어디였을까요? 대체로 2호차를 특실로 운영했다고 하는데요. 코레일의 철도 역사 전문가인 배은선 역장은 "일반열차는 맨 앞과 맨 뒤가 가장 진동이 심한 데다 기관차에 바로 붙어 있는 객차에는 소음과 냄새 등이 많이 나기 때문에 이를 건너뛰고 주로 2호차를 특실로 운영한 것으로 알고 있다"라고 말합니다.

하지만 열차에 따라서 1호차나 3호차를 특실로 운영한 경우도 있었습니다. 결국 새마을호나 무궁화호는 소음과 진동을 고려하긴 했지만, 특실 위치를 정하는 명확한 기준은 따로 없었던 것으로 보입니다.◀

# 13

# 차량기지에서 '때 빼고 광내는' 무게 700톤 육중한 KTX

전체 20량으로 연결된 KTX(고속열차)는 자체 무게만 700톤에 달합니다. 10량짜리 KTX-산천은 이보다는 가볍지만 그래도 400톤이 넘는데요. 이런 육중한 차량에 승객과 짐까지 싣고 시속 300km 가까이 달리다 보면 바퀴도 닳고, 바퀴를 지탱하는 차축도 마모가 심해집니다. 물론 다른 부품에도 작지 않은 부하가 걸립니다.

그래서 주행거리와 운행 일시 등을 고려해 경정비와 중정비를 시행하는데요. 국내에서 KTX 차량정비를 하는 기지는 부산과 광주, 그리고 경기도 고양 등 3곳이 있습니다. 이 중 서울역에서 가까운 고양 차량기지에서 가장 많은 KTX를 정비합니다.

경정비는 2주에서 최대 1년 6개월 단위로 시행합니다. 각종 부품의 상태를 점검하고, 바퀴를 지탱하고 있는 차축과 대차를 교체하고, 필요시 바퀴가 일정 각도를 유지하도록 깎는 작업도 합니다.

이를 위해 우선 차체를 동시에 들어 올려 대차만 분리하고 교체하는 '동시인양기'가 이용되는데요. 열차와 레일 사이에 있는 대차는 차체 중량을 지지하고, 철도 차량의 주행 안내를 쉽게 하는 장치입니다.

여러 가지 구조가 있으나 대차틀 · 바퀴 · 차축車軸 · 베어링박스 · 스프링 · 스윙 볼스터 등이 주요 부품입니다.

그런데 대차 전체가 아닌 하나만 떼어내서 교환할 때는 '드로핑 테이블Dropping Table'이란 장비를 씁니다. 작업장 아래에 설치된 장비로 대차를 떼어낼 때와 교체할 때 자동으로 높이가 조절됩니다. 바퀴를 깎을 때는 '차륜 전삭기'가 동원되는데요. 바퀴가 무뎌져 각도가 달라지면 차체가 흔들리고 진동이 심해진다고 합니다.

간단한 경정비는 주로 운행이 끝난 밤 시간에 이뤄집니다. 그래서 차량기지도 심야에 가장 바쁜데요. 서둘러 정비를 마친 차량은 아침 일찍 승객을 맞으러 기지를 떠납니다. 하지만 3~6일가량 걸리는 정비도 있습니다. KTX의 주행거리가 길어질수록 점검하고 손볼 곳이 많아지기 때문인데요.

중정비는 훨씬 공사가 큽니다. 부품 조립체를 모두 분해해서 세척하고 정비하고, 열차를 칸별로 분리해서 점검하고, 도장을 새로 하는 등 상당히 복잡한 과정을 거치게 되는데요. 사실상 열차 하나를 분해했다가 다시 조립하는 수준이라고 보면 됩니다.

일반적으로 30년인 KTX 수명의 절반가량 됐을 때 이런 중정비를 많이 시행합니다. '리프팅 잭'을 이용해서 한 묶음으로 연결돼 있던 KTX를 한 칸씩 떼어내고, 열차 1량을 올려놓고는 평행한 선로에서 다른 선로로 평행 이동시키는 '트래버스'라는 장치도 이용합니다.

대차를 청소하고, 색을 다시 칠하는 일들은 이제는 사람 대신 로봇이 하는데요. 분진도 많고 냄새도 심해서 상당히 힘든 작업이었다고 합니다. 이른바 '스마트 팩토리'가 적용되고 있는 겁니다.

이런 과정을 거친 뒤 다시 차량을 하나씩 연결해서 본래의 20량

KTX 차체를 하나씩 떼어서 하는 중정비

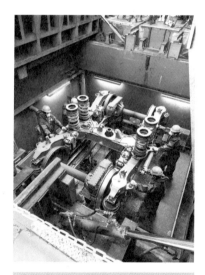

대차를 한 개씩 교체할 때 쓰는 드로핑 테이블

KTX 차체를 한꺼번에 들어 올리는 동시인양기

(KTX) 또는 10량(KTX-산천)짜리 고속열차로 재탄생시킵니다. 그리고는 종합성능시험을 거쳐 마침내 차량기지를 나서게 되는데요. 대략 3개월가량이 걸린다고 합니다. 우리가 자주 이용하는 KTX가 언제나 안전하고 편리할 수 있도록 무엇보다 꼼꼼하고 정교한 정비를 기대해 봅니다.◀

# 14

# 일반철도는 자갈을 까는데, 고속철도에는 콘크리트로 채우는 까닭은?

서울역이나 용산역의 플랫폼에서 열차가 다니는 '선로線路, Railroad'를 내려다보면 레일과 침목 사이에 자갈이 채워져 있는 걸 확인할 수 있습니다. 반면 서울 지하철 등 도시철도에는 레일과 침목 사이가 자갈 대신 콘크리트로 메워져 있는데요.

이렇게 레일과 침목 사이가 자갈로 채워져 있는 걸 '자갈 도상道床', 콘크리트로 되어 있는 건 '콘크리트 도상'이라고 부릅니다. 외양도 다르지만, 그 기능에서도 차이가 제법 크다고 하는데요.

도상을 이해하기 위해선 우선 선로 구조를 알아야 합니다. 선로의 가장 밑에는 '노반路盤'이 있습니다. 선로를 깔기 위한 가장 기초인 셈입니다. 대부분 흙으로 되어 있지만, 교량에서는 콘크리트가 이를 대체합니다. 노반 위에 '도상'이 있고, 그 위로 침목을 놓고 레일을 부설하면 선로가 완성되는데요.

이 가운데 도상은 열차 운행 때 레일과 침목이 받는 하중을 넓게 노반에 분산시키고, 물 빠짐을 좋게 하며, 노반 파손과 침목의 움직임을 방지하는 역할을 합니다. 또 차량 진동을 흡수해서 승차감을 좋게 하는 기능도 한다는데요.

도상 없이 노반 위에 바로 침목을 놓고 레일을 깔게 될 경우 충격 흡수가 되지 않는 데다 침목이 흔들리면서 궤도가 상하좌우로 비뚤어지는 등 정상적인 열차 운행이 어렵다고 합니다.

자갈 도상은 철도 초기에 고안된 것으로 알려져 있습니다. 우리나라에서는 1899년 일본에 의해서 개통된 경인선에 자갈 도상이 사용됐습니다. 자갈이 구하기 쉽고, 저렴하면서 진동을 흡수하는 능력이 뛰어나기 때문이라는 설명입니다. 또 궤도 틀림 등이 발생할 경우 보수 작업도 비교적 쉽다고 하는데요.

그래서 해외는 물론 국내에 건설된 일반철도 대부분은 자갈 도상으로 되어 있습니다. 심지어 국내 최초로 건설된 서울지하철 1호선도 자

대전역에 깔려 있는 자갈 도상

베트남 다낭역의 콘크리트 도상

갈 도상을 사용했습니다. 물론 이후 개량을 통해 상당 부분 콘크리트로 교체했다고 합니다.

경부고속철도도 1난계 구간(서울~동대구)에서 거의 다 자갈을 썼습니다. 길이가 5km를 넘는 장대터널 구간만 예외적으로 콘크리트 도상을 적용했는데요. 당시에는 고속철도 선로에 대한 기술이 부족했고, 또 사업비 부담으로 인해 자갈 도상을 주로 쓴 것으로 알려져 있습니다. 이후 경부고속철도 2단계(동대구~부산) 구간과 호남고속철도(오송~송정), 그리고 수서고속철도(수서~평택) 건설 때는 전 구간을 콘크리트로 메웠습니다.

이처럼 장점이 많은 자갈이지만 단점도 적지 않은데요. 무엇보다 자갈이 깨지면서 발생하는 먼지가 많고, 토사가 유입되면 선로의 물 빠짐이 나빠집니다. 먼지가 많이 발생한다는 건 대부분 지하로 다니는 도시철도에는 적합하지 않다는 의미이기도 합니다.

또 자갈들 사이가 굳어지면 탄성이 떨어지기 때문에 자갈 사이의 불순물을 걸러내는 '자갈치기'나 자갈 교체 등을 해줘야 하는데요. 이런 작업에 적지 않은 인력과 비용, 시간이 소요된다고 합니다.

이 같은 문제점을 해소하기 위해 사용하는 게 콘크리트 도상입니다. 이 도상은 무엇보다 한 번 시공하고 나면 보수 작업을 할 필요성이 많이 줄어들고, 콘크리트가 침목을 꽉 잡아주는 덕에 궤도 틀림이 자갈 도상에 비해 적다는 게 장점입니다. 물론 자갈보다 먼지도 덜 발생하는데요. 이 때문에 국내 지하철은 대부분 콘크리트 도상을 기본으로 하고 있습니다.

또 KTX의 경우 자갈 도상에서는 시속 250km 이상으로 달리면 자갈이 튀어 올라 바퀴나 차체를 때리는 '자갈 비산' 현상도 생기는데요.

선로 공사나 보수 작업 시 침목보다 5cm 아래까지만 자갈을 채우는 방식으로 이를 방지한다는 게 국가철도공단(구 한국철도시설공단)의 설명입니다.

물론 콘크리트 도상에서는 이런 염려가 거의 없습니다. 아예 일체형으로 침목과 도상을 콘크리트로 만드는 '슬라브 도상'도 있는데요. 넓게 봐서 콘크리트 도상의 일종으로 분류하고 있습니다.

반면 콘크리트 도상은 자갈에 비해 탄성이 떨어지기 때문에 열차 운행 때 충격이 크고, 소음도 심하다는 단점이 있는데요. 여기에 자갈 도상보다 1.5~2배가량 비싼 건설비도 부담일 수 있습니다.

하지만 콘크리트 도상이 자갈 도상보다 결코 승차감이 떨어지지 않는다는 반론도 있습니다. 국가철도공단 관계자는 "자갈 도상은 이론적으로는 궤도 틀림이 없다면 자갈의 탄성 덕에 승차감이 더 좋다고 할 수 있지만, 실제로는 궤도 틀림이 없을 수 없다. 오히려 궤도 틀림이 적은 콘크리트 도상이 보다 균질한 승차감을 제공한다"고 설명합니다.

그런데 사실 자갈이나 콘크리트 도상 어느 게 훨씬 더 낫다고 말하기는 쉽지 않아 보입니다. 각각의 장단점이 있기 때문인데요. 일반철도와 고속철도 그리고 도시철도의 특성에 맞게 가장 효율적이고, 가성비도 뛰어난 도상을 선택하는 게 합리적일 듯합니다.◀

# 15

# 번호만 봐도 종류와 노선이 한눈에,
## 열차번호의 속뜻

'KTX 101' ⇨ 'KTX 001'

고속열차는 물론 일반열차와 화물열차, 전철 등 매일 운행에 나서는 기차에는 '열차번호'가 붙습니다. 코레일과 SR 등 철도운영사가 부여하는 열차번호에는 여러 정보가 담겨 있는데요.

이 가운데 코레일을 보면 열차 종류에 따라 사용하는 숫자의 자릿수와 번호 대가 다릅니다. 특히 고속열차의 경우 2004년 경부고속철도 개통 이후 호남선과 전라선·강릉선 등을 거치면서 세 자리 숫자를 사용했고, 2021년 초까지 101~899번을 썼습니다.

서울~부산을 오가는 경부선 고속열차는 101~174번을 사용했고, 경부선이지만 고속선로가 아닌 예전의 경부선 철도를 경유해서 부산까지는 가는 KTX에는 따로 번호가 붙었는데요.

영등포와 수원을 거쳐서 가는 경부선 KTX에는 231~238번이 부여됐고, 밀양과 구포 경유 KTX는 251~262번을 사용했습니다. 서울에서 마산, 진주로 가는 경전선은 401~424번까지를 붙였고요. 광주와 목포행 호남선은 500번대의 번호를, 여수엑스포로 가는 전라선은 700

KTX-이음 개통으로 열차번호가 크게 바뀌었다.

번대 번호를 썼습니다. 또 2017년 말 개통한 강릉선 KTX는 800번대를 부여했습니다.

이렇게 보면 KTX 101은 경부선을 오가는 고속열차라는 의미인 데다 1번이기 때문에 국내에서 운행하는 여객열차 가운데 '제1열차'라는 지위도 갖는다는 것을 알 수 있는데요. KTX가 개통하기 전에는 서울에서 부산으로 가는 새마을호 첫차가 제1열차의 지위를 누렸다고 합니다. 코레일의 배은선 철도박물관장이 출간한 《기차가 온다》(도서출판 지성사)에 따르면 광복 이전에는 대륙으로 향하는 가장 상징적인 열차가 제1열차의 영광을 차지했다고 하네요.

그런데 2021년 초 중앙선에서 시속 250㎞대의 준고속열차인 'KTX-이음'이 운행을 시작하면서 이 번호 체계가 확 바뀌었습니다.

그동안 사용하지 않았던 001~100번까지 번호를 쓰고, 행선지별로 대표되던 앞자리 번호도 모두 변경된 겁니다. 코레일 관계자는 "중앙선에서 KTX-이음이 운행하고, 이어서 중부내륙선도 개통 예정이다 보니 기존 번호 체계로는 사용 가능한 번호 대가 없어서 전면 개편하게 됐다"라고 설명합니다.

이에 따라 경부선은 기존선 경유 열차를 포함해서 001에서 200번까지 부여합니다. 또 서울에서 마산·진주로 가는 KTX는 기존 400번대가 아닌 201~230번과 281~290번을 사용합니다. 역시 400번대였던 서울~포항 노선은 231~260번, 291~300번까지 번호가 붙습니다. 대신 400번대는 호남선에 부여되는데 401번에서 500번까지를 씁니다. 전라선은 501번에서 600번까지 사용합니다. 전라선이 쓰던 700번대 번호는 중앙선과 중부내륙선에 붙는데요.

청량리~안동 노선은 701~730번과 781~800번을 부여하고, 부발~충주 노선은 731~750을 씁니다. 강릉선은 종전대로 801번에서 900번까지를 사용합니다. 이처럼 번호 체계가 바뀌면서 1호 열차의 번호도 'KTX 101'에서 'KTX 001'로 변경됐습니다.

참고로 수서역에서 부산과 목포를 오가는 수서고속열차인 SRT도 KTX와 마찬가지로 세 자리 숫자를 사용하는데요. KTX가 사용하지 않는 번호 대를 활용해 경부선(수서~부산)은 301~380번까지를 씁니다. 호남선은 종착역에 따라 수서~광주송정은 601~622번을, 수서~목포는 651~668번을 붙입니다. 평일에 1회씩 동탄에서 수서까지 운행하는 출근열차는 690번입니다.

일반열차도 2022년 1월부터 번호를 바꿨는데요. 가장 고급인 ITX-새마을호는 1001~1100번이 부여됐습니다. 무궁화호(누리로)

는 1201~2000번까지를 사용합니다. 또 서울과 춘천을 주로 오가는 ITX-청춘에는 2001~2500번까지가 배정되어 있다네요. 통근 열차는 2701~2800번까지 사용 가능합니다. ITX-새마을과 무궁화호 역시 노선에 따라서 번호를 달리 구분합니다. 예를 들어 ITX-새마을은 경부·경전선에선 1001~1050번을 사용하고 호남선은 1061~1080번, 전라선은 1081~1100번을 씁니다. 무궁화도 경부선은 1201~1400번을, 호남선은 1401~1500번대를 부여받는다고 합니다.

그리고 열차번호가 홀수이면 하행이고, 짝수이면 서울로 향하는 상행을 의미합니다. 또 열차 시간표는 하행열차를 먼저 게재한 뒤 상행열차를 적는다고 합니다. 이 같은 열차번호의 의미와 새로 변경된 사항을 알고 있으면 복잡한 역에서 자신이 타야 할 기차를 혼동하는 일이 훨씬 줄어들 수 있을 겁니다.

실제로 열차 운행이 지연되다 보면 자신이 기다리던 열차의 출발시각에 다른 기차가 해당 플랫폼에 들어오는 일이 종종 있는데요. 이때 열차번호만 꼼꼼히 확인해도 열차를 잘못 타는 일은 피할 듯합니다.

# 16

# 40년 전 등장한 지하철 경로석,
## 당시에도 '어린 학생들이 자리 차지' 갈등

'노약자 보호석' '노약자 지정석' '경로석' '교통약자석'

명칭은 조금씩 달라졌지만, 모두 노인과 장애인 등 교통약자를 배려하기 위해 마련된 지하철과 시내버스의 지정 좌석을 의미하는데요. 우리나라 지하철과 시내버스에 노약자석이 공식적으로 처음 등장한 건 1980년입니다. 지하철이 먼저인데요. 1980년 8월 20일 서울시는 지하철 전동차의 오른쪽 및 왼쪽 끝 좌석 각 3개씩을 노약자 지정석으로 정했다고 합니다. 서울지하철 2호선은 개통 전이니 1호선에 처음 생긴 겁니다.

서울시가 노약자석을 지정한 건 당시 경로우대를 강조하던 사회 분위기와 관련이 깊다고 하는데요. 1979년 진의종 보건사회부 장관이 경로효친을 거론하며 경로우대석 지정과 경로우대 제도 시행을 추진했다는 얘기도 있습니다. 시내버스는 지하철보다 4개월가량 늦은 12월 5일에 공식으로 '경로석'이 설치됐는데요. 이보다 앞서 버스 회사별로 일부 운영하던 경로석을 공식화한 것으로 보입니다.

일반열차에는 1년여 빠른 1979년에 '노약자 보호석'이라는 제도가

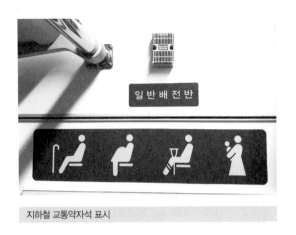
지하철 교통약자석 표시

도입됐는데요. 당시 철도청이 마련한 제도로 별도의 좌석 지정이 없는 보통열차 이하에 '노약자 보호석' 여덟 자리를 마련해 노인과 어린이들에게 편의를 제공해주는 방식이었습니다.

이처럼 좋은 취지로 만든 자리지만 이를 둘러싼 갈등도 적지 않았는데요. 1980년대 초반 신문에 실린 '독자의 소리'를 보면 이런 내용이 나옵니다.

"시내버스의 운전사석 뒤쪽에 '경로석'이라는 표지 세 쪽이 붙어 있는 것을 보았다. 그러나 그 세 자리에는 모두 10대 소녀들이 앉아 있었으므로, '경로석'의 뜻이 뭐냐고 물어보았더니 모른다고 대답한다. (중략) 만에 하나라도 이 아가씨들이 '경로석'의 참뜻을 몰랐다면, 우리나라의 2세 교육에 문제점이 있었다고 보겠고, 그 뜻을 알고도 시치미를 뗐다면 순수해야 할 젊은이들의 공중 도덕심에 문제가 있다고 하겠다."

철도청이 도입한 '노약자 보호석'에도 역시 불만이 나왔는데요. 신문에 실린 내용입니다.

"노약자 보호석엔 홍익회 판매원이 앉아 술잔을 나누고 있었습니다.

옆에 한 노파가 서 있었지만 아랑곳하지 않았습니다. (중략) 어느 날 6순 할머니가 발을 절며 승객들로 가득 찬 열차에 발을 들여놓고는 차상에게 좌석을 마련해달라고 했으나 못 들은 체 그대로 지나쳐버리는 것을 보았습니다. 철도 당국의 맹성을 촉구합니다."

이렇게 보면 지하철과 시내버스의 노약자석을 둘러싼 세대 갈등이 거의 40년 전부터 이어져 온 셈입니다. 아니, 어쩌면 더 심각해지고 있다는 게 맞는 말일 텐데요. 이런 갈등은 특히 지하철에서 더 잦습니다. 아마도 65세 이상 노인들은 지하철을 무료로 이용할 수 있기 때문에 그만큼 '노인들의 지하철 이용이 많아서일 겁니다.

참고로 노인들에게 대중교통 요금을 면제 또는 할인해주는 등의 경로우대 제도는 1980년 5월 8일에 처음 시행됐습니다. 당시에는 70세 이상 노인이 대상이었는데요. 교통요금은 물론 목욕료, 이발비까지 할인해줬습니다. 그리고 2년 뒤인 1982년에 대상을 만 65세 이상 노인으로 확대했고, 교통요금 할인이나 면제는 그 틀이 지금까지 유지되고 있는 겁니다.

실제로 낮 시간에 지하철을 타보면 노인 승객이 상당히 많다는 걸 확인할 수 있는데요. 교통약자석은 이미 꽉 차 있고, 다른 일반 좌석에도 노인들의 모습이 꽤 많이 보입니다. 물론 자리를 잡지 못해 서 있는 노인 역시 적지 않습니다.

그러다 보니 자리를 둘러싼 세대 갈등이 종종 일어납니다. 자리 양보를 강요하는 노인과 이에 항의하는 젊은 층의 다툼 말입니다. 때론 물리력이 동원되기도 하죠. 갈수록 심각해지는 고령화로 인해 이런 현상은 더 악화될 것으로 예상됩니다. 65세 이상 노인의 비중이 2030년에는 20%를 훌쩍 넘을 거란 전망이 나오는데요. 초고령화 사회 진입이

멀지 않은 겁니다.

그래서 지하철의 긴 좌석이 노약자석이고, 양 끝의 세 자리가 일반석인 상황을 가상으로 표현한 공익광고까지 등장하기도 했습니다. 게다가 요즘엔 임산부 배려석을 둘러싼 새로운 '젠더 대결(성 대결)' 양상까지 벌어지고 있는데요. 임산부 배려석은 2013년에 서울 지하철에 처음 도입됐고, 2016년 전 노선으로 확대됐습니다.

핑크색으로 좌석을 명확하게 구별해놓고, 안내 스티커도 붙여놓았지만, 아직도 무신경하게 자리를 차지하는 승객들이 적지 않은데요. 특히 이 자리에 앉아 있는 남성들의 사진을 찍어 지하철 운영기관에 고발(?)하는 사례들도 있다고 합니다. 반대로 임산부 배려석에 일부러 앉아서는 약간 비만한 여성 승객이 타면 임산부로 착각한 것처럼 자리를 양보해 골탕을 먹이는 사례가 온라인에 소개되기도 하는데요.

몇 년 전에는 누군가가 교통약자석에 표기된 임산부 그림에 'X' 표시를 해놓아 논란이 된 적이 있었습니다. 임산부는 교통약자가 아니라는 '비상식적'인 주장을 하기 위한 것으로 추정되는데요. 저출산 고령화 사회에서 임산부들을 배려하기 위해 마련한 자리가 젠더 대결을 유발하는 서글픈 상황이 발생하고 있는 겁니다.

외국에서도 노인이나 장애인들을 배려하기 위한 '교통약자석'을 많이 운영합니다. 하지만 우리처럼 상당히 엄격(?)하게 자리의 주인을 따지고 충돌하는 현상은 그리 많지 않다고 하는데요.

좋은 취지로 마련한 자리가 제대로 효과를 발휘할 수 있도록 서로 조금씩 더 배려하고 양보하는 자세가 절실해 보입니다.

# 에스컬레이터 한 줄 서기 vs 두 줄 서기,
## 싸움 부르는 이 문제의 답은?

회사원 김 모(44) 씨는 서울 시내 지하철역에서 에스컬레이터를 이용하다 다른 사람과 말다툼을 벌인 기억이 있습니다. 약속 시간이 빠듯해서 에스컬레이터의 왼쪽으로 걸어 올라가던 중 40대 남성이 막고 서 있어 비켜달라고 요구했지만 이 남성이 응하지 않으면서 갈등을 빚은 건데요.

"바쁜 사람을 위해서 오른쪽에 한 줄로 서면 좋지 않냐"는 김 씨의 요구에 이 남성은 "안전을 위해 서서 올라가는데 왜 비켜줘야 하느냐"며 항의했습니다. 사실 이런 갈등은 지하철역 에스컬레이터 곳곳에서 흔히 벌어지고 있습니다. 쉽게 말하면 '한 줄 서기'와 '두 줄 서기'가 여전히 충돌하고 있는데요.

이런 현상의 시작은 2007년으로 거슬러 올라갑니다. 정부 차원에서 '두 줄 서기' 캠페인을 시작한 시점인데요. 앞서 대세는 '한 줄 서기'였습니다. 2002년 한일 월드컵을 앞두고 1990년대 후반 한 시민단체를 중심으로 '바쁜 사람을 배려하자'라는 취지로 한 줄 서기 운동을 시작한 겁니다. 가까운 일본을 비롯해 홍콩, 대만, 캐나다, 유럽 등 많은 나

공항철도역에 설치된 에스컬레이터

라에서 한 줄 서기를 하는 게 참고가 됐습니다.

일본 등 선진국에서는 어린이를 동반하거나 노약자를 부축한 경우처럼 예외적인 상황을 제외하고는 모두 한 줄 서기가 생활화되어 있습니다. 당시까지만 해도 국내 지하철역에는 에스컬레이터도 그리 많지 않았고, 이렇다 할 통행 방식도 없었습니다. 그런 상황에서 한 줄 서기 운동이 시작되자 많은 지하철 이용객이 자연스럽게 참여하게 된 건데요.

하지만 2007년 정부가 "한 줄 서기로 인해 에스컬레이터 사고와 고장이 늘고 있다"며 '두 줄 서기' 캠페인을 들고 나오면서 상황이 복잡해졌습니다. 서울 메트로 등 지하철 운영기관들이 일제히 두 줄 서기를 주창했지만 이미 한 줄 서기에 익숙해진 시민들이 잘 호응하지 않았기 때문입니다.

그러다 보니 계속 한 줄 서기를 원하는 시민들과 두 줄 서기에 동참하려는 시민 사이에 충돌이 잦아진 겁니다. 그리고 정부 측 주장처럼 한 줄 서기 때문에 에스컬레이터 사고가 늘었는지를 두고도 논란이 적지 않았습니다.

실제로 2000년부터 2008년 8월까지 한국승강기안전관리원(현 한국승강기안전공단)에 보고된 지하철역 에스컬레이터 사고 125건을 분석했는데요. 2004년 3건이던 사고는 2005년 15건으로 늘었고, 2006년과 2007년에는 각각 31건씩으로 급증했습니다.

이렇게만 보면 정부 주장이 설득력이 있어 보이지만 더 자세히 들여다보면 얘기는 달라집니다. 관리원 측은 사고 증가의 주된 원인으로 ▷2005년 7월 승강기 관련법 개정에 따른 사고 신고 의무화 ▷2003년 이후 에스컬레이터 설치 대수 증가를 꼽았습니다. 한 줄 서기 탓에 사고가 늘었다는 정부 주장과는 다른 분석인데요.

사고 유형별로도 '서 있다가 넘어짐'이 87건으로 가장 많았습니다. 손잡이를 잡지 않고 서 있다가 중심을 잃고 넘어진 사고인 겁니다. 반면 '한 줄 서기로 인해 걸어가다가 넘어진 사고'는 10.4%인 13건에 불과했는데요. 이런 내용이 알려지면서 두 줄 서기 캠페인의 근거를 두고 갑론을박도 적지 않았습니다.

정부가 두 줄 서기 캠페인을 도입한 지 8년이 지난 2015년 7월에는 흥미로운 여론조사 결과도 나왔는데요. 한 방송사가 여론조사 전문기관에 의뢰해서 에스컬레이터 줄 서기에 관련된 조사를 했는데, 10명 중 6명이 한 줄 서기를 선호한다는 거였습니다.

실제로 지하철 에스컬레이터를 탈 때 '한 줄 서기를 한다'는 의견이 65.5%로 두 줄 서기(34.5%)의 2배 가까이 됐습니다. 8년간 정부와 지하철 운영기관들이 적극적으로 두 줄 서기를 외쳤지만 이미 한 줄 서기에 익숙한 시민들이 쉽게 방향을 바꾸지 않았던 것입니다.

결국 그해 9월 정부는 공식적으로 두 줄 서기 캠페인 중단을 선언합니다. 한 줄 서기를 선호하는 여론이 적지 않고, 한 줄 서기가 에스컬레이터 관련 사고의 직접적인 원인이 된다는 근거가 없다는 이유에서인데요. 게다가 외국에서도 줄 서기 방법 자체를 캠페인으로 삼는 사례가 없다는 점도 참고가 됐습니다. 그러면서 정부는 ▷손잡이 잡기 ▷걷거나 뛰지 않기 ▷안전선 안에 타기 등 안전 수칙만 강조하기로 했습니다.

그런데 안전 수칙이 모호합니다. 두 줄 서기는 공식적으로 중단했지만, 에스컬레이터에서 걷지 말라는 수칙은 사실상 두 줄 서기와 마찬가지이기 때문인데요. 섣부른 두 줄 서기 캠페인 도입으로 혼란을 부추긴 정부가 뒤늦게 발을 빼면서 논란의 소지를 그대로 남겨둔 겁니다. 이 때문에 두 줄 서기 홍보 문구는 사라졌지만, 여전히 현장에서는 한 줄 서기와 두 줄 서기의 갈등과 혼란이 빚어지고 있습니다.

많은 선진국처럼 시민들이 실제로 경험하며 가장 효율적이라고 공감해서 한 줄 서기를 선택한 과정이 우리에게는 없었기 때문인데요. 한 줄 서기는 시민단체의 운동에서 시작됐고, 두 줄 서기는 정부의 캠페인으로 등장했습니다.

아마 앞으로도 적지 않은 시간 동안 현장에서는 한 줄 서기와 두 줄 서기를 두고 충돌이 이어질 겁니다. 하지만 이 과정을 통해 시민들이 가장 효과적이면서도 안전한 방식에 대한 공감대를 널리 형성할 것으로 기대합니다. 그리고 이런 수순에서 정부는 더는 개입하지 않아야 할 것입니다. 섣부른 개입은 해결보다는 혼란만 부추길 뿐일 테니까요.◀

# 18

# 1호선과 KTX는 좌측통행, 2호선은 우측통행
## 그러면 4호선은?

퀴즈입니다. 다음 노선들은 열차가 어느 방향으로 운행할까요? 참고로 자동차는 우측통행입니다.

1. 서울지하철 1호선
   ① 좌측통행   ② 우측통행

2. 서울지하철 2호선
   ① 좌측통행   ② 우측통행

3. 부산, 대구 등 지방 도시철도
   ① 좌측통행   ② 우측통행

4. KTX, 새마을호 등 일반열차
   ① 좌측통행   ② 우측통행

5. 서울지하철 4호선
　　① 좌측통행　② 우측통행

　　모두 풀었나요? 평소 지하철이나 열차를 자주 이용하는 분이라면 쉽게(?) 맞출 수 있지 않을까 싶은데요. 1번은 '좌측통행', 2번은 '우측통행', 3번 '우측통행', 4번은 '좌측통행'이 정답입니다. 그럼 5번은 어떨까요? '둘 다'가 정답입니다. 왜 그러냐고요?

　　그 설명을 하려면 먼저 우리나라 철도의 시작을 살펴봐야 합니다. 국내 철도는 일제강점기 시절을 거치며 일본의 영향을 크게 받았습니다. 앞서 일본은 영국의 영향으로 자동차와 열차의 통행 방식이 좌측통행이었습니다. 그러다 보니 우리나라 철도도 좌측통행 방식으로 건설된 겁니다.

　　코레일이 운영하는 새마을호, 무궁화호는 물론 KTX도 좌측통행을 기본으로 하고 있습니다. 코레일이 담당하는 수도권 전철인 안산선, 분당선 등도 마찬가지입니다. 단, KTX는 전용 고속선로에서는 상황에 따라 통행 방향을 바꿀 수도 있다고 하네요.

　　외국에서도 철도를 도입할 때 어떤 나라의 영향을 받았느냐에 따라 운행 방식이 다르다고 합니다. 영국 · 일본 · 이탈리아 등은 좌측통행, 미국 · 독일 · 노르웨이 등은 우측통행입니다.

　　지하철은 좀 복잡한데요. 서울은 물론 대구, 부산 등의 도시철도 가운데 유일하게 서울지하철 1호선만 좌측통행입니다. 1974년에 개통된 1호선은 각각 인천과 부산을 잇는 경인선 · 경부선과 연결해서 운영해야 하기 때문에 그에 맞춰 좌측통행 방식으로 건설된 겁니다. 1호선은 지금도 서울교통공사(서울메트로+도시철도공사)와 코레일이 함께 운영하

좌측통행을 하고 있는 KTX                                        출차: 코레일

고 있습니다.

　그러다 1984년에 완전 개통된 서울지하철 2호선부터는 우측통행 방식이 도입됐습니다. 광복 이후 미국의 영향을 많이 받으면서 자연스레 우측통행 방식이 적용된 건데요. 여기에는 2호선이 당시 철도청 구간과 연결 운행해야 할 필요가 없던 점도 고려됐다고 합니다. 이후 건설된 3호선과 5~9호선 모두 우측통행입니다. 지방의 도시철도 역시 우측통행이고요.

　그럼 4호선은 어떻게 된 거냐고요? 4호선은 당고개~오이도 구간을 말합니다. 1985년에 개통된 4호선은 상계~사당 구간이었습니다. 이후

상계에서 당고개까지 연장한 것입니다. 이때까지는 우측통행이었습니다. 그런데 1994년 당시 철도청이 운영하던 안산선과 연결하면서 문제가 생겼습니다. 안산선이 좌측통행이었던 겁니다. 고심 끝에 특이한 방식의 해결책이 동원됐습니다. 이른바 '꽈배기 굴'입니다. 4호선 남태령역과 선바위역 사이에 입체 'X'자형 교차선로를 만든 건데요. 상·하행선 선로가 마주치지 않고, 위아래로 교차하기 때문에 '꽈배기 굴'로 부릅니다.

이렇게 교차하면서 선바위역 방면으로 가는 차량은 우측통행에서 좌측통행으로, 남태령역 방면으로 가는 열차는 좌측통행에서 우측통행으로 바뀝니다. 결론적으로 4호선은 '좌측+우측통행'이 정답인 겁니다.

이처럼 열차의 통행 방식은 철도법과 도시철도법에도 규정돼 있는데요. 국유철도는 좌측통행, 도시철도는 예외적인 경우를 제외하고는 우측통행으로 적혀 있습니다. 그런데 사실 한 나라 안에서 열차 통행 방식이 우리처럼 극명하게 다른 경우는 이례적이라고 합니다. 열차 통행 방식이 이렇게 다르면 연결·직결 운행을 하기도 어렵습니다.

하지만 이걸 다시 일치시키기는 사실상 불가능한 상황이라고 하네요. 운행 방향을 하나로 통일하려면 각종 시설과 신호 시스템을 뜯어고쳐야 하기 때문에 시간과 비용이 막대하게 소모되기 때문입니다. 철도 전문가는 "사실 이용객에게도 혼란을 주고, 열차 운행기관들 사이에서도 문제가 생길 수 있는 상황이긴 하지만 비용 부담 등의 문제 때문에 거의 손을 대지 못하고 있다"라고 설명합니다. 일제강점기의 상흔이 철도에 고스란히 남아 있는 겁니다.

# 19

# 열차 운행 모두 끝난 심야에 움직이는 '노란색' 기차의 정체는?

KTX와 ITX-새마을 같은 열차 운행이 끝나는 깊은 밤에 더 바빠지는 곳이 있습니다. 우선 차량을 점검하고 고장 난 부분을 수리하는 차량기지가 분주하게 움직이기 시작하는데요.

그에 못지않게 열차가 다니는 선로의 이상 여부를 확인하고 복구하는 지역별 시설 사업소들도 꽤나 바빠집니다. 이들 사업소에서는 선로 정비와 보수를 위해 다양한 특수기차, 즉 보선 장비를 보유하고 있는데요. 열차나 전철을 타고 영등포역, 용산역 등 주요 역을 지나다 보면 가장자리 선로에 세워져 있는 노란색으로 칠해진 독특한 모양의 기차를 볼 수 있습니다. 이 기차들이 대부분 보선 장비입니다.

코레일에 따르면 선로 정비를 담당하는 조직은 지역별로 나뉘어 있고, 보유하고 있는 장비도 여러 가지인데요. 최근 영등포역 인근에 있는 코레일 수도권서부본부 영등포시설사업소를 방문했습니다. 관할 구역 내에 있는 경부선과 경인선 일반철도의 유지보수를 담당하고 있는데요.

사업소 관계자는 "보선 작업을 하는 인력은 2개 조로 나눠 격일제로 오후 3시에 출근해서 다음 날 오전 7시에 퇴근한다. 모든 열차 운행이 끝나는 새벽 1시 반 이후에 본격적인 작업에 나선다"고 소개합니다.

작업을 할 때는 보선 장비 한 대만 움직이는 게 아니라 각각의 기능을 가진 장비들이 한 팀으로 움직이는데요. 이곳에선 국내에 몇 안 되는 거대한 '멀티플 타이탬퍼MTT, Multiple Tie Tamper'를 보유하고 있습니다.

길이가 30m에 달하고 무게도 105톤이나 되는 이 장비는 궤도 비틀림이나 휘어짐 등을 잡고 주변을 다져주는 역할을 합니다. 양 방향으로 움직일 수 있으며, 기차 중앙에 있는 조작실에서 작업을 진행합니다. 휘어지거나 비틀어진 선로를 침목과 함께 들어 올리고 그 주변을 다져서 정상 상태로 만들어준다고 하는데요. 오스트리아 플라서 앤 토이러 사에서 제작한 장비로 가격은 63억 원에 달합니다.

궤도의 비틀림을 잡아주는 멀티플 타이탬퍼

사업소 관계자는 "MTT는 한 번에 침목 3장을 다질 수 있어 다른 장비에 비해 작업량이 월등하다. 제작사에서 밝힌 작업 속도는 시간당 2km이지만 실제로는 신호 시설물 등 장애 요인이 많아서 시간당 500m가량 작업한다"고 말합니다.

이 사업소에는 비슷한 역할을 하는 또 다른 장비가 있는데요. '스팟 멀티플 타이탬퍼Spot Multiple Tie Tamper'입니다. MTT와 역할은 같지만, 체구나 기능이 작다고 해서 '주니어 MTT'라고 부르는데요. 이 주니어 MTT는 한 번에 1장의 침목만 다질 수 있습니다. 길이는 20m가 조금 안 되고, 가격은 20억 원 정도입니다.

이들 MTT가 궤도를 정비하고 나면 '밸러스트 레귤레이터Ballast Regulator'가 뒤따라오면서 선로 변에 흩어져 있는 자갈을 정리하는데요. 자갈을 고르게 밀어서 자갈 도상의 단면을 규격대로 유지해주는 겁니다. 참고로 밸러스트는 철도나 도로의 바닥을 단단히 다지기 위해 까는 자갈을 말합니다.

이어서 '밸러스트 콤팩터Ballast Compactor'나 '궤도 안정기'가 최종 작업을 하는데요. 밸러스트 콤팩터는 레일의 침목 사이나 도상 어깨의 표면을 다지는

선로 변의 자갈을 정리해주는 밸러스트 레귤레이터

장비로 침목을 도상에 단단히 붙어 있게 해 저항력을 키워주는 기능을 합니다. 궤도안정기는 직접 때려서 다지는 대신 강한 진동을 줘서 도상을 다지는 방식인데요. 강한 진동이 가해지면 조금씩 비어 있던 틈새로 자갈이 채워지면서 도상이 더 단단해지고 궤도도 안정된다는 설명입니다.

이렇게 열차 운행에 따라 발생하는 궤도 틀림을 보수하는 작업을 1종 작업이라고 구분합니다. 2종 작업은 1종 작업 외에 선로에 깔린 자갈의 불순물을 걸러내고 바꿔주는 이른바 '자갈치기'가 더 포함된다고 하는데요.

자갈 도상의 경우 자갈이 마모되면 보수 효과가 떨어지고 저항력도 약해져 이상이 발생할 수 있습니다. 그래서 일정 정도 이상 자갈이 마모되면 아예 자갈을 새로 바꿔주게 되는데요.

이 역할을 하는 장비가 '밸러스트 클리너Ballast Cleaner'입니다. 도상에 있는 자갈을 끌어올려서 규격에 맞는 자갈은 재사용하고, 나머지 자갈과 토사 등은 뒤따르는 호퍼카에 실어서 따로 처리하는데요.

이렇게 되면 선로의 자갈이 부족해지기 때문에 뚜껑이 없는 화차에 싣고 온 자갈을 더 살포하게 됩니다. 이런 과정을 거친 뒤에는 밸러스트 레귤레이터로 흩어진 자갈을 다시 정리해주고, MTT와 궤도안정기가 마무리 작업을 하게 됩니다. 사업소 관계자는 "2종 작업은 관할사업소별로 요청을 취합해 연말에 다음 해의 연간 작업계획을 수립한다. 여건상 모든 요청을 다 수용하기는 어려워서 일반적으로 순차적으로 작업한다"고 말합니다.

이러한 작업에 앞서 선로의 이상 유무를 확인하며 전국을 돌아다니는 기차들이 있는데요. 궤도의 틀림 여부를 확인하는 '궤도 검측차', 레일 내부의 상태를 파악하는 '레일 탐상차', 레일 표면과 침목에 결함이 있는지 등을 검사하는 '선로 점검차'입니다.

이들이 선로를 누비고 다니다가 이상을 발견하면 정비 분야에 통보하고, 보선 작업이 진행됩니다. 물론 기관사가 열차를 운행하면서 선로에 이상을 느껴 직접 확인을 요청하는 경우도 있는데요. 이때는 현장 상황을 파악하고 당일 야간 작업을 통해 보수합니다. 그러나 사정이 여의치 않을 때는 해당 선로 주변에서는 서행하도록 임시로 조치하고, 보수가 끝난 뒤 다시 원래 속도로 복귀시킨다고 하네요.

이런 보선 작업 외에도 전차선을 유지 보수하는 장비 등 철도 안전을 위한 특수 장비들은 종류도 다양한데요. 안전하고 편안한 철도 여행의 이면에 이런 부단한 노력과 장비들이 존재한다는 사실을 기억했으면 합니다. ◀

# 20

# 서울지하철 노선 사방으로 늘린다는데,
## 유지·보수에는 '빨간등'

⌄

수도권 주민들로서는 서울지하철 노선이 자신들이 사는 지역까지 연장되면 교통이 한결 편리해지는 효과가 있습니다. 그래서 노선 연장을 요구하는 목소리가 곳곳에서 나오고 있는데요.

실제로 노선 연장이 추진되는 지역도 많습니다. 서울지하철 4호선은 당고개에서 진접(경기도 남양주)까지 14.8km를 더 늘리는 공사가 진행되고 있는데요. 이르면 2021년 즈음 개통할 예정입니다. 5호선도 종점인 상일동에서 경기도 하남까지 7.8km의 연장 공사가 이뤄지고 있습니다. 예정대로 공사가 2020년 내에 완료되면 5개 역이 더 생기게 됩니다.

2018년 말 정부가 발표한 '3기 신도시 개발과 수도권 광역교통 개선대책'에도 서울지하철 노선을 연장하는 방안이 여럿 들어 있는데요. 우선 현재 오금역에서 끝나는 3호선을 하남까지 10km 더 늘이겠다는 계획이 있습니다. 덕풍역 등 4개 역이 신설될 예정이라고 합니다.

이미 암사~별내신도시(경기도 남양주) 사이 12.9km의 연장 공사가 진행 중인 8호선도 추가 연장 계획이 발표됐는데요. 별내에서 진접까지 3km를 더 연결하겠다는 내용입니다. 이런 계획들이 차질없이 추진

된다면 수도권의 교통 여건이 한결 나아질 것이라는 데는 별다른 이견이 없을 듯합니다. 하지만 이를 제대로 추진하려면 풀어야 할 숙세가 적지 않습니다.

우선 막대한 재원을 어떻게 조달할 것인가 하는 겁니다. 서울지하철은 일반적으로 1km당 사업비가 1,000억 원가량 드는 것으로 추정하는데요. 물론 지하가 아닌 지상으로 건설하면 이보다는 많이 줄어들 겁니다. 아무튼 10~20km가량을 연장하는 데는 조 단위의 돈이 필요한데요. 투자한 만큼 수요가 많이 나올지도 들여다봐야 하는 부분입니다.

또 무엇보다 중요한 문제가 바로 '안전관리'입니다. 안전한 지하철 운영을 위해서는 철저한 유지·보수가 필수인데요. 현장에선 노선 길이가 늘어날수록 유지·보수시간이 부족해지는 등 어려움이 커질 것이란 우려가 나오고 있습니다.

2018년 11월 대중교통포럼 주최로 열린 '도시철도 심야버스 운행 방안에 관한 세미나'에서 이와 관련한 중요한 내용이 발표됐는데요. 서울지하철의 경우 2002년 열차 운행시간이 자정에서 새벽 1시까지로 1시간 연장되면서 유지·보수에 어려움이 닥쳤습니다.

자정에 지하철 운행이 끝날 때는 단전 등 준비 과정과 점검용 특수차 이동시간 등을 고려해도 실제로 3시간가량 안전관리 작업이 가능했다고 하는데요. 하지만 새벽 1시까지 연장 운행을 하게 되면서 2시간으로 줄어든 겁니다. 실제 작업시간이 짧아진 만큼 안전관리에 비상이 걸린 건데요. 현재 계획대로 노선이 곳곳에서 연장되면 그 어려움은 더 커질 전망입니다.

서울지하철 4호선을 예로 들면 현재 남태령역~창동역 사이 구간을 ▷강남(남태령역~서울역) ▷도심(서울역~혜화역) ▷강북(혜화역~창동역)

등 3개 구간으로 나눠서 유지·보수를 하고 있는데요. 현재 강북 구간은 창동 차량기지에서 특수차가 출발해서 혜화역까지 가는 데 30분가량이 소요됩니다. 강남 구간은 남태령역에 특수차가 배치돼 있고, 도심 구간은 3호선 압구정역에 있는 특수차가 넘어와서 작업한다고 합니다.

그런데 4호선이 진접역까지 연장되고, 창동기지가 진접으로 옮겨지면 특수차 이동시간만 20분이 늘어난 50분이 됩니다. 왕복으로는 40분이 더 걸리는 셈인데요. 이렇게 되면 실제 작업시간이 기존 2시간에서 1시간 20분으로 줄어들게 되는 겁니다.

강남, 도심 등 다른 구간도 조정을 통해 점검 노선이 길어지기 때문에 사정은 마찬가지가 됩니다. 이 때문에 당시 세미나에서도 "작업시간 부족에 따른 점검 부실 및 안전사고 우려가 증가할 수 있다"는 지적이 나왔습니다. 그렇다고 지역 주민들의 노선 연장 요구를 외면할 수는 없을 텐데요. 지하철 노선대로 다니는 심야버스 운행과 유지·보수 투자 확대 같은 안전관리 강화 방안을 서둘러 마련해야 할 것 같습니다. ◀

# 21

# 지하철 끊긴 시간,
## 심야버스가 지하철로 변신한다면?

2018년 꽤 흥미로운 교통정책 아이디어가 제시됐습니다. 서울의 지하철 운행이 끊긴 시간에 그 지하철 노선 그대로 심야버스를 운행하자는 내용인데요. 이 아이디어는 서울교통공사에서 나왔습니다. 참고로 1~4호선을 운영하던 서울 메트로와 5~8호선을 달리던 도시철도공사가 통합한 조직이 서울교통공사입니다.

내용은 이렇습니다. 우선 지하철이 새벽 1시에 끊기면 오전 5시 30분에 운행을 다시 시작할 때까지 4시간 30분 동안 대중교통 서비스 공급이 상당 부분 위축됩니다. 일부 심야버스(올빼미 버스)와 택시 외에는 별다른 대체 수단이 없는데요.

그렇다면 지하철을 24시간 쉼 없이 운행하는 건 어떨까요? 미국 뉴욕의 지하철은 여러 노선에서 24시간 운영체제를 시행하고 있습니다. 운행 간격은 20분 정도라고 하는데요. 미국 보스턴도 유사합니다. 영국 런던과 독일 베를린에서는 일주일에 2회, 주로 주말에 24시간 지하철을 운행합니다. 운행 간격은 10~30분 정도입니다. 승객 입장에서는 24시간 운행이 편리하겠지만, 문제도 적지 않습니다.

무엇보다 차량과 선로 등을 유지·보수할 시간이 절대적으로 부족해지는 건데요. 안전과 직결된 문제여서 결코 타협할 수 없는 부분입니다. 실제로 뉴욕 지하철의 경우 시민단체NGO를 중심으로 유지·보수 등 안전을 위해 24시간 지하철 운행을 중지하고 버스로 대체하라는 권유가 나왔다고 합니다.

또 24시간 동안 운영을 담당할 인력과 비용 문제 역시 만만치 않은데요. 그래서 나온 대안이 이른바 '지하철 심야버스'입니다. 그 개념은 간단합니다.

지하철 운행이 끊긴 시간에 해당 지하철 노선 그대로 심야버스를 운행하는 겁니다. 정거장 역시 지하철역 부근이 되는데요. 이렇게 하면 사실상 지하철을 24시간 운영하는 것과 마찬가지 효과가 있다는 게 공사 설명입니다.

공사에서는 우선 지하철 2호선부터 1단계로 추진하는 방안을 계획하고 있습니다. 이후 2단계로 1~8호선 전체로 확대하겠다는 건데요. 지하철 2호선 노선을 달리는 심야버스는 거리 총 58.4km에 정거장 수는 약 40개 정도 됩니다.

자정부터 새벽 5시 30분까지 저상 전기버스 15대를 투입해서 20~30분 간격으로 운행하겠다는 구상인데요. 한 번 순환하는 데 2시간 20분 정도 소요될 것으로 보입니다. 요금은 현재 올빼미 버스와 같은 2,150원(교통카드 기준)을 받을 예정입니다. 공사 관계자는 "심야에 믿을 만한 대중교통 수단이 공급되면 새벽과 심야시간에 일하는 시민의 이동이 편리해지고, 야간 이동인구가 늘면서 전체적으로 지역 상권과 관광이 촉진되는 효과를 기대할 수 있다"고 말합니다.

하지만 걸림돌도 적지 않습니다. 우선 '지하철 심야버스' 운행 자체로는 적자를 면하기 어렵다는 건데요. 공사에 따르면 1단계로 2호선만 시행할 경우 수요는 하루 평균 2,400여 명 정도로 예상하고 있습니다. 이렇게 계산하면 운영 수입은 연간 15억 원가량이지만 초기 투자비와 운영비를 고려하면 매년 8억 원 가까이 적자가 난다고 하는데요.

물론 공사 차원의 복안은 있습니다. 2단계로 1~8호선 전 노선에 '지하철 심야버스'를 투입하고 6개월 뒤부터 지하철 운행시간을 지금보다 1시간을 줄이겠다는 겁니다. 이렇게 하면 2호선에서만 운영비와 공사비 절감액이 연간 25억 원이 넘는다고 하는데요. 지하철 심야버스 운행으로 인한 적자를 빼고도 17억 원 넘게 이익을 볼 수 있다는 계산이 나옵니다. 1~8호선 전체로 확대하면 연간 66억 원 이상 절감된다고 공사 측은 설명합니다. 또 유지ㆍ보수를 할 수 있는 시간이 그만큼 늘어나 안전 운행에도 큰 도움이 된다고 합니다.

하지만 현재보다 1시간 일찍 지하철 운행을 멈추는 것에 대한 시민의 반발도 적지 않을 것 같은데요. 실제로 2018년 초 서울 시민 2,600여 명을 대상으로 실시한 설문조사에서 61.7%가 '지하철 24시간 운행'에 찬성했습니다. 이런 상황에서 오히려 1시간을 줄이겠다는 계획을 실행하려면 꽤나 힘겨운 설득 작업이 필요할 것 같습니다.

또 기존 버스와 택시 업계 반발도 숙제입니다. 공사에서는 지하철 심야버스 운행을 기존 버스 업체에 위탁하는 방식으로 버스 업계의 반대를 무마하겠다는 생각인데요. 사실 새벽 시간에는 노선버스도 거의 운행을 안 하기 때문에 큰 마찰은 없을 듯합니다.

반면 택시 업계는 상황이 다른데요. 가뜩이나 승객이 줄고 있는 상황에서 심야버스가 더 운행될 경우 적지 않은 갈등이 예상됩니다. 공사 관계자는 "심야 이동인구와 단거리 이용자가 증가하면 전체 택시 승객

증가로 이어질 수 있다"고 설명합니다.

여러모로 쉽지 않은 숙제가 남아 있기는 하지만 지하철이 끊긴 심야 시간대에 안전하고 편리한 대중교통 수단이 공급된다면 서민의 삶에 큰 보탬이 되지 않을까 싶습니다.◀

# 지하철은 타기 편한데,
## KTX는 왜 계단을 올라야 할까

⌄

'50cm 대 113.5cm'

장거리 여행 때 주로 타는 일반열차와 출퇴근용으로 많이 이용하는 지하철의 플랫폼 높이를 비교한 수치입니다. 높이 50cm의 플랫폼은 고속열차인 KTX를 비롯해 ITX-새마을, 무궁화호 등 대부분의 열차를 타고 내릴 때 사용하는데요. 상대적으로 높이가 낮아서 '저상低床 홈'이라고 부릅니다. 홈은 '플랫폼Platform'에서 따온 말입니다. 반면 113.5cm의 전철용 플랫폼은 높다는 의미를 담아 '고상高床 홈'으로 칭합니다.

철도 역사에서 보면 저상홈이 먼저입니다. 1800년대 열차가 처음 등장하고 이후 전 세계적으로 보급되는 과정에서 도입됐다고 하는데요. 전 세계적으로 높이가 50~55cm 정도라고 합니다. 지금도 유럽 등 선진국에서는 저상홈을 많이 사용합니다. 물론 지하철역은 대부분 고상홈입니다.

그런데 여객 입장에서는 저상홈에서 일반열차를 타려면 플랫폼과 객실 바닥과의 높이 차이 탓에 계단을 두세 개 이상 올라가야 하는 번거

저상홈 이용을 위해 KTX에 설치된 계단

로움이 있는데요. 특히 노약자나 휠체어를 이용하는 장애인이라면 상당히 불편할 수밖에 없습니다.

그렇다면 고상홈은 언제 등장했을까요? 정확한 기록은 찾기 어렵지만, 외국의 대도시권에 통근용 전기철도(전철)가 도입되면서 고상홈이 시작됐다는 견해가 설득력이 있습니다.

참고로 국가철도공단에 문의해보니 영국은 1893년 리버풀 전기철도가 최초 개통했고, 일본 도시철도는 1927년 도쿄에서 첫 선을 보였다고 하는데요. 아마도 이때 고상홈이 처음 사용된 것 아니냐는 추정이 나옵니다.

고상홈은 열차 바닥과 플랫폼의 높이가 같기 때문에 승하차가 상대적으로 쉽고 편합니다. 그만큼 타고 내리는 데 걸리는 시간이 적게 들어 출퇴근 때 많은 승객을 처리하는 데 용이하다는 게 장점입니다. 물론 휠체어를 탄 장애인이나 노약자가 탑승하기에도 훨씬 편리하고요. 국내에서도 서울지하철 1호선이 개통된 1974년에 고상홈이 처음 선을 보였는데요. 역시나 같은 이유입니다.

물론 고상홈에도 단점은 있습니다. 자칫 플랫폼에서 추락이라도 하면 높이가 높아 다시 올라오기 쉽지 않다는 겁니다. 이 때문에 만일의 사태를 대비해 승강장 밑에 별도 대피 공간을 두거나, 아예 추락을 막기 위해 스크린 도어를 설치하고 있습니다.

중국에서는 이런 장점들에 주목해서 고속열차 승강장을 고상홈으로 만들었습니다. 열차 출입문 역시 고상홈에 맞췄고요. 대만이나 일본도 고상홈이 많이 사용되고 있습니다.

우리나라는 왜 상대적으로 장점이 많은 고상홈을 일반열차에까지 확대하지 않을까요? 우선 열차 구조 때문입니다. 현재 운행 중인 KTX 등 대부분 열차는 저상홈에 맞게 설계되어 있습니다. 승·하차용 계단을 장착하고 있는 건데요. 이들 열차는 고상홈에서는 출입문 사용이 어렵습니다. 만약 고상홈을 이용하려면 상당한 비용을 들여 열차 구조를 모두 바꿔야 합니다. 또 기존 저상홈을 개조해 고상홈으로 만드는 것 역시 비용 문제 때문에 쉽지 않습니다.

그래서인지 저상홈이 많은 서유럽에서는 아예 출입문 높이를 크게 낮춘 저상열차를 만들어 운행하기도 합니다. 국내에서 운행 중인 저상버스와 비슷한 개념인데요. 하지만 열차 구조상 한 량에 출입문을 2개 이상 만들기 어렵다고 합니다. 이 때문에 대도시의 통근 인구를 감당하기에는 한계가 있다는 지적도 나오는데요. 우리 지하철은 출입문이 한 량에 4개입니다.

국내에서도 일반열차 중에 고상홈 전용으로 만든 사례가 있습니다. ITX-청춘인데요. 애초 경춘선 전철노선을 달리기 위해 고상홈 전용으로 출입문을 만들었습니다. 이 때문에 2017년 5월 서울(용산)~대전 간에 ITX-청춘을 투입할 때 난관이 있었는데요. 정차역 중에 고상홈이 없는 곳이 있기 때문이었습니다.

결국 이를 해결하기 위해 기존 저상홈 위에 ITX-청춘을 타고 내리기 위한 별도의 계단을 더 만들었습니다. 코레일이 이 과정에서 발암물질이 함유된 폐침목을 무단 사용했다가 물의를 빚기도 했습니다.

고상홈과 저상홈 모두를 활용할 수 있는 열차도 있습니다. '누리로'가 그 주인공인데요. 누리로는 현재 서울역과 신창역에서는 고상홈에 정차하고, 나머지 역에서는 저상홈을 이용한다고 하는데요. 저상홈에서는 출입문 쪽 바닥이 열리면서 그 아래로 계단이 나타납니다. 반면 고상홈에선 바닥을 닫아놓은 채 출입문만 열려서 전철과 마찬가지로 평면으로 타고 내릴 수 있습니다. 2020년 말 중앙선에 선보일 예정인 시속 260km대의 고속차량EMU도 누리로처럼 고상홈과 저상홈 겸용이라고 합니다.

여러 이유로 상당 기간 동안 저상홈 이용은 불가피할 것 같습니다. 다만 휠체어용 리프트를 보다 확대하는 등 교통 약자들이 저상홈에서도 열차를 편리하게 이용할 수 있도록 하는 보완책에 보다 신경 써야 할 것 같습니다. ◀

# 지구 5만 바퀴, 승객 300억 명
## 광역철도 46년 성적표

고속철도, 일반철도, 광역철도, 도시철도

우리나라의 철도를 기능별로 구분 짓는 큰 분류입니다. 고속철도는 열차가 주요 구간을 시속 200km 이상으로 주행하는 철도를 말하는데요. 흔히 KTX를 생각하면 시속 300km를 떠올리겠지만 국제적 기준은 시속 200km 이상이 고속철도로 간주됩니다.

일반철도는 고속철을 제외하고 ITX-새마을이나 무궁화호 등 일반열차가 다니는 철길을 생각하면 됩니다. 도시철도는 말 그대로 일정한 도시교통권역에서 도시 내의 원활한 교통을 위해 만들어진 철도인데요. 서울과 부산, 대전, 인천, 광주 등의 지하철이 대표적입니다.

광역철도는 법적 규정(대도시권 광역교통관리에 관한 특별법)에 따르면 둘 이상의 시·도에 걸쳐서 운행되는 도시철도 또는 철도로서 대통령령으로 정하는 요건에 해당하는 도시철도 또는 철도라고 되어 있습니다. 그런데 나름 규정이 명확한 다른 철도에 비해 광역철도는 사실 운영 측면에서 보면 그리 간단하지 않습니다. 운영상 광역철도로 간주하지만 실제로는 광역철도와 도시철도, 일반철도가 뒤섞여 있는 경우가 많기 때문입니다.

대표적인 것이 수도권전철 1호선인데요. 소요산~신창, 소요산~인천 등을 연결하는 총 길이 200.6km의 만만치 않은 연장입니다. 이 중에 소요산~신창만 따져도 166.7km나 되는데요. 서울~평양(195km) 간 거리에 조금 못 미치는 수준입니다.

수도권전철을 담당하는 코레일은 이 구간을 대부분 광역철도로 분류해서 운영하는데요. 서울교통공사가 담당하는 서울역~청량리역(1호선), 지축역~오금역(3호선), 당고개역~남태령역(4호선) 구간을 제외하면 모두 코레일 소관입니다.

여기서 법적 규정을 엄밀히 적용하면 코레일이 광역철도로 분류하는 구간 중 여러 곳이 사실상 광역철도가 아닌 경우가 생깁니다. 법적으로 광역철도는 해당 권역에 있는 철도인 데다 특정 지점을 중심으로 반지름이 40km이내여야 한다는 조건이 있는데요. 서울을 예로 들면 서울시청이나 강남역이 그 기준이 됩니다. 수도권전철 1호선을 여기에 대입하면 사실 전 구간이 광역철도에 해당할 수 없습니다. 예외적으로 일반철도나 도시철도 구간이 포함된 건데요.

국토교통부 관계자는 "법 규정에 들어맞지는 않지만 일반철도 구간에 일반 전동차를 넣어서 운영하는 경우 편의상 광역철도로 분류한다, 수도권 전철 1호선만 해도 법적으로 따지면 도시철도와 광역철도, 일반철도가 뒤섞여 있는 셈이다"라고 설명합니다.

국내에서 광역철도의 시작이라고 할 수 있는 건 1974년 8월에 개통한 수도권전철 1호선입니다. 서울역과 청량리역 사이 서울지하철 1호선과 경부선, 경원선, 경인선을 서로 연결해서 운행한 건데요.

이후 수도권 주변을 비롯한 광역철도는 괄목할 만한 성장을 합니다.

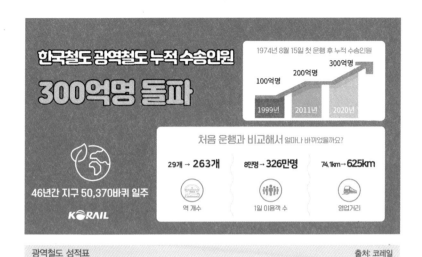

광역철도 성적표        출처: 코레일

무엇보다 광역철도 이용객이 급증했다는 건데요. 수도권전철 개통 당시 하루 평균 7만 8,000명에 불과했던 승객이 현재는 326만 명에 달합니다. 누적 승객도 1999년 100억 명 돌파에 이어 최근에는 300억 명을 넘어섰습니다. 광역철도 역도 초기 29개에서 현재는 263개로 급증했는데요. 1974년부터 최근까지 광역철도의 운행거리를 계산하면 지구를 5만 370바퀴나 돌 정도라고 합니다.

광역철도를 개별 노선별로 보면 수도권전철 1호선이 최장이지만 신창~소요산 구간은 직결이 안 되고 환승해야 하기 때문에 사실상 직결 운행으로 가장 긴 구간은 경의중앙선(문산~용문)입니다. 연장은 128km에 달합니다.

또 광역철도 역 중에서는 영등포역이 승차 인원이 가장 많다고 하는데요. 하루 평균 7만여 명에 달합니다. 물론 서울교통공사가 관할하는 도시철도 구간까지 합하면 수도권전철 1호선 중에서는 서울역이 승차

인원이 최다라고 합니다.

　이처럼 지난 46년간 운영기관의 노력 속에 많은 성장을 거듭한 광역철도이지만 사실 문제도 적지 않습니다. 무엇보다 운영 구간이 너무 길다는 건데요. 수도권전철 1호선만 해도 과거에는 온양온천의 경우 일반열차를 타고 가야 했지만 지금은 전동차(전철)가 다니는 상황이 됐습니다.

　경춘선이나 경의 · 중앙선도 마찬가지인데요. 예전에는 무궁화호 등 일반열차를 타고 다니던 구간이 광역철도로 편입돼 전동차가 운행하는 상황입니다. 일반철도가 광역철도로 바뀌면 전동차가 운영되고, 운행 간격도 상당히 줄어들고 교통비 부담도 감소하는 장점이 있습니다.

　그러다 보니 지역과 정치인들의 민원이 쏟아졌고, 광역철도도 점점 더 길어지게 된 겁니다. 하지만 운영기관 입장에선 반가운 상황은 아닙니다. 광역철도 연장이 길어지면 운행 간격을 맞추기 위해 더 많은 열차와 인력을 투입해야 하는 부담이 있습니다. 또 광역철도로 분류되다 보니 환승 할인도 적용돼 수입은 별로 늘지 않는데요. 승객, 그것도 지역 주민 입장에서는 광역철도의 확장이 반가울 수 있습니다. 그러나 무분별한 민원에 따른 확장은 운영기관에 상당한 부담을 안길 가능성이 높습니다. 앞으로 광역철도를 확장하는 논의에서는 이 같은 문제점을 고려한 합리적인 방안이 도출되길 기대해봅니다.

# 툭 하면 발 묶이는 제주,
# 해저 KTX 터널이 과연 답일까?

국내에서 겨울철에 눈과 강풍 탓에 큰 고초를 겪는 지역을 꼽으라고 하면 아마도 제주도가 빠지지 않을 겁니다. 폭설에 강풍이 겹치면서 가장 중요한 교통 수단인 항공의 발이 묶여 많은 관광객이 공항에서 노숙하는 사례가 적지 않았기 때문인데요. 오로지 항공기와 배로만 연결되는 제주도의 지리적 특성상 별다른 대안도 없었습니다.

이 때문에 10여 년 전부터 근본적인 해결책으로 오르내리는 방안이 '목포~제주 해저 KTX 터널'입니다. 호남선 KTX의 종착역인 목포에서 제주까지 167km 구간을 터널과 다리로 연결해 고속열차가 다니도록 하자는 겁니다. 이러면 항공기와 배가 뜨기 어려운 상황에도 안정적으로 육지와 제주를 연결할 수 있다는 설명입니다.

이 계획을 좀 더 세부적으로 보면 목포에서 해남까지 66km 구간은 지상 철도로, 해남에서 보길도는 28km 길이의 교량, 그리고 보길도에서 제주도까지는 73km 길이의 해저터널로 연결하게 됩니다.

예상 공사비는 17조 원가량이며 공사 기간은 10년이 조금 넘습니다. 열차 운행 속도는 KTX와 같은 시속 300km를 목표로 하고 있는데요.

터널이 완공되면 서울에서 제주도까지 약 2시간 30분, 목포에서 제주도까지는 40분 정도에 주파 가능하다고 합니다.

전남지역에서 특히 이 터널에 관심이 높습니다. 2007년 박준영 당시 전남도지사가 김태환 제주도지사와 공동으로 정부에 "해저터널을 국책 사업에 포함해달라"고 제안했습니다. 2016년에는 이낙연 당시 전남도지사가 대통령 주재 전국 시·도지사 간담회에서 이 계획을 국가철도망 구축계획에 반영해달라고 건의도 했습니다.

외부 기관에 타당성 용역조사도 맡겼는데요. 육지와 제주의 안정적인 연결과 함께 추자도, 보길도 등 전남도 내 관광 자원의 개발과 활성화를 동시에 고려한 것으로 해석됩니다.

하지만 수요가 제대로 나올지에 대한 우려가 큽니다. 평소 기상 상황이 좋을 경우 서울에서 제주까지 비행시간이 1시간가량인 점을 고려하면 KTX가 소요시간 면에서 크게 우위를 점하기 힘들다는 겁니다.

요금도 문제입니다. 현재 계획대로 해저터널을 민자 사업으로 추진할 경우 민자 사업자는 터널 통행료를 받아서 투자비를 회수해야 하는데요. 투자비 규모가 큰 만큼 통행료도 상당 수준이 될 가능성이 높습니다.

실제로 순수 민자 사업으로 150억 달러(약 18조 5,000억 원)를 투입해 건설된 영국~프랑스 사이 유로터널Euro Tunnel, 1994년 개통은 투자비를 통행료로 회수하고 있기 때문에 통행요금이 비쌉니다. 그 수준이 너무 부담스러워서 2013년 유럽연합EU이 통행료 인하를 공식 요구하는 상황까지 생겼는데요. 승객 부담이 갈수록 커지는 데다 비싼 요금 탓에 이용률도 떨어진다는 이유였습니다. 1988년 개통한 일본의 세이칸터널(혼슈~홋카이도오)도 상황은 별반 다르지 않습니다. 참고로 유로터널의 공식 명칭은 '채널터널Channel Tunnel'입니다.

이런 사례를 적용해보면 서울~제주 간 KTX 요금도 기존 서울~목포 요금에 터널 통행료까지 더해져 훨씬 비싸질 겁니다. 반면 서울~제주 항공요금은 시간대와 할인 여부에 따라 편도 기준으로 1만 원대 요금도 간혹 등장할 정도인데요. 저비용 항공이 늘어나면서 경쟁이 치열해진 덕분입니다. KTX가 소요시간 못지않게 가격 경쟁력 면에서 그리 우월하지 않다는 의미입니다.

지난 2012년 정부의 타당성 용역 결과, B/C(비용 대비 편익비율)가 0.71~0.78로 기준치인 1에 못 미치게 나온 것도 이러한 상황들이 영향을 미쳤다는 설명입니다. 게다가 추정 사업비는 17조 원가량이지만 본격적인 해저 지질 조사 등을 거치다 보면 사업비 규모가 더 늘어날

유로터널을 통해 파리와 런던 사이를 오가는 유로스타

여지도 적지 않습니다. 물론 민자 사업자에게 노선 주변의 관광지 개발권 같은 반대급부를 준다면 통행료 수준을 낮출 수도 있을 텐데요. 하지만 이 경우에는 특혜 시비와 환경 훼손 논란 등이 일어날 가능성이 커 실제로 추진하기에는 부담이 상당할 것으로 보입니다.

수요와 요금 문제 못지않게 큰 숙제가 안전입니다. 현재 계획대로라면 바다 밑으로 지나는 해저 구간만 73km로 세계에서 가장 깁니다. 영불해협을 가로지르는 유로터널은 총 길이는 50km지만 순수 해저 구간은 38km 정도이고, 세이칸터널도 54km 구간 중 해저 구간은 23km에 불과합니다. 해저 구간 길이로만 따지면 목포~제주 해저터널이 유로터널과 세이칸터널의 2~3배에 달하는 셈인데요.

통상 해저터널은 육상에 건설된 터널보다 위험성이 더 크다고 얘기합니다. 육상터널은 유사시 중간마다 설치된 비상 대피구를 통해 밖으로 나갈 수도 있는데요. 하지만 해저터널은 특성상 중간에 물 밖으로 나가는 탈출구를 달리 만들기 쉽지 않습니다. 내부에 비상 대피로를 만들기는 하지만 결국은 터널 양 끝으로 빠져나가야만 하는데요. 만에 하나 대형 화재 등이 발생한다면 적지 않은 피해가 날 수도 있습니다.

실제로 유로터널에서는 1996년과 2008년, 2012년 그리고 2015년에 화재 사고가 발생해 열차 운행이 전면 중단된 바 있습니다. 특히 2008년에는 인화성이 강한 페놀을 실은 트럭에서 불이 나 많은 부상자가 나오기도 했는데요. 유로터널에선 고속열차인 유로스타와 셔틀열차인 르셔틀이 운행하고 있으며, 르셔틀에는 자가용이나 트럭을 실을 수 있습니다.

그리고 철도도 기상 조건이 심하게 악화될 경우 제대로 운행을 못할 수 있습니다. 항상 다닐 수 있는 건 아니라는 얘기입니다. 또 한 가지 고려할 점이 제주 신공항 계획입니다. 현재 제주 성산 지역에 제2공항을 짓는 방안이 추진되고 있는데요. 지역 주민 반발로 어려움은 있지만, 계획이 원만하게 진행된다면 제주도는 기존 제주공항을 포함해 두 개의 공항을 갖게 됩니다. 이렇게 되면 두 공항 모두 폐쇄될 상황만 아니라면 어느 정도 여객 수송이 가능할 수 있습니다.

그래서 제2공항의 추진과 운영 상황, 효과를 본 뒤 해저터널을 논의해도 된다는 의견도 나옵니다. 둘 다 동시에 추진할 경우 자칫 과잉 또는 중복 투자 논란이 나올 수도 있기 때문인데요. 세계에서 가장 긴 해저터널 그리고 육지와 제주의 안정적인 연결은 그 자체로 매력적일 수 있습니다. 하지만 제기된 문제들을 하나하나 정교하게 검토하고 예상 효과를 따져본 뒤 추진 여부를 결정해도 늦지 않을 것 같습니다.◀

# 한국이 가입을 간절히 희망했던
## 국제철도협력기구

"서울·부산에서 열차 타고 시베리아횡단철도[TSR, Trans Siberian Railway]를 지나 유럽까지 달리자."

2000년대 초 남북 정상회담이 열린 이후 그동안 끊어졌던 경의선과 동해선 철도 연결 사업이 추진되면서 많이 나왔던 얘기입니다. 남북 간에 경의선·동해선 철도만 이어진다면 우리나라에서 열차를 타고 대륙철도를 지나 유럽까지 갈 수 있다는 의미인데요.

사실 남북 간에 합의만 된다면 철도 연결과 개량을 통해 시베리아횡단철도는 물론 중국횡단철도[TCR·Trans China Railway], 몽골횡단철도[TMGR·Trans Mongolian Railway], 만주횡단철도[TMR·Trans Manchuria Railway] 등을 이용해 유럽까지 가는 건 실현 가능성이 꽤나 높은 사안입니다. 현재도 러시아 블라디보스톡에서 시베리아횡단열차를 이용해 여행을 하고 있고, 화물 수송도 이뤄지고 있으니까요.

물론 우리 열차가 대륙 열차를 달리려면 몇 가지가 요구됩니다. 우선 우리나라 철도는 표준궤이고, 시베리아횡단철도나 몽골횡단철도는 폭이 넓은 광궤여서 두 철도가 만나는 지점에서 열차 바퀴를 바꾸는 '대차교환'을 해야 합니다.

또 언어나 신호 체계가 완진히 다른 구간에서는 우리 기관사가 계속 운행하기 어렵기 때문에 해당 국가의 기관사가 운행을 대신 맡거나, 아예 해당 국가의 기관차를 연결해 끌고 가는 등 국가 간 협력도 필요합니다. 북한 김정은 위원장이 열차를 이용해 중국을 방문했을 때 북한 열차에 중국 기관차를 연결해 운행한 것도 이 때문입니다.

그런데 우리 열차를 이용해서 대륙철도를 달리려면 한 가지 더 풀어야 할 숙제가 있었습니다. 바로 국제철도협력기구 OSJD, Organization for the Cooperation of Railways 가입인데요.

국제철도협력기구는 구소련 및 동구권 나라 사이에 국제철도협약을 맺기 위해 1956년 결성된 협력기구입니다. 그래서 국제철도협력기구에서 사용하는 공식 언어도 러시아와 중국어로 되어 있는데요. 단 국제관계 분야에서는 영어와 독일어도 사용합니다. 현재 러시아, 중국, 북한, 몽골, 체코, 헝가리, 폴란드 등 28개 국가가 정회원입니다.

참고로 서유럽권에는 국제철도수송정부간기구 OTIF, Intergovernmental Organisation for International Carriage by Rail 라는 철도협력기구가 따로 있습니다. 독일 · 영국 · 프랑스 · 스위스 · 이탈리아 등 49개국이 정회원이며, 러시아 · 폴란드 · 불가리아 등 국제철도협력기구 회원국도 여럿 가입해 있습니다.

국제철도협력기구는 대륙철도를 포함한 유라시아 철도 운송에 관한 제도와 운송협정 논의는 물론 기술 분야 협력 등 다양한 활동을 하고 있습니다. 이 기구에 가입하면 각 회원국과 개별 협정을 체결한 것과 마찬가지 효과를 거둘 수 있다고 하는데요. 특히 회원국은 여러 장이 아닌 한 개의 화물 운송장만으로 화물 수송이 가능하며, 이 운송장

2018년 베트남 다낭에서 열린 OSJD 사장단 회의

은 서유럽 국가에서도 사용이 가능하다고 합니다.

물론 이 같은 실질적 효과도 중요하지만, 무엇보다 정회원이 되면 대륙철도의 당당한 일원으로 자리매김할 수 있다는 상징성이 더 커 보이기도 합니다. 그래서 우리나라도 2000년대 초반 국제철도협력기구 가입을 추진했지만 실패했습니다. 그 뒤 별다른 움직임이 없다가 2014년에 코레일이 제휴회원으로 가입했는데요. 국제철도협력기구 제휴회원은 모두 44개국으로 사실 별다른 권한은 없습니다.

그래서 우리 정부는 2015년부터 2017년까지 세 차례 정회원 가입을 다시 시도했습니다. 하지만 번번이 무산됐는데요. 북한의 반대가 가장 컸습니다. 중국은 세 차례 모두 기권표를 던졌고요. 20여 개 국가 가운데 겨우 두 나라만 반대 또는 기권인데 왜 가입이 안 됐느냐고요?

사연은 이렇습니다. 국제철도협력기구는 최고의사결정기구로 회원국 장관들이 참석하는 '장관회의'를 두고 있으며, 그 아래 해당국의 대표 철도기관 CEO가 참석하는 '사장단 회의'가 있습니다. 신규 회원으로 가입하려면 이 두 회의를 모두 거쳐야 하는데요. 두 회의에서 신입 회원 가입은 '만장일치'로 결정됩니다. 한 나라라도 반대하면 가입이 거부되는 겁니다. 기권도 사실상 반대로 간주한다고 합니다.

사장단 회의에서 반대나 기권이 있으면 장관회의에서 통과될 가능성은 거의 '0(제로)'입니다. 2018년 4월 베트남 다낭에서 열린 국제철도협력기구 사장단 회의에서도 북한의 반대와 중국의 기권으로 정회원 가입이 사실상 무산됐는데요. 다행히 다른 국가들의 지지로 두 달 뒤 키르기스스탄에서 개최되는 국제철도협력기구 장관회의 의제로 채택이 됐습니다. 이례적인 일이었다는 평가인데요.

마침내 국제철도협력기구 장관회의에서 북한을 포함한 28개국 전원 찬성으로 정회원 가입에 극적으로 성공하게 됩니다. 대륙철도 체계의 당당한 구성원으로 자리매김을 한 건데요. 하지만 여전히 북한과의 관계가 유동적이어서 실질적인 효과는 보지 못하고 있습니다. 언젠가 그토록 희망했던 국제철도협력기구 정회원의 지위를 제대로 누리게 될 날이 있을 것이라고 기대해봅니다. ◀

**PART○03**

---

# 복잡한
## 도로 위 사연들

---

# "어, 저 빗살무늬는 뭐지?"
## 알면 쓸모 있는 도로 표시

운전을 하거나, 또는 택시나 버스를 타고 다니다 보면 도로 위에 정말 많은 표시가 뒤섞여 있다는 걸 알 수 있습니다. 실선과 점선, 파란 선 등 다양한 차선이 있고, 의미를 미처 다 알기 어려운 표시도 여럿 있는데요. 사실 운전을 하다 보면 이런 표시들을 무심코 지나치는 경우가 많습니다. 주로 신호등과 차선만 보고 운전하기 때문인데요. 하지만 도로 위에 그려진 표시들은 다 나름의 용도가 있습니다. 대표적인 것 몇 가지만 알아도 안전운전에 꽤 도움이 됩니다. 경찰청에서 만든 '교통노면표시 설치 · 관리 매뉴얼'에 적힌 여러 노면 표시 가운데 운전자가 알아두면 쓸모 있는 몇 가지를 소개합니다.

우선 커다란 네모 상자에 안쪽으로 빗살무늬들이 그려져 있는 도로 표시가 있는데요. 흔히 교차로에서 볼 수 있습니다. 바로 '정차 금지지대'입니다. 광장이나 교차로 중앙에 주로 설치하는 표시로 이 안에서는 자동차가 정지하면 안 됩니다. 노란 신호에 '꼬리 물기'를 해서 들어오는 차량으로 인한 교통 정체를 막기 위한 취지가 크다고 하네요.

꼬리 물기를 했다가 미처 빠져나가지 못하고 정차 금지지대에 오래

정차 금지지대 표시

전방 횡단보도 알림 표시

서 있게 되면 단속에 걸려 5만 원의 과태료나 범칙금을 물어야 할 수도 있습니다. 참고로 정차는 운전자가 차에 타고 있는 상태에서 통상 5분 이내로 멈춰 있는것을, 주차는 장시간 차를 세워놓거나 운전자가 차를 떠나 있어 바로 출발할 준비가 안 되어 있는 상태를 의미합니다.

도로를 달리다 보면 앞에 마름모(◇) 모양의 표시도 눈에 자주 띄는

과속 방지용 지그재그 차선

데요. 이건 50~60m 앞에 횡단보도가 있으니 주의하라는 의미입니다. 주로 신호등이 없는 횡단보도 주변에 설치하지만, 상황에 따라 신호등이 있는 곳에도 그려 넣습니다. 마름모 표시를 보면 일단 속도를 줄이는 게 상책입니다.

또 곧게 뻗어나가던 차선이 갑자기 지그재그로 그려진 구간도 있는데요. 서행하라는 표시

입니다. 어린이 보호구역이나 보행자가 많은 구간에 이 표시를 설치하는데요. 교차로에서는 지그재그 표시와 '천천히'라는 글자를 같이 표시하기도 합니다.

역삼각형(▽) 모양의 표시도 있는데요. 이건 일반교차로나 회전교차로, 두 개의 도로가 만나는 부근 등에 그려 넣습니다. 다른 방향에서 오는 차량을 신경 쓰고, 진입 순서 등을 양보하라는 취지입니다.

삼각형 모양이 반대(△△)인 표시도 가끔 눈에 띄는데 이건 앞에 오르막 경사로 또는 과속방지턱이 있다는 걸 알려주는 겁니다. 무심코 속도를 줄이지 않고 과속방지턱을 넘다가는 만만치 않은 충격을 느끼게 되니 주의해야 합니다.

그런데 당초 설치한 취지와 달리 불법 주차공간으로 사용되는 표시도 있는데요. 바로 '안전지대'입니다. 광장이나 교차로, 폭이 넓은 도로, 편도 3차로 이상 도로의 횡단보도, 도로가 갈라지거나 합류하는 구간에 설치하는데요.

무엇보다 보행자를 보호하고 차량 흐름을 원활하게 하기 위한 취지입니다. 그래서 차량이 안전지대에 절대 진입하면 안 되는 건 물론, 이곳으로부터 사방 10m 이내에는 주·정차도 금지되어 있는데요. 위반할 경우 과태료 5만 원을 물게 됩니다. 하지만 어찌 된 일인지 안전지대는 불법 주차하는 차들로 채워져 있는 경우가 많습니다. 본래 취지에 맞게 운영되도록 관계기관의 단속이 요구되는 부분입니다.

도로 표시와 함께 눈에 많이 띄는 게 교통 표지판인데요. 경험이 많은 운전자들이라면 대체로 그 의미를 알고 있을 겁니다. 그러나 의미가 헷갈리는 경우도 종종 있는데요.

대표적으로 속도와 관련된 표지판은 밑줄이 있느냐 없느냐에 따라 의미가 전혀 달라집니다. 밑줄이 있는 경우는 '최저 속도 제한' 표시인데요. 즉 이 속도 이하로 달리면 안 된다는 겁니다. 고속도로나 자동차 전용도로처럼 빠른 속도로 달리는 도로에서 특정 차량이 너무 느리게 운행할 경우 교통 흐름을 방해하고 자칫 사고를 불러올 위험도 크기 때문입니다.

밑줄이 없는 경우는 '최고 속도 제한'인데요. 적혀 있는 숫자 이상으로 속도를 내지 말라는 의미입니다. 간혹 어떤 의미인지 모호한 표지도 있는데요. 불이 난 자동차를 그려놓은 듯한 표지판이 그렇습니다. 확인해보니 '위험물 적재 차량 통행금지' 표시였습니다. 자칫 폭발 사고 위험이 있다는 걸 불이 붙은 자동차 형태로 그린 것 같습니다.

대표적인 몇 가지 사례를 살펴봤지만 도로 위에 그려진 표시나 도로변에 세워진 표지판은 다 그 나름의 의미와 용도가 있습니다. 운전할 때 이 표시들을 잘 살피고, 취지를 따른다면 한결 안전하고 편안한 운전이 가능할 것 같습니다. ▰

# 열차 사고 탓에 '진행' 신호된 녹색,
# 차량 신호등 3색이 대세

빨강은 '정지', 주황은 '주의', 초록은 '진행'

우리나라뿐만 아니라 전 세계 대부분의 국가에 설치된 교통 신호등은 이렇게 3가지 색을 사용합니다. 도로교통공단 자료에 따르면 빨강이 '정지'의 의미로 쓰이게 된 건 자극적이면서도 '피'를 연상시켜 공포감을 주는 탓에 위험의 신호로 여겨지기 때문이라는 설이 유력합니다.

또 빨강이 빨·주·노·초·파·남·보의 일곱 색깔 가운데 가장 파장이 길고 먼 곳에서 뚜렷하게 보인다는 점도 고려됐다고 하는데요. 게다가 눈이 색맹인 사람도 빨강은 확인할 수 있기 때문에 신호등을 대표하는 색으로 자리 잡았다는 설명입니다. '주의' 표시가 주황이 된 건 빨강, 초록 두 색깔과 비교했을 때 가장 대비되는 색이기 때문이라고 합니다. 대비가 잘 돼야 명확하게 신호가 구분될 수 있습니다.

그런데 초록은 좀 유별난 사연을 가지고 있습니다. 자동차가 발명되기 전에 먼저 신호등을 사용한 운송 수단이 있었는데요. 바로 기차입니다. 초창기, 그러니까 19세기 철도의 신호체계는 빨강이 '정지', 초록 '주의', 하얀색이 '진행'이었다고 하는데요. 별 문제 없이 운용되던 이

서울 시내에 설치된 신호등          서울 시내에서 운영 중인 신호등

신호체계는 한 번의 대형 사고로 인해 큰 변화를 맞게 됩니다.

　한 기관사가 깨져 있는 빨강 신호를 하얀색으로 착각해 그대로 진행하다가 앞 기차와 충돌하는 대형 사고를 일으킨 겁니다. 이를 계기로 초록이 '주의'에서 '진행'으로 바뀌고, 새롭게 주황이 '주의' 표시가 된 겁니다. 초록이 눈을 편하게 해주는 색이라는 인식이 있기 때문에 진행 표시가 됐다는 해석도 있습니다. 이렇게 해서 지금 쓰고 있는 신호등의 색깔이 자리 잡게 된 건데요.

　이 같은 자동차 신호등의 역사는 150년이 넘습니다. 세계 최초의 신호등은 1868년 영국 런던에서 등장했는데요. 가스를 사용하는 수동식 신호등으로 적색과 녹색을 표시하며 경찰관이 직접 수동으로 조작했습니다. 그러나 가스를 사용하는 탓에 폭발이 자주 일어나 그리 오래 쓰이지는 못하고, 촛불과 석유 등을 사용하는 것으로 바뀌었다고 합니다.

최초로 전기를 사용하는 신호등은 1914년 미국 디트로이트에 설치 됐는데요. 흑인인 가렛 모건이 개발한 것으로 정지를 나타내는 적색등 하나만 있는 수동식 신호등이었습니다.

1918년에는 미국 뉴욕에 오늘날과 같은 3색 신호등이 처음으로 등장했습니다. 이 당시 신호등은 2층 유리탑 속에 설치되어 있었고, 경찰관이 탑 안에서 차량 흐름을 보며 적절히 신호를 조작했다고 하네요. 자동으로 일정 주기에 맞춰 신호가 바뀌는 3색 자동 신호등은 1928년 영국 햄프턴에 설치된 게 처음이라고 합니다.

그럼 우리나라에는 언제 신호등이 첫 선을 보였을까요? 기록에 따르면 일제강점기인 1940년에 처음 등장했다고 하는데요. 요즘 같은 둥근 신호등이 아니라 기둥에서 3색 날개가 번갈아 튀어나오는 기차용 날개식 신호기였습니다. 서울 화신백화점 앞이나 을지로입구 등에 설치돼 교통 경관이 직접 손으로 조작했는데 전등이 없는 탓에 밤에는 무용지물이었다고 전해집니다.

그러다 광복 이후 미군이 우리나라에 들어오면서 3색 신호기가 보급되기 시작했는데요. 1980년대 초반 적지 않은 변화가 일어납니다. 바로 기존 3색 신호에 좌회전용 화살표(←)를 넣은 4색 신호등이 도입된 겁니다. 도로교통공단 관계자는 "우리나라는 도로가 외국에 비해서 넓기 때문에 비보호 좌회전이 어렵고, 사고 위험이 높다. 이 때문에 별도로 좌회전 신호를 더 넣은 것이다"라고 설명합니다.

그러고 보면 외국에는 비보호 좌회전이 흔하지만, 국내에서는 상대적으로 많이 활용되지는 않는 듯합니다. 그런데 4색 신호등은 한 가지 문제가 있습니다. 바로 교통신호의 통일성을 규정하는 비엔나협약(1968년)과 맞지 않는다는 점인데요.

이 협약은 유럽 국가를 중심으로 65개국 정부 대표단과 국제도로교통연합 등 23개 기구가 참여해서 맺어졌습니다. 차량 신호등은 적색 · 황색 · 녹색의 3색으로 하고, 보행 신호는 적색과 녹색의 2색으로 한다는 게 주요 내용입니다. 물론 비엔나협약이 명확하게 국제표준은 아니지만 많은 나라에서 사용하고 있기 때문에 반드시 참고가 필요하다는 게 전문가들 설명인데요.

게다가 요즘 같은 국제화 시대에 우리 국민이 외국에서 운전하는 경우도 많고, 또 외국인이 국내에 들어와 운전하는 사례도 적지 않기 때문에 신호등의 통일은 관심사임이 분명합니다.

이 때문에 지난 2011년 경찰청에서 서울 시내에 3색 신호등을 설치해 시범 운용을 시작했는데요. 좌회전 차선에는 빨강 · 주황 · 초록 화살표가 나타나는 좌회전용 3색 신호등을, 직진 차선에는 일반적인 3색 신호등을 따로 설치해 각기 신호를 주는 방식이었습니다.

하지만 홍보가 부족했던 탓에 운전자들이 혼란을 일으켜 사고가 적지 않았습니다. 이 때문에 비난 여론이 일었고, 결국 3색 신호등은 모두 철거되고 말았습니다. 이후 경찰에서는 3색 신호등 도입은 거론하지 않고 있는데요. 경찰청 고위 간부도 "상당 기간 3색 신호등 얘기는 꺼내기 쉽지 않을 것 같다"고 말합니다.

그러나 국제적으로 가장 많이 활용하는 게 3색 신호등이라면 우리도 통일의 필요성을 고려해볼 필요는 있어 보입니다. 신호등은 얼마나 익숙해지느냐의 문제로 교육과 홍보, 시간이 해결해줄 수 있기 때문입니다. 무조건 도입 가능성을 배척하기보다는 국제적 추세에 맞춰 우리도 서서히 변화를 시도해보는 노력을 하면 어떨까 합니다.▲

# 단속 없었는데…
# 하늘에서 날아온 교통위반 범칙금

　고속도로를 달릴 때 주변에 경찰차도 안 보이고 무인단속 카메라도 없다면 안심(?)하고 교통 법규를 위반해도 될까요? 답은 '아니다'입니다. 왜냐고요? 하늘에서 내려다보는 '매의 눈'이 있기 때문인데요. 바로 '드론'입니다.

　고속도로 대부분을 관할하는 한국도로공사에서는 드론을 띄워 교통 법규 위반 차량을 적발하고 있습니다. 물론 단속 권한은 경찰에 있습니다. 하지만 무인단속 카메라나 순찰차를 이용한 단속에도 한계가 적지 않은데요. 이 때문에 한국도로공사에서 드론을 띄워 위반 차량을 촬영한 뒤 증거자료를 첨부해 경찰에 고발하는 겁니다. 2017년 버스전용차로 위반으로 고발된 건수만 540건이 넘습니다.

　한국도로공사가 단속에 활용하는 드론은 활동반경이 7km에 최고 고도는 150m에 달하며, 장착된 카메라는 4200만 화소나 됩니다. 그야말로 공중을 맴돌며 날카로운 눈으로 먹잇감을 찾는 매나 마찬가지입니다. 과거 카메라를 단 비행선을 띄워 위반 차량을 단속한 적이 있지만 기동성이나 활용성 면에서 드론이 월등히 뛰어나다는 평가입니다.

드론이 적발하는 교통법규 위반은 크게 3가지입니다. 첫째가 버스전용차로 위반인데요. 현재 버스전용차로는 경부고속도로에서 평일(한남대교 남단~오산 IC)과 주말·공휴일(한남대교 남단~신탄진IC)에, 영동고속도로는 주말·공휴일(신갈JC~여주JC)에 시행하고 있습니다. 버스전용차로는 9인승 이상 승용·승합차만 통행이 가능합니다. 특히 9~12인승 차량은 6명 이상 탄 경우에만 진입이 허용됩니다. 일반 승용차는 다니면 안 된다는 의미인데요. 적발되면 승용차는 6만 원, 승합차는 7만 원의 범칙금을 물어야만 합니다.

두 번째는 지정차로 위반입니다. 주로 화물차가 단속 대상인데요. 현행 규정에 따르면 편도 4차로의 경우 적재중량 1.5톤 이하 화물차는 3차로와 4차로만 달려야 합니다. 1차로에 들어오면 안 되고, 추월할 때에는 2차로를 이용해야 한다는 의미입니다. 대형 화물차는 4차로가 통행 차로, 3차로가 추월 차로입니다.

편도 3차로에서는 3차로로 주행하고, 추월 시에는 2차로를 이용해야 합니다. 편도 2차로에서는 1차로를 추월 차로로 쓰고, 2차로에는 모든 자동차의 주행이 가능합니다. 그런데 상당수 화물차가 1차로부터 4차

**드론으로 찍은 버스전용차로 위반 장면**        출차: 한국도로공사

로까지 마음대로 넘나드는 경우가 많습니다. 이는 자칫 큰 사고로 이어질 수도 있기 때문에 상당히 위험합니다. 지정차로 위반으로 적발되면 4톤 이하 화물차는 4만 원, 그 이상 화물차는 5만 원의 범칙금이 부과됩니다.

세 번째는 차간거리 위반, 즉 안전거리 미확보입니다. 현행 도로교통법 19조에는 안전거리 확보에 대해 '모든 차의 운전자는 같은 방향으로 가고 있는 앞차의 뒤를 따를 때는 앞차가 갑자기 정지하게 되는 경우 그 앞차와의 충돌을 피할 수 있는 필요한 거리를 확보하여야 한다'고 규정돼 있습니다.

안전거리는 차량 속도에 따라 달라지기 때문에 명확한 구분은 없는 게 사실인데요. 하지만 통상적으로 인정되는 권장 안전거리(시속 100km 주행 시 100m 등)에 크게 못 미친다고 판단되면 적발 대상이 된다는 게 한국도로공사의 설명입니다.

안전거리 미확보 역시 자칫 대형 사고로 이어질 수 있기 때문에 상당히 위험한데요. 그래서 드론을 이용한 단속에서도 꽤 신경을 쓰는 부분입니다. 안전거리 미확보로 단속되면 승합차는 5만 원, 승용차는 4만 원의 범칙금을 내야 합니다.

고속도로는 문자 그대로 시속 100km 이상의 고속으로 달리는 도로이기 때문에 조금만 부주의하거나 법규를 위반하면 사고 위험성이 그만큼 커집니다. 도로에서 많이 보던 표어가 생각나는데요. '5분 먼저 가려다 50년 먼저 간다.' 운전을 할 때, 특히 고속도로에서는 조금 여유 있게 교통법규를 제대로 지키면서 달리는 게 가장 안전하다는 걸 늘 유념했으면 합니다. ◣

# 우회전 차량이 뒤에서 빵빵!
## 비켜주다 정지선 넘으면 벌금

운전을 하다 보면 교통 관련 법규가 헷갈릴 때가 많은데요. 특히 교차로에서 우회전하는 방식을 두고 운전자마다 제각각 다르게 설명하는 경우가 많습니다. 차량 신호등이 적색일 때 우회전을 해도 되는지, 일시 정지를 해야 하는지, 우회전 뒤 만나는 횡단보도에서는 어떻게 해야 하는지 등을 놓고 의견이 분분한데요.

이러다 보니 우회전으로 인한 사고가 적지 않게 발생하고 있습니다. 삼성교통안전문화연구소가 발표한 자료에 따르면 2012~2016년 사이에 발생한 교차로 사고 가운데 17%가량이 우회전 때문에 일어났는데요. 또 우회전 교통사고는 2012년(1,004건)과 2016년(1,253건)을 비교하면 4년 동안 5.7% 늘었습니다. 사고 사망자 역시 10% 증가했고요.

아마도 운전자들이 법 규정을 명확히 모르는 게 우회전 사고 증가의 한 원인인 듯싶은데요. 그래서 관련 법규와 교육을 담당하는 경찰청과 도로교통공단의 자문을 받아 현행법 규정에 따른 교차로 우회전 방법을 정리했습니다.

우선 교차로에서 직진 방향의 차량 신호등이 '적색'인 경우인데요. 이

때 우회전하려는 차량은 일단 교차로 직전 횡단보도 앞에서 일시 정지를 해야 합니다. 직진 차량도 물론 정지해야 하고요. 이후 우회전하려는 차량은 횡단보도를 건너는 보행자가 없는 걸 확인한 뒤 천천히 횡단보도를 통과하면 됩니다. 이때 보행 신호가 '녹색'으로 켜져 있어도 상관없는데요. 보행자의 통행에 방해만 되지 않으면 된다는 설명입니다.

도로교통공단 면허시험처 관계자는 "운전자 입장에선 보행 신호등이 잘 안 보이는 경우도 있기 때문에 면허 시험 채점 기준상으로는 차량 신호와 보행자 유무만 명확히 확인하면 된다"고 설명합니다. 이 규정은 2018년 개정돼 2019년 3월부터 적용 중이라고 합니다. 직진 방향의 차량 신호가 '녹색'일 때는 일시 정지할 필요 없이 천천히 횡단보도를 통과하면 됩니다. 물론 이때에도 혹시 무단횡단을 하는 보행자가 없는지를 잘 살펴봐야 합니다.

다음은 우회전한 뒤 일반적으로 만나게 되는 횡단보도에서 어떻게 해야 하는지인데요. 횡단보도를 건너는 보행자가 있으면 일시 정지하고, 그렇지 않으면 천천히 통과하면 됩니다. 이때도 보행 신호가 '녹색'인지 여부는 상관이 없다고 하는데요. 다만 보행자의 통행을 방해해서는 안 됩니다. 그러다가 사고가 나면 '보행자 보호 의무 위반'으

도로에 표시된 우회전 표시

로 처벌받게 됩니다.

그런데 여기서 애매모호한 게 있습니다. 바로 횡단보도를 건너는 보행자가 '있다, 없다'를 구분하는 기준인데요. 횡단보도 반대편에서 막 횡단을 시작하는 보행자가 있다면 이 보행자가 다 건너갈 때까지 정지해 있어야 할까요? 경찰과 도로교통공단의 입장은 '현장 상황에 따라서'입니다.

모호하긴 하지만 보행자가 횡단보도를 건너는 데 직접적인 방해가 될 정도로 차량을 운행하지는 말라는 의미로 해석됩니다. 그러니까 보행자들 틈을 비집고 나가서는 안 된다는 얘기인 겁니다. 이 경우 법 규정상 단속이 될 수도 있습니다.

이렇게 3가지 방식만 기억하고 있어도 교차로에서 우회전할 때 덜 헷갈릴 것 같은데요. 하지만 현장에 따라서 여러 가지 변수가 있기 때문에 더 복잡한 상황이 생길 수도 있습니다.

그리고 일시 정지 규정도 현장에서 교통경찰관이 이를 어겼다는 이유로 단속하는 사례가 별로 없는 게 사실입니다. 그러다 보니 일시 정지 규정을 제대로 안 지키는 운전자도 적지 않은데요.

하지만 안전한 우회전과 보행자 보호를 위해서는 반드시 '적색' 신호일 때는 일시 정지를 하는 게 필요합니다. 또 경찰에서는 우회전 뒤 만나는 횡단보도 앞에서도 일시 정지를 한 뒤 보행자 여부를 확인하고 통과해달라고 당부하는데요. 일시 정지를 하게 되면 차량 속도도 줄기 때문에 자연스레 사고 예방에 도움이 되는 측면도 있습니다.

그러나 이 정도로는 사고를 줄이는 효과가 크지는 않을 것 같은데요. 그래서 아예 적색 신호 때는 우회전을 금지하자는 제안도 나왔습니다. 현재 주요 국가 중에서는 미국이 적색 신호 때 우회전을 허용할 뿐 대부분은 이를 금지하고 있습니다.

미국도 원래 적색 신호 때 우회전을 금지했다가 1971년에 허용했는데 이후 관련 교통사고가 크게 늘었다는 게 삼성교통안전문화연구소 얘기입니다. 그런데 적색 신호 때 우회전을 금지하면 아마도 차량 소통에 적지 않은 지장이 생길 수도 있습니다. 우회전할 기회가 줄어들기 때문에 그만큼 정체가 발생할 수도 있다는 얘기인데요.

그래서 차선책으로 적색 신호에서는 무조건 '일시 정지'를 강화하는 방안도 거론됩니다. 물론 현재 경찰의 해석상으로도 적색 신호에서 일시 정지가 의무이지만, 이를 어겨도 단속을 거의 안 하기 때문에 유명무실하다는 지적이 있습니다.

이를 보다 실질적으로 작동되도록 단속과 처벌을 강화하자는 취지입니다. 안전과 보행자 보호를 위해서입니다. 많은 사례에서 봤듯이 아무리 규정을 잘 만들어놓아도 현장에서 제대로 지켜지지 않으면 별 효과가 없습니다.

그리고 한 가지 팁이 있는데요. 시내 도로는 상당수가 우회전 전용차로가 별도로 없고, 직진과 우회전 차량이 맨 바깥쪽 차로를 함께 쓰는 사례가 많은데요. 적색 신호에 정지해 있는 직진 차량의 뒤에서 우회전 차량이 경적을 울리며 비켜달라고 할 때 직진 차량이 정지선을 넘어서 움직이게 되면 '신호위반'이 됩니다.

경찰청 관계자는 "일반적으로 우회전 차량을 배려하는 차원 또는 시비를 피하기 위해서 직진 차량이 정지선을 넘는 경우가 많은데 이는 명백한 '신호위반'에 해당하기 때문에 해서는 안 된다"고 말합니다.▲

# 통행료 안 내고 달아난 얌체 차량, 열에 아홉은 돈 받아낸다

4조 1,000억 원

한국도로공사가 한해 고속도로 통행료로 벌어들이는 수입입니다. 이 돈으로 새 도로를 건설하거나, 기존 도로를 유지보수하고 빚도 갚는데요. 한국도로공사의 부채는 30조 원에 육박합니다. 하지만 매년 돈이 모자라서 채권을 발행하는 등의 방식으로 자금을 빌려오는 형편입니다.

이렇게 한 푼의 수입이 아쉬운 한국도로공사 입장에서는 고속도로 통행료를 내지 않고 그냥 요금소를 통과하는 차량은 정말 골칫거리일 수밖에 없는데요. 고속도로 이용 차량이 갈수록 늘어나면서 통행료 미납 차량도 계속 증가하고 있습니다.

2013년 786만여 건(약 164억 원)에서 2015년 1,114만 건(262억 원)으로 1,000만 건을 돌파하더니 2017년에는 1,617만여 건에 미납금액만 412억 원에 달했습니다. 미납금액이 한해 통행료 수입의 1% 수준까지 뛰어오른 겁니다. 한국도로공사 영업처에 따르면 고속도로 통행료 미납의 대부분인 98%가량이 하이패스 차로에서 발생하는데요. 주로 선불카드에 들어 있는 잔액이 부족하거나, 깜빡하고 단말기를 달지 않은 경우 등이 많다고 합니다.

그런데 만약 이 정도 금액이 그대로 펑크 난다면 상당히 손실이 클 텐데요. 여기서 흥미로운 반전이 있습니다. 한국도로공사가 미납 통행 요금을 받아 내는 확률이 90%를 훌쩍 넘는다는 겁니다.

2013년부터 2017년까지 5년간 한국도로공사의 미납 요금 징수율 가운데 최고 기록은 무려 95.5%나 됩니다. 미납 10건 중 최소 9건은 받아낸다는 의미로, 야구로 치면 '9할'대의 그야말로 초超 강타자인 셈입니다. 세부적으로 보면 하이패스 차로를 그냥 통과한 차량에 대한 징수율이 일반요금소를 돈 안 내고 빠져나간 차량보다 약간 높습니다. 하이패스 등록 정보 등이 있어서 추적이 비교적 용이하기 때문이라는 설명입니다.

미납 차량으로부터 통행료를 받아내는 과정과 절차에는 시간이 제법 걸립니다. 미납 차량이 확인되면 촬영된 사진 등을 통해 바로 다음 날 차적 조회를 하는데요. 그런 후 1개월 단위로 납부기한을 15일로 하는 1·2차 안내문을 일반 우편으로 보냅니다. 그래도 내지 않으면 다시 1개월 뒤에 독촉장을 등기우편으로 발송하고, 그 뒤에도 납부가 안 되면 강제징수에 들어가는데요.

강제징수는 상급 기관인 국토교통부의 승인을 얻어서 시행합니다. 과거에는 주로 해당 차량을 압류했지만, 공매를 하더라도 통행료는 후순위인 경우가 많아 실제로 돈을 받아내는 데에는 별로 효과가 크지 않았다고 하는데요. 그래서 2017년 하반기부터 도입한 제도가 예금 압류입니다. 이렇게 하면 통장 입출금 자체가 정지돼 생활에 불편이 커지기 때문에 대부분 밀린 통행료를 낸다고 하네요.

이러한 미납 통행료 회수 과정에도 비용은 제법 들어갑니다. 공식 용어로 '행정비용'이라고 부르는데요. 통행료 납부 청구서 등을 우편으로 발송하는 비용과 미납자가 통행료를 신용카드로 납부할 경우 생기는 수수료 등입니다. 2017년에만 38억 원이 투입됐는데요. 그래도 같은 해 거둔 미납 통행료(381억 원)에서 이 비용을 제하고도 343억 원 정도 수입이 더 생긴 셈입니다. 물론 제때 통행료를 냈더라면 한국도로공사가 굳이 쓰지 않아도 될 돈이기도 합니다.

통행료 체납 차량이 많다 보니 한국도로공사를 사칭해 휴대전화로 미납 통행료 납부 안내를 보낸 뒤 악성 앱을 깔도록 유도해 개인정보 등을 빼내가는 '스미싱'까지 등장할 정도인데요. 문자 속에 적힌 미납 내역 중에 차량번호와 납부할 미납 통행료, 문의 전화 등이 없는 경우는 '스미싱'일 가능성이 높다고 하니 유의해야 합니다.

사실 운전자 입장에서도 통행료 미납은 좋을 게 없습니다. 20회 이상 미납하면 10배의 부가 통행료가 부과되는데요. 10만 원으로 막을 걸 100만 원 넘게 내야 하는 겁니다. 게다가 한국도로공사는 지역 본부별로 체납 징수팀을 운영하며 20만 원 이상 미납의 경우 예금 또는 차량 압류를 하고 있습니다.

게다가 몇 년 전부터 검찰까지 고속도로 하이패스 무단 통과에 대해 형사처벌을 경고하고 나섰는데요. 여러 차례에 걸쳐 일부러 하이패스를 무단 통과했을 때는 형법상 편의시설 부정 이용죄에 해당해 3년 이하의 징역이나 500만 원 이하의 벌금을 물릴 수 있다는 겁니다. 또 도공에서 미납요금 징수율을 높이기 위해 상습 체납 차량에 대해 형사고발을 강화하고 있고, 법원에서도 이에 대해선 대부분 유죄를 선고한다는 게 검찰 측 설명입니다.

의도했든, 의도하지 않았든 간에 자칫 밀린 고속도로 통행료 때문에 아주 곤란한 상황을 맞을 수도 있다는 건데요. 혹시 안 낸 통행료가 있는지 궁금하면 한국도로공사 홈페이지(www.ex.co.kr)의 초기 화면에 있는 '미납요금 조회/납부'에서 확인할 수 있습니다.

미납 통행료 납부 안내 출차: 한국도로공사

물론 이런 다양한 방식을 써도 못 받는 통행료는 있습니다. 이른바 '대포차'라고 부르는 무적無籍 차량이 대부분인데요. 대당 체납 건수로는 947건이, 금액으로는 6,900만 원이 최고 수준입니다. 한국도로공사에서는 이런 차량을 잡기 위해 그동안의 이동 패턴을 파악해서 예상 경로에 미리 대기하고 있는 방식도 사용한다고 하네요.

통행료는 결국 고속도로 이용자의 편익으로 돌아옵니다. 도로가 더 생기거나 유지보수가 더 깔끔해지는 건데요. 이용한 만큼 정당한 비용을 지불하는 선진 문화가 보다 정착되어야 할 것 같습니다.

# 낯설지만 안전한
## 회전교차로의 역설 逆設

운전을 하다 보면 간혹 '낯선' 모양의 교차로를 만나는 때가 있습니다. 중앙에 둥그런 교통섬이 있고, 차량이 별다른 신호 없이 이 섬을 중심으로 회전하면서 목적하는 방향으로 빠져나가는 방식인데요. 신호등이 있는 교차로에만 익숙한 운전자로서는 다소 헛갈리기도 합니다.

이곳이 바로 '회전교차로'입니다. 로터리 Rotary 와는 구분되는 개념으로 영어로는 'Roundabout(라운드어바웃)'이라고 표기하는데요. 회전교차로는 1920년대 영국에서 그 개념이 생겼고, 이후 1960∼1970년대 본격 도입됐다는 게 정설입니다. 이처럼 역사가 오래돼서인지 영국에는 '매직 교차로'로 불리는 아주 특이한 회전교차로까지 있을 정도입니다.

회전교차로는 유럽은 물론 미국, 일본, 호주 등 많은 나라에서 활용되고 있는데요. 미국에서 개발된 기존의 로터리가 교차로 진입 차량에 통행 우선권을 주는 반면, 회전교차로는 회전 중인 차량에 우선권이 있다는 점이 가장 큰 차이점입니다.

국내에서는 2010년대 들어서 이면도로를 중심으로 많이 생기고 있습니다. 2019년 기준으로 국내엔 1,391곳이 설치됐는데요. 회전교차로는 신호등이 없어 전기요금 등 유지비가 적다는 게 장점입니다.

회전교차로를 알리는 표지판

또 불필요한 신호대기가 없기 때문에 차량 흐름이 원활해지고, 같은 시간에 다른 교차로에 비해 더 많은 교통량을 소화할 수 있습니다. 차량 공회전이 감소해 에너지 절약과 대기질 개선 효과도 빼놓을 수 없는데요.

하지만 교통량이 많은 곳에는 적합하지 않다는 단점도 있습니다. 자칫 이런 곳에 설치했다가는 교통 흐름만 더 나빠질 수 있기 때문입니다. 그래서 국내에선 소형교차로의 경우 1일 전체 통과 교통량이 1만 2,000대 미만, 규모가 큰 2차로형은 3만 2,000대 미만인 지역에 설치한다는 조건이 있습니다.

물론 예외는 있는데요. 프랑스 파리의 개선문을 둘러싼 회전교차로가 대표적입니다. 이곳은 수많은 차가 뒤엉키면서 눈치껏 자신들이 가고자 하는 방향으로 빠져나가는 모습이 아슬아슬하기까지 합니다.

회전교차로의 통행 원칙은 간단합니다. 진입 전에 먼저 회전 중인 차량이 있는지 확인한 뒤 들어갑니다. 인근에 회전 중인 차량이 있으면 우선 정지하고 그 차량에 양보해야 합니다. 또 시계 반대방향으로만 돌아야 합니다. 물론 영국, 일본 등은 반대로 시계방향입니다.

이처럼 신호등도 없는 단순한 원칙이다 보니 일부에서는 다른 교차로보다 사고 위험이 크지 않으냐고 우려하는데요. 그러나 실제 운영 사례를 살펴보면 상황은 전혀 다릅니다. 행정안전부와 한국교통연구원이 일반 교차로를 회전교차로로 바꾼 129곳을 분석한 결과, 교통사고 사상자 수는 회전교차로로 바뀌기 1년 전(2015년) 147명에서 바뀐 뒤 1년 (2017년) 동안 73명으로 50.3% 감소하는 효과가 나타났습니다.

그 이유를 구조적으로 살펴보면 우선 회전교차로는 일반교차로에 비해 자동차 간 상충 횟수가 현저하게 적습니다. 일반교차로는 흐름상 자동차가 서로 엇갈리는 상충 횟수가 32개이지만, 회전교차로는 8개에 불과해 그만큼 사고 위험이 줄어든다는 설명입니다. 보행자와 차량의 상충 횟수 역시 회전교차로가 훨씬 적습니다.

또 회전교차로는 진입 시 주변을 살펴야 하기 때문에 자연스럽게 속도가 줄어듭니다. 그리고 한쪽 방향으로만 회전하기 때문에 정면이나 측면 충돌사고가 일어날 가능성 역시 크게 감소한다고 하네요. 외국에서는 그 효과가 우리보다 훨씬 앞서서 입증됐는데요. 역시 회전교차로 설치 이후 사고가 20~80% 가까이 감소했다는 보고입니다.

물론 회전교차로가 만능은 아닙니다. 설치 위치 등을 잘못 선택할 경우 불편만 가중되기도 하는데요. 사실 회전교차로가 효과를 보이는 데는 앞서 소개한 기능적인 측면 외에 관심과 배려라는 두 가지 원칙이 근간에 깔려 있습니다. 회전교차로에서는 좋든 싫든 다른 차량의 움직임에 관심을 기울이고, 때로는 양보라는 배려도 해야 합니다. 만약 이 근간을 잊어버리고 운전자들이 서로 먼저 가려고 다투다가는 난장판이 되고 말 텐데요. 서로에게 좀 더 관심을 갖고 배려했으면 하고 바라봅니다.◢

# 터널에서 차로 변경 불법인데,
## 실선 대신 점선 긋는 이유

"터널 내에서 차로를 바꾸는 것은 불법이다, 아니다?"

이 질문의 답은 무엇일까요? 아마도 대부분 '불법'이라고 생각할 겁니다. 하지만 답은 '터널 따라 다르다'인데요. 보다 정확히 말하면 '터널 내에 그어진 차선에 따라 다르다'가 맞습니다.

사실 5, 6년 전까지만 해도 터널 안에서 차로를 변경하는 건 대부분 불법으로 간주됐습니다. 물론 사고, 공사 때는 예외이고요. 그 근거는 도로교통법 제22조입니다. 이 조항에서는 터널 내에서 앞지르기 하는 것을 금지하고 있는데요. 어두운 터널 내에서 과속이나 무리한 끼어들기로 인한 사고를 막기 위한 차원입니다. 하지만 터널 내 차로 변경을 명확히 금지한 법 규정은 없습니다. 다만 앞지르기를 하려면 차로를 필히 바꿔야만 하기 때문에 경찰은 현장에서 활용하는 매뉴얼에 아예 차로 변경 자체를 불법으로 명기한 겁니다.

그래서 터널 안에 그어진 차선은 모두 '실선'이었습니다. 실선에서는 차로 변경이 금지되는데요. 일부 터널에는 불법 차로 변경을 적발하기 위한 무인단속 카메라까지 설치되기도 했습니다. 이런 이유들 때

터널 안에 그어진 실선

문에 운전자는 대부분 터널 내 차로 변경은 불법이라는 인식을 갖게
됐는데요.

하지만 작지만 의미 있는 변화가 생기고 있습니다. 일부 고속도로 터
널에서 차로 변경이 허용된 건데요. 경찰청과 한국도로공사가 시범 운
영해오고 있는 구간입니다. 대표적인 곳이 서울~양양 고속도로에 있
는 인제양양터널인데요. 약 11km로 국내 도로 터널 중에서는 가장 깁
니다. 또 2017년 말 개통한 부산 외곽순환고속도로의 금정산터널도 차
로 변경이 허용된 곳인데요. 연장이 7,190m로 국내에서 세 번째로 긴
터널입니다.

앞서 2016년 말 완공된 청주~영덕고속도로에는 7개 터널이 점선
으로 그어져 있습니다. 이 고속도로에서는 특히 터널 내 차선을 잘 확

인해야 하는데요. 어떤 터널은 점선으로, 또 어떤 터널은 실선으로 그어져 있기 때문입니다. 실제로 지품 1~7터널까지는 실선이지만 지품 8 · 9 · 10터널은 점선으로 되어 있습니다.

그럼 비록 일부이지만 터널 내 차로 변경을 허용한 이유는 뭘까요? 가장 큰 이유는 추돌 사고, 그 중에서도 화물차로 인한 추돌 사고를 막기 위해서입니다. 한국도로공사에 따르면 고속도로 터널 내 사고 중 상당수가 화물차가 원인이라고 합니다.

터널 내에서 승용차와 버스, 화물차 등 속도가 서로 다른 차량이 차선 변경 없이 하나의 차로로만 뒤섞여 달리다 보니 차량 간격을 제대로 유지하지 못해 추돌 사고가 자주 발생한다는 설명입니다. 이 때문에 차량 변경이 가능해지면 이런 사고 가능성을 줄일 수 있다는 게 전문가들의 의견이었다고 하는데요.

한국도로공사 산하 도로교통연구원의 전문가는 "터널 내에서 진로 변경이 안 되다 보니 차량 간격 유지가 어렵고, 시야 확보도 잘 안 된다. 그래서 외국에선 대부분 터널 내 진로 변경과 앞지르기를 허용하고 있다"고 설명합니다. 또 인제양양터널처럼 장대터널이 늘어나면서 운전자가 한 개의 차로로만 계속 달릴 경우 자칫 졸거나 주의력이 산만해지는 위험한 상황이 생길 수 있다는 점도 고려됐다고 합니다.

그래서 몇몇 터널을 대상으로 2~3년간 시범 운영을 한 결과, 실제로 사고가 많이 감소했다고 합니다. 그만큼 터널 주행 때 안전성이 크게 높아졌다는 얘기인데요. 이런 결과에 힘입어 경찰에서는 2018년 8월 터널 내 차로 변경 관련 규정을 바꿨습니다. ▷조명이 일정 기준 이상이고 ▷구간 과속 단속을 적용하고 ▷우측 길 어깨 폭이 2.5m 이상 등 일정 기준을 충족한 터널에 한해서는 차로 변경을 허용하기로 한 겁니다. 물론 앞서 시범운영을 한 터널은 이런 기준을 충족하고 있습니다.

경찰청 관계자는 "시범운영 결과, 실선으로 그어진 터널보다 점선인 터널이 오히려 더 안전하다고 판단했다. 향후 사고분석 자료 등을 토대로 조금 더 기준을 보완할 계획이다"라고 말합니다. 이 같은 상황을 보면 앞으로 점선이 그어진 터널이 더 많이 등장할 가능성이 높아 보입니다.

그런데 한 가지 걱정되는 부분이 있는데요. 터널 내 차로 변경은 차량 간격 유지나 사고 예방 등 꼭 필요한 상황에서만 하는 게 좋습니다. 터널 안 조명이 밝다고 해도 야외보다는 상대적으로 어둡기 때문에 사고 위험성은 늘 존재합니다. 안전 강화를 이유로 허용되는 터널 내 차로 변경이 자칫 사고를 더 불러오는 아이러니한 상황은 생기지 않았으면 합니다. 운전자들의 각별한 주의가 요구되는 이유입니다.

# 그 터널 속으로
# '졸음방지' 기술 들어갑니다!

우리나라에 건설된 도로 터널은 2019년 말 기준으로 2,682개에 달합니다. 총 길이는 2,077km인데요. 도로 터널은 숫자도 많지만, 그 규모가 점점 길어지고 있습니다. 2017년 완전 개통한 서울~양양고속도로의 인제양양터널은 무려 11km나 되는데요. 국내에서 가장 긴 도로 터널일 뿐만 아니라 전 세계적으로도 11위에 해당합니다. 1위는 노르웨이의 레르달터널로 길이는 24.5km입니다.

다소 논란은 있지만, 산간지역에 터널을 뚫으면 우회할 때보다 소요 시간이 단축되고, 환경 파괴도 최소화할 수 있다는 장점이 있습니다. 이 때문에 종전의 우회도로 대신 긴 터널을 건설하는 사례들이 종종 생깁니다.

그런데 터널이 길어질수록 문제도 생깁니다. 어둡고 긴 터널 안을 오래 달리다 보면 주의가 산만해지고, 간혹 졸음운전을 할 가능성이 커지는 겁니다. 졸음운전은 일반 구간에서도 큰 위험요인이지만 특히 터널에서는 더 위협적입니다.

어떤 이유로든 터널, 그것도 긴 터널에서는 한 번 사고가 나면 대형 참사로 이어질 수 있기 때문인데요. 1999년 3월 발생한 몽블랑터널 화재가 대표적입니다. 총 연장 11.6km로 세계 6위인 이 터널을 달리던 차량에서 불이 났고, 39명이나 사망했습니다.

그래서 터널에는 사고 방지를 위한 각종 장치가 도입되고 있는데요. 운전자의 졸음을 방지하고 주의를 환기시켜주는 장치들이 많습니다. 요즘 고속도로 운전자들이 많이 경험해본 건 아마도 시끄러운 사이렌과 호각 소리일 겁니다. 분명 졸음을 쫓는 효과는 있어 보이지만 너무 시끄럽고 때로는 짜증스럽기까지 한 게 사실인데요.

새로운 '졸음방지' 기술이 인제터널에 적용됐습니다. 무엇보다 눈에 띄는 것이 화려하고 다양한 '경관 조명'인데요. 양양 방면으로는 낮을 표현하는 '구름' 조명과 밤을 의미하는 '별빛' 조명이 설치됐습니다. 또 반대로 춘천 방면에선 양양 바다를 뜻하는 '바다' 조명과 인제의 야생화를 표현하는 '꽃' 조명을 볼 수 있습니다. 이들 조명은 각각 터널 4km와 7km 지점쯤에 있습니다. 터널 중간에는 무지개 조명이 추가됐고, 2km와 9km 지점에는 지역 특색과 자연환경을 반영하는 '자작나무'와 '파도' 조명이 벽면에 설치됐습니다.

물론 이런 '경관 조명'은 우리나라에서만 시도된 것은 아닙니다. 세계 1위의 레르달터널(노르웨이)도 대략 6km 지점마다 푸른 조명을 달아서 색다른 풍광을 선사하고 있습니다. 그리고 4곳에는 휴식이 가능한 미니 광장도 조성했습니다.

이웃 중국도 경관 조명에 관심을 기울이고 있습니다. 2007년 개통된 중난산터널도 중간에 휴식과 심리적 편안함을 주기 위한 하늘색 조명이 설치되어 있습니다. 하지만 인제양양터널처럼 다양한 경관 조명을 적용한 사례는 드뭅니다. 한국도로공사의 도로교통연구원 관계자는

인제양양터널에 설치된 경관 조명      출차: 한국도로공사

"경관 조명을 적극적으로 시도하는 나라는 전 세계적으로 우리와 중국 정도이다. 경관 조명 기술은 우리가 세계적 수준이라고 보면 된다"고 말합니다.

인제양양터널의 첨단 안전장치는 경관 조명 말고도 여럿입니다. 우선 터널을 이용해본 운전자들은 눈치 챘겠지만, 터널 전체가 완만한 'S' 형태로 설계돼 있는데요. 이는 자칫 긴 직선 구간을 달릴 때 과속하거나 졸음운전을 할 가능성을 방지하기 위해서입니다.

또 세계 최초로 상·하행 통합 배연 시스템을 도입했는데요. 상·하행 어느 구간에서 화재가 나더라도 신속하게 연기를 뽑아낼 수 있다고 합니다. 국내 최초로 터널 내 화재 시 노약자와 부상자가 대기할 수 있는 비상안전구역도 설치했습니다. 이곳에는 구급함과 공기호흡기, 손

전등 등이 비치되어 있다고 합니다.

유사시 도로 옆의 별도 통로로 사고 지점에 신속하게 도착할 수 있는 비상 차량도 마련돼 있습니다. 이상 징후 차량이나 사고 위험 차량을 감지하기 위한 CCTV도 100m마다 한 대씩 설치되어 있어, 다른 터널보다 촘촘히 설치했습니다.

앞으로 인제양양터널 못지않은 긴 터널들이 등장할 가능성은 여전히 남아 있습니다. 시간 단축에 대한 운전자들의 욕구가 여전히 높기 때문입니다. 이런 추세에 맞춰 도로의 안전 대비 능력을 얼마나 향상시킬 수 있느냐가 계속 풀어가야 할 숙제입니다.🔺

# 제2차 세계대전 때
# 기름 절약 위해 활용된 '카풀'
## ICT 업고 다시 세몰이

≫

'카풀Carpool'을 놓고 논란이 끊이질 않습니다. 카풀 시장에 뛰어들려는 스타트업과 이를 막으려는 택시 업계의 갈등이 심심찮게 벌어지는데요. 카풀의 사전적 의미는 '목적지가 동일하거나 같은 방향인 운전자들이 한 대의 승용차에 타고 가는 행위'를 말합니다. 자동차가 등장하면서 알음알음 이웃끼리, 또는 친구끼리 자동차를 같이 타고 통근하는 경우가 적지 않았을 듯한데요.

공식적으로 국가 차원에서 카풀을 장려한 건 제2차 세계대전 당시 미국이 대표적입니다. 전쟁 물자, 특히 각종 전투 차량에 필요한 휘발유를 확보하기 위해 민간 분야에서의 연료 절약이 필요했는데요. 그래서 등장한 게 카풀 캠페인입니다. 당시 카풀을 장려하기 위해 제작한 포스터가 인상적인데요. 포스터에는 'When you ride ALONE, you ride with HITLER!'라는 문구가 들어있습니다.

직역하면 '당신이 혼자 차를 몰고 다니는 건 히틀러를 옆에 태우고 다니는 것과 마찬가지'인데요. 자동차를 혼자 타면 히틀러 좋은 일만 시킨다는 의미입니다. 차를 혼자 타고 다니는 행위와 히틀러를 돕는 일을 동급으로 놓을 정도니 당시 카풀 캠페인이 꽤 절박했던 것 같습니다.

이후 미국에서 카풀이 다시 한번 주목을 받은 건 1970년대 중후반 석유 파동 때입니다. 미국 제조업체인 3M과 자동차 회사인 크라이슬러가 종업원들을 대상으로 최초의 승합차 함께 타기 운동Van pool을 조직한 것도 이때라고 하네요.

미국에서 카풀은 1970년대 통근 수단에서 차지하는 비중이 20.4%나 될 정도로 그 역할이 컸습니다. 하지만 1980년대를 지나고 현재에 이르면서는 비중이 상당히 많이 떨어졌는데요.

2011년 기준으로 통근 수단에서 차지하는 비중은 9.7%라고 합니다. 이처럼 출퇴근에서 카풀 비중이 하락한 건 1980~1990년대 미국의 차량 연료비가 워낙 낮아져 자동차 운영비 부담이 별로 크지 않았기 때문이라는 설명입니다.

하지만 미국에서는 카풀을 촉진하기 위해 다양한 지원책도 추진했는데요. 캘리포니아를 비롯한 일부 주에서는 차선이 여러 개인 도로에 HOV High-Occupancy Vehicle 차선을 만들었습니다. 우리나라로 치면 버스전용차로 같은 제도로 2인 이상이 탄 차만 다닐 수 있는 전용차선입니다. 상대적으로 이 차선이 차가 덜 막히자 옆자리에 사람 대신 마네킹을 싣고 다니는 운전자도 있었다고 하네요.

미국에 등장한 카풀 중에는 '슬러깅Slugging'이라는 형태도 있습니다. 일반적인 카풀이 연료비나 통행료 등 운행비용을 탑승자들이 나눠 내는 것과 달리 슬러깅은 말 그대로 무료로 태워주는 건데요. 슬러그Slug는 버스를 탈 때 요금 투입구에 진짜 동전 대신 던져 넣는 가짜 동전을 가리키는 말입니다.

이 슬러깅은 1975년 워싱턴 D. C에서 시작된 이후 샌프란시스코,

휴스턴 등 교통이 혼잡한 도시로 퍼져 현재도 많이 활용된다고 하는데요. 출근시간대 특정 장소에 모여 같은 방향으로 가는 차를 선착순으로 잡아타는 방식입니다. 혼자 운전하는 사람은 HOV 차선을 이용해 빨리 갈 수 있어서 좋고, 얻어 타는 사람은 공짜라서 좋은 일석이조의 효과가 있다고 하네요.

그런데 공짜인 만큼 이에 요구되는 에티켓이 있습니다. ▷운전자는 줄 서 있는 순서대로 태워야 하고 ▷운전자가 말을 시키지 않는 한 말을 삼가고 ▷차 안에서 음식을 먹거나 흡연해서는 안 되고 ▷돈을 요구하거나 주면 안 된다는 내용 등입니다. 이렇게 생성되고 자리 잡은 카풀 문화가 우버, 리프트 같은 유명 차량 공유기업이 탄생한 바탕이 된 것 같습니다.

그렇다면 국내에서는 언제 카풀이 처음 등장했을까요? 역시나 알음알음 같은 방향의 이웃을 태우고 다니는 일은 전부터 있었겠지만 좀 더 본격화된 건 1990년대입니다. 여기에는 급격하게 늘어난 자동차 수가 한몫했습니다.

1980년 52만 대에 불과했던 국내 자동차 등록 대수가 1990년대에 들면서 급격히 증가한 탓에 도로 곳곳에서 교통 정체가 빚어진 건데요. 주요 기업과 아파트 단지 등을 중심으로 카풀과 유사한 '승용차 함께 타기 운동'이 도입됐습니다. 당시 서울시에는 카풀 활성화를 위해서 3인 이상 승차한 차에 대해서는 일부 유료 도로의 통행료를 면제해주기도 했습니다.

현행 여객자동차운수사업법의 전신인 자동차운수사업법에 출퇴근 시간대에 카풀을 허용하는 조항이 들어간 것도 1994년입니다. 하지만 몇 년 전까지도 카풀은 통행 수단에서 차지하는 비중이 얼마 되지 않았습니다. 그래서 택시 업계에서도 별다른 반응을 보이지 않았고요.

그러나 풀러스, 럭시 그리고 카카오 카풀 등 첨단 ICT<sup>Information and Communication Technologies, 정보통신기술</sup>를 활용한 카풀 앱이 본격적으로 등장하면서 상황이 달라졌습니다.

자칫 승객을 상당 부분 빼앗길 것을 우려한 택시 업계가 강하게 반발하기 시작한 건데요. 게다가 현행법상 카풀의 허용 시간이 '출퇴근시간'으로 한정된 것도 카풀 시장이 성장하는 데 걸림돌이 되고 있는 상황입니다.

택시 업계 주장대로 카카오 같은 대규모 자본이 카풀 시장에 뛰어들어 시장을 키우면 분명히 타격이 있을 겁니다. 택시기사들의 생존이 걸린 문제일 수도 있는데요. 하지만 첨단 ICT 기술을 활용한 차량 공유는 전 세계적 흐름이라 무조건 막을 수만은 없습니다.

일부 국가에서 시도하는 것처럼 차량 공유사업을 허용하면서도 그 이익의 일정 부분을 택시산업 지원에 쓰는 등의 공생 방안을 연구하고 추진하는 게 필요해 보입니다. 그러면서 점진적으로 교통산업의 체질을 개선해가는 작업도 병행돼야 할 텐데요. 그래야만 사회적 갈등을 줄이면서 세계적 흐름에 뒤처지지 않을 것이라고 판단됩니다.▲

# 53년 된 개인택시,
## 한때는 면허받기 전쟁, '지금은 위기'

"서울시는 우리나라에서 처음으로 박○○(54) 씨에게 '택시' 운송사업에 대한 개인면허를 주었다."

1967년 6월 21일자 중앙일보에 실린 기사입니다. 국내에서 최초로 개인택시 면허가 발급됐다는 사실을 전하는 내용인데요. 기사는 또 "박 씨는 '경원 택시'라는 이름으로 자기가 사장이며 운전사로 33년 11개월 무사고로 운전해온 모범운전사이다. 서울시가 모범운전사들이 장차 사회에서의 지위 향상에 도움이 되도록 법인체에만 주던 면허를 개인에 준 것이다"라고 적고 있습니다.

앞서 일본과 대만 등지에서는 개인택시 제도가 먼저 도입됐다고 하는데요. 국내 도입 경위에 대한 정확한 기록은 찾기 어렵지만 아마도 이를 차용한 것이 아닌가 하는 추정이 관련 업계에서 나옵니다. 개인택시의 역사는 이렇게 시작됐습니다. 나이로 치면 올해로 53세가 되는 셈인데요.

그런데 사실 개인택시는 당시 정부 방침과는 어긋나는 제도였습니다. 정부는 운수업자의 지입제를 지양하고, 기업화를 적극 추진하겠다는 입

1983년 여의도에서 열린 개인택시 출범식      출처: 서울시

장이었는데요. 택시산업을 제대로 키워보겠다는 의도로 풀이됩니다.

반면 서울시는 10년 이상 무사고 운전한 모범운전사에 한해 개인택시 면허를 발부해 사기를 높이고 교통사고도 줄이겠다며 개인택시 제도 도입을 추진했다고 합니다. 같은 해 12월 두 명의 택시기사에게 개인택시 면허를 더 내준 것도 이러한 맥락에서입니다.

1970년대 초반, 서울은 증가하는 인구에 비해 택시가 턱없이 모자란 수준이었다고 합니다. 1970년 3월 16일자 〈중앙일보〉에 따르면 "서울에서 택시 잡기는 하늘의 별 따기와 같다"고 했는데요. 당시 서울에서 출근시간에 택시를 타려는 인구는 16만 명에 달하지만, 택시는 채 1만 대가 되지 않았다고 합니다. 지금처럼 지하철과 버스 시스템이 발달하지 않은 상황이어서 택시 의존도는 더 높았던 것 같은데요.

이 때문에 정부에서는 대규모 택시 증차를 추진합니다. 1970년 5월에 5년 이상 무사고 운전사에게 개인택시 면허를 주던 것을 1년 이상 무사고로 기준을 완화한 것도 택시 증차의 한 방안이었습니다.

이후 택시산업의 기업화 정책이 다시 힘을 얻으면서 개인택시 면허 발급이 한때 중단됐지만 1976년부터 재개되는데요. 법인택시의 지입 제 운영과 교통사고 증가 등 여러 부작용 때문이었다고 합니다.

당시 개인택시 면허는 택시기사에게는 선망의 대상이었다고 하는데 요. 서울시의 경우 개인택시 면허는 자격을 갖춘 신청자 중에서 시 경 찰국의 배수 추천을 받아 공개추첨으로 배정하는 방식이었습니다.

1978년 서울 강남구 탄천변에서 열린 개인택시 2,000대 추첨에는 서류심사를 거친 운전사와 가족 등 1만여 명이 몰려 장관을 이뤘다는 기사 내용도 있습니다. 개인택시 기사의 평균 수입이 법인택시 기사에 비해 70% 이상 높았던 것도 이러한 열기를 뒷받침하는 듯합니다.

같은 해 하반기에는 남성 운전사에 대한 개인택시 면허발급이 중 단되고, 여성 운전사에게만 개인택시 면허가 주어지는 일도 있었습니 다. 그래서 여성들로만 구성된 개인택시 발대식이 열리기도 했습니다. 1981년 8월에는 아예 개인택시를 전체 택시의 70% 선까지 끌어올리겠 다는 정책이 발표되기도 했는데요. 당시 전체 택시의 28.5%였던 개인 택시 비중을 1985년까지 70%대까지 늘리겠다는 내용입니다.

앞서 같은 해 3월에는 개인택시 사업자가 사망했을 경우 사업면허 를 취소하지 않고, 상속자가 면허자격이 있으면 이를 물려받거나 다른 유자격자에게 팔 수 있도록 하는 제도도 도입됐는데요. 개인택시가 평 생직장이자 자녀에게 상속까지 해줄 수 있는 확고한 '재산권'으로 자리 잡은 게 이때부터가 아닐까 싶습니다.

이런 이유 때문인지 당시에도 개인택시에는 최고 1,000만 원이 넘는 웃돈이 붙어서 매매된다는 보도도 있었습니다. 당시 1,000만 원은 지금 가치로 환산하면 약 3,900만 원가량 됩니다. 현재 개인택시 양수 양도 규정은 면허를 발급받은 연도와 지자체에 따라 조금씩 차이가 있습니다.

이런 과정을 거친 개인택시 면허는 서울에는 1990년대 후반부터 사실상 발급이 중단됐는데요. 적정 택시 대수를 넘어 공급 과잉 상태라는 판단에서라고 합니다. 그래서 개인택시 면허가 취소되거나 할 때만 그 수준에서 면허가 신규 발급되는 정도에 그치고 있습니다.

개인택시의 몸값이 더 올라간 것도 이러한 이유에서입니다. 서울에서 개인택시 면허는 한때 최고 1억 원 가까이에 팔리기도 했는데요. 이 면허 값은 개인택시 기사들의 노후 보장책이기도 했습니다.

하지만 개인택시의 좋던 시절도 이제는 끝났다는 얘기가 많습니다. 우선 택시의 공급 과잉 때문인데요. 전국개인택시운송사업조합연합회에 따르면 전국의 택시 대수(2019년 4월 기준)는 모두 25만여 대입니다. 종류별로는 개인택시가 16만 5,000여 대(65%)이며, 법인택시가 8만 7,000대가량입니다. 정부는 이 가운데 5만 대 이상이 공급 과잉이라고 추정하고 있습니다.

서울만 따져보면 택시 대수는 모두 7만 1,000여 대로 그중 개인택시가 4만 9000대, 법인이 2만 2,000대가량인데요. 서울시는 적정량보다 1만 1,000대가량이 초과된 걸로 보고 있습니다. 이렇게 택시의 공급이 과잉되는 동안 서울에는 지하철과 광역전철, 버스 등 대중교통 수단이 대폭 확충된 데다 승차 거부와 불친절 등 택시의 고질적인 문제가 해소되지 않은 탓에 택시시장은 더욱 위축됐습니다.

여기에 결정타는 2018년 승차 공유를 내세운 '타다'의 등장이었습니다. 택시 면허 없이 렌터카(승합차)를 이용해서 승객을 실어 나르는 사업 형태로 택시 업계의 크나큰 반발을 불러일으켰는데요. 하지만 크고 넓은 실내 공간과 친절한 기사 등 차별화된 서비스는 기존 택시에 불만이 많았던 시민들에게 많은 선택을 받았습니다. 하지만 타다는 2020년 4월 운영을 중단했습니다.

이러한 여파로 인해 개인택시의 면허 값은 최고 수준일 때에 비해 3,000만~4,000만 원가량이 떨어졌다는 얘기도 들립니다. 개인택시로서는 승객 감소에 노후 대책의 보루였던 면허 값까지 폭락하는 등 최악의 위기를 맞았다고 할 수 있는데요.

돌파구는 결국 승객의 선택을 다시 받는 겁니다. 기존에 불만을 샀던 서비스 수준을 높이고, 승객들이 편리함을 느낄 수 있도록 바뀌어야 합니다. 그러기 위해서는 지금보다 젊은 기사들이 개인택시에 유입될 수 있도록 하는 것도 필요한데요. 기사의 세대 교체와 서비스 향상이 이뤄진다면 잃어버렸던 승객을 어느 정도 되찾을 수 있지 않을까 기대해봅니다. 🔺

# 완전 자율주행차 시대 오면
## 운전면허 안 따도 될까?

30여 년 전 국내 TV에서 인기를 끌었던 미국 드라마가 있습니다. 제목은 〈전격 Z작전〉이었는데요. 인공지능<sup>AI</sup>을 갖춘 완전 자율주행차 '키트'가 주인공 마이클을 도와 많은 사건을 해결하는 과정을 다룬 드라마입니다. 키트는 주인공이 목적지만 말하면 알아서 각종 정보를 취합해 가장 빠른 길을 선택하고, 주행 중 나타나는 위험 요소도 미리미리 파악해 대비합니다.

1990년에 개봉해 화제를 모았던 미국 영화 〈토탈 리콜〉에서도 비슷한 장면이 나오는데요. 무대는 2080년대로 주인공(아널드 슈워제네거)이 택시를 탑니다. 그런데 "어디로 모실까요?"라고 묻는 기사는 인간이 아닌 로봇입니다. 이 로봇에게 목적지를 말하면 최적의 경로를 찾아서 운행을 시작합니다.

'키트'나 '로봇 택시기사'를 미국자동차공학회<sup>SAE</sup>의 자율주행 분류로 따지면 최고 등급인 '레벨 5'라고 할 수 있습니다. 미국자동차공학회는 자율주행 단계를 레벨 0~5까지 6단계로 구분하는데요. 레벨 0은 자동화 기능 없이 운전자가 알아서 운전하는 단계입니다. 레벨 1은 사람이 대부분 운전하되 크루즈 컨트롤, 긴급제동 시스템$^{AEB}$ 등 한 가지의 자동화 장치가 이를 보조해주는 수준입니다. 레벨 2는 두 가지 이상의 자동화 장치가 운전자를 지원해주는 단계인데요. 현재 대부분의 제조사가 판매하는 차량은 레벨 1~2에 해당합니다. 미국자동차공학회는 레벨 0에서 레벨 2까지는 운전의 중심을 '인간'으로 규정합니다.

하지만 레벨 3부터는 자율주행 시스템이 그 자리를 대신합니다. 레벨 3은 고속도로 같은 특정 환경에서 운전자가 개입하지 않고 주행이 가능한 수준입니다. 레벨 4는 높은 수준의 자율주행 단계입니다. 평소에는 운전 대부분을 자율주행 시스템이 담당하고, 유사시 운전자가 개입하는 수준인데요. 가장 높은 레벨 5는 모든 환경에서 시스템이 스스로 운전하고, 사람이 전혀 관여할 필요가 없는 정도입니다. 레벨 5는 아예 핸들(스티어링 휠)이 없다고 하네요.

현재 적지 않은 자율주행차 제작사들이 레벨 3~4를 시험 중입니다. 이런 추세라면 2025년 이전에 레벨 3의 자율주행차가 상용화되고, 이후 레벨 4와 레벨 5 차량들이 속속 등장할 것 같은데요.

그런데 자율주행 기술 못지않게 중요한 것이 법과 제도의 개선입니다. 자율주행차가 제대로 다닐 수 있는 여건을 만들어줘야 하기 때문인데요. 자율주행차를 타고 가다 사고가 나면 누가 책임을 져야 할지, 보험은 어떻게 해야 할지 등등 많은 숙제가 있습니다.

그중에서도 시급한 게 '운전면허'일 겁니다. 면허를 사람에게 줘야 할지, 아니면 자율주행차에 줘야 할지가 논란이 되는 건데요. 레벨 2까지는 사람에게 운전면허를 줘야 한다는 데 별 이견이 없습니다. 그러나 레벨 3부터는 조금 얘기가 다릅니다. 물론 특정 조건이 아닌 경우 사람이 운전하기 때문에 '운전면허'는 사람에게 줘야 합니다. 문제는 종전

방식 그대로 필기·기능시험을 거쳐 운전면허를 줘야 하는가인데요.

레벨 3의 경우 운전자는 자율주행 기능이 정상적으로 작동하는지, 관련 시스템에 문제는 없는지 등을 파악할 수 있는 능력이 요구됩니다. 현재 같은 필기와 기능시험으로는 확인할 수 없는 능력입니다.

레벨 4~5로 올라가면 더 복잡합니다. 대부분의 운전을 자율주행차량이 스스로 하기 때문에 운전면허를 사람이 아닌 차량에 줘야 한다는 얘기가 나오는데요. 해당 차량이 일정한 수준의 자율주행 기능을 갖췄는지를 확인해 일종의 '운행인증' 또는 '운행허가'를 내주는 방식이 될 것 같습니다. 현재 미국의 캘리포니아와 네바다주 등에서는 시험 주행하는 자율주행차에 대해 테스트를 거쳐 주행 면허를 발급하고 있습니다. 이는 자율주행 시스템을 사실상 '운전자'로 인정하는 것이라고 볼 수 있습니다.

여기서 문제는 사람입니다. 레벨 4~5의 차를 타는 사람은 운전면허가 없어도 될까요? 사실 이들 차량은 평소 사람이 운전에 개입할 여지가 별로 없습니다. 그래서 "완전 자율주행차 시대가 오면 운전면허 안 따도 되냐?"는 질문들이 곳곳에서 오가는데요. 아직 명확한 답은 없습니다. 하지만 전문가들은 대체로 사람도 운전면허가 필요하다는 의견을 내놓고 있습니다.

국내에서 자율주행차 시대의 운전면허 제도에 대한 연구가 가장 활발한 곳은 도로교통공단인데요. 이곳에서 나온 자료를 보면 '완전 자율주행 자동차에서 운전이라는 행위 자체에 대한 해방은 가능할지 몰라도 자동차를 이용 혹은 운행하기 위해 분명 사람의 역할이 필요한 상황이 발생할 수밖에 없기 때문에 완전 자율주행 자동차 사용 혹은 운행면허 등으로의 면허가 필요하다'는 내용이 나옵니다.

완전 자율주행차라도 유사시 사람이 해야 할 역할이 생길 가능성을 배제할 수 없기 때문에 사람도 운전면허가 필요하다는 취지로 해석됩니다. 하지만 이때 취득하는 면허는 지금과는 전혀 다를 겁니다. 운전 능력도 필요하지만 자율주행 시스템에 대한 이해와 비상 대처법 등 어찌 보면 지금보다 훨씬 복잡하고 높은 수준을 요구할지도 모릅니다.

이런 내용들은 모두 아직은 논의 단계입니다. 점점 다가오고 있는 완전 자율주행차 시대, 차근차근 그러나 늦지 않게 다양한 측면에서 검토와 대응이 필요한 시점입니다.

# 완전 자율주행차 나오면
## '유령 정체' 사라질까

주요 선진국은 물론 국내 자동차와 IT 업체들도 자율주행차 개발에 상당한 투자를 하고 있습니다. 자율주행 수준을 0~5단계로 나눌 때 일부에서는 4단계 이상도 개발이 거의 끝났다는 얘기도 나오는데요.

4단계가 되면 특정 조건에서 운전자는 개입할 일 없이 자동차가 알아서 목적지까지 찾아가는 게 가능해집니다. 이를 넘어 5단계가 되면 운전자는 사람이 아닌 말 그대로 자동차가 되고, 기존의 운전자는 그냥 승객의 개념이 될 텐데요.

이런 완전 자율주행차들이 속속 등장하게 되면 상당한 변화가 생길 겁니다. 전문가들은 교통사고도 현재보다 많이 줄고, 차량 정체도 상당 부분 해소될 것으로 보고 있는데요.

그럼 교통 정체 중에서도 원인이 명확하지 않은 이른바 '유령 정체Phantom Traffic Jam'도 사라질까요? 답을 구하기 전에 먼저 유령 정체가 생기는 상황부터 살펴보겠습니다.

대체로 교통 정체가 생기는 원인은 ▷도로 용량에 비해 많은 차량이 몰릴 때 ▷교통사고가 발생했을 때 ▷도로상에 공사 구간이 있을 때 등인데요. 그런데 이런 상황이 아닌데도 이상하게 차가 막히는 현상이 심심찮게 벌어집니다. 고속도로는 물론 자동차 전용도로에서도 곧잘 겪게 되는데요. 이런 현상을 정체가 모호한 유령에 빗대어 '유령 정체'라고 부릅니다. 그동안 교통전문가와 과학자들이 유령 정체의 원인을 밝히기 위해 여러 연구를 진행한 바 있는데요.

그 중에 가장 설득력이 있다고 평가되는 게 '반응시간 지체Reaction Time Delay' 이론입니다. 영국 엑서터대학과 헝가리 부다페스트대학 공동 연구팀이 2006년 왕립학술원 학회보에 발표했는데요. 예를 들어 고속도로에서 대형 트럭 뒤를 승용차가 일정 간격을 두고 따라가는 상황을 가정합니다. 나름대로 일정한 간격을 둔다고는 하지만 속도 차이 때문에 승용차와 트럭과의 간격이 좁혀지는 상황이 생깁니다.

그러면 승용차 운전자는 브레이크를 밟게 되고, 그 뒤를 따르던 차량도 속도를 줄일 수밖에 없는데요. 이렇게 차량들이 순차적으로 반응하며 속도를 줄이다 보면 맨 뒤에 있는 차는 거의 멈춰서는 상황이 됩니다.

또 전반적인 차량 흐름이 나쁘지 않은데도 수시로 차선을 바꾸는 차량이 있는 경우에도 이런 현상이 유발되는데요. 이렇게 급차선 변경을 하는 차량을 발견하면 다른 차량의 운전자가 순간적으로 브레이크를 밟는 때가 많기 때문입니다.

이 같은 이유로 생긴 정체는 다른 돌발 요인이 없다면 차량 행렬이 일정 간격과 속도가 다시 회복되면서 저절로 풀리게 되는데요. 맨 뒤에서 차량 정체를 겪었던 운전자로서는 최초 정체가 시작된 지점을 지나더라도 왜 차가 막혔던 건지를 알 수 없게 되는 겁니다.

'나비효과Butterfly Effect' 이론도 있는데요. 나비의 날갯짓처럼 작고 경미한 바람이 폭풍우와 같은 커다란 변화를 유발한다는 것으로 1960년대 무렵 기상학에서 처음 등장했습니다. 일정한 흐름 속에 있던 차량의 운전자가 졸거나 휴대전화 사용 등의 일탈 행동으로 1~2초간 멈칫할 경우 이를 본 뒤의 차들이 속도를 줄이거나 차선을 바꾸면서 체증을 유발하게 된다는 내용입니다. 그런데 자세히 보면 결국 유령 정체가 만들어지는 데 가장 크게 일조하는 건 역시 인간인데요, 인간이 운전대를 잡고 있기 때문에 유령 정체가 생긴다고 할 수 있다는 겁니다.

일본 나고야대학의 스기야마 유키 교수가 2008년 실시한 이른바 '스기야마의 실험'에서도 이런 사실이 입증되었는데요. 그는 길이 250m의 원형 도로에서 22대의 차가 일정 간격을 유지하며 달리는 실험을 했습니다.

차들을 동일한 간격으로 배치한 뒤 일정한 속도(시속 30km)로 달리게 했지만 얼마 뒤 일부 차량이 정체되는 현상이 생겼는데요. 인간이 운전을 하다 보니 차량마다 속도에 미세한 차이가 나면서 간격 유지에 실패한 겁니다.

이렇게 보면 인간이 아닌 기계, 아니 정확히는 '첨단 자율주행 시스템'이 운전을 하게 되면 유령 정체는 해소될 거란 추정이 가능한데요. 하지만 상황은 그렇게 간단하지 않습니다.

우선 5단계의 완전 자율주행차가 등장하더라도 도로상에서 상당 기간 인간이 운전하는 차와 공존할 가능성이 높기 때문인데요. 자율주행차가 인간 개개인이 지니고 있는 독특한 운전 습관과 돌발 행동을 모두 파악하고 대비하기는 불가능하기 때문에 예기치 못한 혼란이 발생할 수도 있습니다.

심현 한국교통대학 교수는 "자율주행차와 사람이 운전하는 차량이 뒤섞이다 보면 돌발 상황 대응은 물론 신호 반응 속도 등에서도 차이가 생겨 뜻하지 않은 다양한 문제가 야기될 수 있다"고 말합니다. 한국교통안전공단의 전문가도 "아직은 현실화되지는 않고 있지만 향후에 자율주행차와 운전자가 직접 운전하는 차 사이에 여러 가지 통제하지 못할 간섭이 일어나지 않을까 예측된다"고 말합니다.

결국 기계적으로, 시스템적으로 정확하게 운행하는 자율주행차만으로 도로를 채우는 때가 되어야 유령 정체는 비로소 사라질 거라는 답이 나옵니다. 이때가 언제일지는 예측하기 어렵습니다. 최소한 한 세대, 30년은 걸려야 한다는 얘기도 나오는데요. 끊임없는 관심과 준비가 필요해 보입니다.▰

# 택시·버스·자전거 한 번에 예약!
## '빠른 길 찾기' 넘은 앱의 진화

　서울에 사는 30대 직장인 A씨는 출근길에 나서기 전에 맨 먼저 확인하는 게 있습니다. 스마트폰에 설치해놓은 앱<sup>App</sup>인데요. 주로 대중교통을 이용하는 A씨는 앱에서 회사나 거래처까지 가는 가장 빠른 방법을 우선 검색합니다. 그러면 버스와 지하철, 택시, 자전거에 전동 킥보드, 때로는 공유 차량까지 이용 가능한 대부분의 교통 수단이 조합된 방법이 제시되는데요.

　가장 빠르게 가면서도 걷는 건 최소화하거나, 비용을 가장 적게 들이면서 목적지에 도달하는 등 여러 선택지가 제공되는 겁니다. 여기까지는 국내 유명 포털 사이트에서도 볼 수 있는 '○○○ 길찾기' 수준입니다.

　그런데 이게 끝이 아닙니다. 여러 선택지 중에서 하나를 골라서 들어가면 타야 하는 버스의 도착 예정시간과 지하철 도착 예정시간 등을 클릭 한 번으로 확인할 수 있습니다.

　A씨는 "새로 설치한 앱 덕분에 집에서 버스나 지하철을 타기 위해 출발해야 하는 시간을 보다 쉽고 정확하게 가늠할 수 있어서 편리하다"

고 말합니다. 또 거래처를 가기 위해 버스나 지하철에서 내려 택시를 타야 하는 경우에는 앱 안에서 바로 호출예약도 할 수 있습니다. 서울시의 공용 자전거인 '따릉이'나 공유 전동 킥보드 역시 예약과 결제가 가능하다고 합니다.

공유 차량(카 쉐어링)이 필요할 때도 앱 안에서 이용 가능한 위치와 차량 정보를 바로 확인해서 예약할 수 있는데요. 익숙지 않은 지역에 있을 때 가까운 버스정류장이나 지하철역 또는 주차장을 찾는 기능 역시 갖추고 있습니다.

이런 앱만 스마트폰에 설치해놓으면 출근길은 물론 비교적 낯선 지역을 가게 되더라도 꽤 든든할 것 같은데요. 이 A씨 사례는 앱의 다양한 기능을 소개하기 위한 가상 상황입니다.

하지만 이 같은 기능을 가진 앱을 이미 활용하는 나라들이 있습니다. 앱을 언급하기 전에 먼저 '마스 MaaS, Mobility as a Service'라는 교통 서비스 분야에서 새롭게 주목받는 개념을 하나 짚고 가야 합니다.

우리말로 직역하자면 '서비스로서의 이동 또는 교통' 정도가 될 텐데요. 조금 풀어서 얘기하면 '통합 이동 서비스' 정도로 불러도 될 듯합니다. 마스라는 개념이 등장한 건 사실 몇 년 되지 않았습니다. 주로 유럽에서 확산되고 있는데요.

마스의 선두주자인 핀란드의 'MaaS Global(마스 글로벌)'은 "(마스는) 모든 교통 수단을 제공하고, 서로 다른 운송업체의 옵션을 결합해 한 번에 계획 및 결제가 가능하며 사무실 출퇴근부터 주말 활동까지 택시, 대중교통, 렌터카, 자전거 공유 등 가장 적합한 옵션을 선택하여 가장 스마트한 방법으로 활동을 관리하는 서비스다"라고 정의합니다.

한마디로 스마트폰에 마스 앱 하나만 깔아놓으면 출퇴근에서부터 레저 활동까지 몇 번의 클릭만으로 필요한 모든 교통 수단을 선택해서 사용하고 결제도 할 수 있다는 얘기입니다.

세계 최초의 마스 앱 서비스는 핀란드의 마스 글로벌이 2016년 수도 헬싱키에서 시작한 'Whim' 서비스인데요. 핀란드 정부와 에릭슨, 지멘스, 우버 등이 참여했다고 합니다. 무료 이용부터 일정 요금을 내고 그에 맞는 특정 서비스를 받는 것까지 다양한 방식으로 운영되고 있습니다. 역시 같은 유럽 국가인 독일과 스웨덴에서도 2~3년 사이에 유사한 서비스를 시작했습니다. 마스가 지금은 대중교통 수단의 통합 서비스 제공에 집중하고 있지만 앞으로는 호텔, 펜션 등 숙박 관련 서비스로까지 영역이 확장될 거란 전망도 나옵니다.

마스가 활성화되면 어떤 효과를 볼 수 있을까요? 우선 이용자 입장에서는 최적의 교통 수단을 상황에 맞게 다양하게 이용할 수 있기 때문에 시간과 비용 등을 상당 부분 줄일 수 있습니다.

또 이러한 장점 덕분에 대중교통 이용객이 늘어난다면 자연스럽게 자동차 통행량이 줄어들게 돼 도로 혼잡도 꽤 감소할 것으로 기대됩니다. 물론 배기가스 배출량도 줄어들어 공기 질을 높이는 데도 도움이 될 겁니다.

마스 시스템을 다른 사업 분야에도 적용 가능하다는 얘기도 나오고 있습니다. 그래서 많은 나라에서 마스에 관심을 보이고 있죠. 하지만 국내에서 마스는 아직 시작 단계입니다. 마스가 좀 더 활성화되려면 지역에 특화된 앱, 그리고 전국적으로 통용되는 앱 등 여러 가지 서비스가 보다 더 개발돼야 할 겁니다. 이 과정에서 현재 포함되지 않은 다른 교통 수단들도 참여시키는 노력이 필요합니다. ▰

# 가로변 전용차로에서 S-BRT, BTX까지
## 버스체계의 진화

요즘 서울에서는 노선버스를 타면 제법 빠르게, 제시간에 목적지에 도착할 수 있습니다. 한때 자동차와 뒤섞여 극심한 교통체증을 빚던 만원 버스를 생각하면 정말 환골탈태한 건데요. 그 비결은 뭐니 뭐니 해도 '중앙버스전용차로'입니다. 다른 차량과 완전히 구분돼 버스만 다닐 수 있는 차로를 도입하면서 버스 속도가 크게 향상된 건데요.

국내에서 버스전용차로가 처음 선을 보인 건 1986년 서울의 왕산로(동대문구)와 한강로(용산)에서입니다. 당시는 도로의 가장 바깥 차선을 이용한 '가로변 버스전용차로'였는데요. 나름 과감한 시도이긴 했지만, 가로변의 차로를 쓰다 보니 불법 주정차 차량에 택시 승객 승하차, 상품 하차 등까지 겹치면서 제 기능을 발휘하지는 못했다는 평가입니다.

참고로 버스전용차로를 처음 고안한 나라는 미국으로, 심각한 교통난을 방지하기 위해서였다고 하는데요. 1940년 시카고에서 가장 먼저 등장했다고 합니다. 중앙버스전용차로가 국내에 도입된 건 1996년 초 서울의 천호대로(신답로터리~아차산역 사거리)가 처음인데요. 본격적으로 확대된 건 2004년 7월 서울시의 대중교통 개편 때입니다.

지금은 서울 주요 지역은 물론 부산 해운대 등에도 중앙버스전용차로가 설치돼 빠른 속도로 승객을 실어 나르고 있는데요. 사실 이 정도만 해도 과거에 비하면 크게 나아졌지만, 이보다 앞선 버스 시스템이 또 있습니다.

바로 간선급행버스체계, BRT<sup>Bus Rapid Transit</sup> 입니다. 이 시스템은 1970년대 미국 등 선진국에서 시작됐다고 하는데요. 전용차량과 차로, 전용 승강장, 우선 신호, 버스 도착 정보 시스템, 환승 정거장 등을 갖춰 '땅 위의 지하철'이라고도 불립니다.

빠른 속도와 정시성, 대량 수송력 등 지하철의 장점을 도로 위에 최대한 도입한 시스템인데요. 굴절버스 등 기존 노선버스보다 수송 능력이 훨씬 큰 전용 차량을 이용하는 데다 건설비가 지하철의 10% 정도밖에 들지 않는 것도 장점입니다. 그래서 국내에서도 2000년대 후반부터 BRT가 많이 거론되기 시작했는데요. 하지만 실제로는 중앙버스전용

대량 수송이 가능한 전기 굴절버스　　　　　　　　출처: 국토교통부

차로 수준을 벗어나지 못하는 게 사실입니다.

충북의 오송역에서 세종시를 연결하는 BRT가 그나마 입체교차로(지하화) 등을 갖춰 진일보한 것으로 평가받지만, 기존 노선버스가 주행하는 방식이어서 엄밀한 의미의 BRT는 아닌 셈입니다. 그러다 보니 국내에서는 'BRT = 중앙버스전용차로'라는 인식이 강한데요. 이를 벗어나 버스체계를 보다 획기적으로 개선하겠다는 시도가 최근 다시 시작되고 있습니다.

2019년 국토교통부 대도시권광역교통위원회(대광위)가 발표한 '광역교통비전 2030' 속에 그 내용이 들어 있는데요. 바로 S-BRT와 BTX **Bus Transit eXpress** 입니다. S-BRT의 S는 'SUPER(대단한, 굉장한)'를 의미합니다. 지금 같은 낮은 수준의 BRT가 아닌 제대로 된 BRT를 만들겠다는 의지가 담긴 표현인데요. S-BRT는 국내에서 만든 용어로 국제적으로 쓰이는 단어는 아닙니다.

굴절버스나 2층 전기버스 같은 전용차량에 전용차로 그리고 가급적 멈춤 없이 달릴 수 있는 우선 신호 시스템까지 갖춰 통행시간을 평소보다 최대 20% 이상 줄일 수 있다고 합니다.

그리고 정류장에서는 지하철역처럼 미리 요금을 지불하고 입장해 승차할 때 요금을 내는 것보다 훨씬 빠르게 승객 처리가 가능하다는 장점도 있는데요. 대광위의 계획대로라면 기존 신도시 또는 새로 개발하는 신도시와 서울의 주요 지역 간에 S-BRT가 도입될 가능성이 높아 보입니다. 아마도 2020년대 중반쯤에는 직접 경험해볼 수 있지 않을까 싶습니다.

BTX 역시 이번에 대광위에서 만든 용어라고 하는데요. 우리말로 하면 '고속 광역버스 서비스' 정도가 될 것 같습니다. BTX가 S-BRT

와 다른 점은 강변북로, 올림픽대로 같은 도시고속도로 위에 전용차로를 만들어 보다 빨리 달리게 한다는 건데요. 이렇게 고속 전용차로를 이용하게 되면 평소보다 통행시간이 30% 이상 단축될 거라는 게 대광위 설명입니다. 차량은 2층 전기버스 같은 친환경 차량을 쓰겠다고 하는데요.

또 S-BRT가 대도시권 외곽과 도심지의 주요 지역을 개별적으로 이어주는 노선을 다닌다면 BTX는 대도시권 외곽에서 도심지의 주요 지하철역이나 기차역을 연결해주는 이른바 '네트워크' 강화가 차별점이라고 합니다.

하지만 BTX를 실현하는 데는 작지 않은 난관도 있어 보입니다. 무엇보다 지금도 가뜩이나 차가 막히는 강변북로나 올림픽대로의 차선 하나를 떼어내서 버스전용차로로 사용하는 것에 대한 운전자들의 반발이 불을 보듯 뻔합니다.

그래서 강변북로나 올림픽대로를 따라 대심도 지하도로를 만들어 지하부는 승용차가, 지상부는 BRT나 버스가 사용할 수 있도록 한 뒤에나 도입이 가능하지 않겠느냐는 의견도 나오는데요. 대광위는 어떻게든 서둘러 BTX를 도입하려는 생각인 것 같습니다. 결국 이를 실현하기 위해서는 승용차 운전자들에 대한 설득이 무엇보다 관건이 될 겁니다. S-BRT와 BTX가 언제 선을 보일지 모르겠지만, 버스전용차로에서 시작해 버스체계가 진화를 거듭하고 있는 건 사실입니다. 🔊

# 이것만 보면 고속도로 속살 다 보인다
## 노선 번호의 비밀

⌄

1970년 개통한 경부고속도로의 노선 번호는 '1'번입니다. 우리나라의 대표 도로라는 상징성을 반영해서 붙여진 숫자인데요. 그러면 2번, 3번 고속도로도 있을까요? 그렇지는 않습니다. 한 자리 숫자의 번호를 가진 고속도로는 경부고속도로가 유일합니다. 대표성을 인정해서 예외를 허용한 겁니다.

국내에서 고속도로에 번호를 붙이는 방식은 국토교통부의 '고속국도 등 도로 노선 번호 및 노선명 관리 지침'에 정해져 있는데요. 이 지침에 따르면 고속도로의 노선 번호만 알면 그 방향과 도로 규모 등 웬만한 정보를 한눈에 알 수 있습니다.

노선 번호가 '10'번인 고속도로를 예로 들어볼까요?

번호만으로도 알 수 있는 정보는 우선 동서로 뻗어 있으며, 규모가 큰 간선도로 중 가장 남쪽에 위치한다는 겁니다. 바로 '남해고속도로'인데요. 전국의 고속도로 노선망을 확인해보면 번호를 통해 알아낸 정보가 정확하다는 걸 확인할 수 있습니다.

노선 번호 1번인 경부고속도로

출처: 한국도로공사

번호만으로 어떻게 이런 정보를 알 수 있느냐고요?

고속도로에 노선 번호를 붙이는 원칙은 첫째로 남북 방향은 홀수 번호, 동서 방향은 짝수 번호를 부여한다는 겁니다. 그리고 남북 방향은 서쪽에서 동쪽으로 갈수록 숫자가 커지고, 동서 방향은 남쪽에서 북쪽으로 오름차순으로 노선 번호를 줍니다.

둘째는 도로의 규모에 따라서 자릿수가 달라집니다. 국토를 종단 또는 횡단하는 '간선노선'에는 두 자리 숫자가 부여되는데요. 남북 방향은 끝자리에 '5'번을, 동서 방향은 '0'번을 붙입니다. 간선노선보다 규모가 작은 '보조노선'에도 역시 두 자리 숫자가 주어지기는 하지만 끝

자리가 다릅니다. 남북 방향은 끝자리에 1·3·7·9번이, 동서 방향은 2·4·6·8번이 부여됩니다. 참고로 보조노선은 간선노선 축에서 나누어져서 주요 도시나 산업단지, 항만과 공항 등을 연결하며 2개 시·도 내외를 통과하는 노선을 일컫습니다.

또 간선노선 또는 보조노선에서 갈라져서 인근 도시나 항만, 공항 등을 잇는 짧은 고속도로인 '지선'에는 세 자리 숫자가 부여됩니다. 앞 두 자리는 관련이 되는 간선노선 또는 보조노선의 번호를 그대로 씁니다. 대신 셋째 자리에는 남북 방향은 1·3·5·7번을, 동서 방향은 2·4·6·8을 붙입니다.

이 기준을 적용하면 남해고속도로는 전남 영암과 부산을 동서로 잇는 간선노선인 만큼 우선 두 자리 숫자가 되고, 끝자리에 '0'이 붙게 됩니다. 그리고 동서 방향의 간선노선 중 가장 남쪽에 있기 때문에 앞에 '1'을 넣어 '10'번이 된 겁니다. 동서를 연결하는 간선노선 중에서 가장 북쪽에 있는 서울양양고속도로의 번호는 '60'번입니다.

그러면 서해안고속도로는 몇 번일까요? 먼저 이 도로는 서울에서 전남 무안을 남북 방향으로 연결하는 간선노선이기 때문에 두 자리이고 끝자리에 '5'를 써야 합니다. 또 남북 방향 고속도로 가운데 가장 서쪽에 있기 때문에 '1'을 붙이면 '15'번이 됩니다.

서해안고속도로의 바로 오른쪽에 위치한 간선노선인 호남고속도로의 번호가 '25번'인 것도 이 같은 방식에 따른 겁니다. 서에서 동으로 갈수록 앞 숫자가 커지는 겁니다. 동쪽 끝에 있는 동해고속도로의 노선 번호가 '65'번인 것도 마찬가지입니다.

보조노선은 연결된 간선노선의 번호에 영향을 받는데요. 예를 들어 남북 방향인 평택화성고속도로는 서해안고속도로(15번)의 오른쪽에 있

노선 번호 100번인 수도권 제1순환고속도로

기 때문에 뒷자리에 '7'을 붙여서 17번이 되는 겁니다. '12번' 도로는 남해안고속도로(10번)와 연결되며 위쪽에 위치한 보조노선이라는 의미를 담고 있습니다. 또 '151'번은 세 자리이므로 우선 짧은 거리인 지선이고, 서해안고속도로(15번)에서 갈라져 나온 남북 방향 도로라는 걸 알수 있습니다.

그러면 순환고속도로는 어떻게 번호를 붙일까요? 남북 방향도, 동서 방향도 아닌 그야말로 순환인데 말이죠. 이게 세 번째 원칙입니다. 순환고속도로는 세 자리로 하되 맨 앞에는 해당 도로가 있는 지역의 우편번호 첫 자리를 사용합니다. 다만 도로명으로 바뀐 지금의 우편번호가 아닌 6자리의 옛 우편번호입니다. 그래서 서울은 '1', 대전은 '3', 부산은 '6'이 붙게 되는데요. 그 뒤에는 '00'번을 사용합니다. 이런 이유로 수도권 제1순환고속도로(옛 서울외곽순환고속도로)는 번호가 '100'이 되는 겁니다. 부산외곽순환고속도로는 '600'번입니다. 고속도로를 달리며 무심코 지나치는 노선 번호라도 조금만 규칙을 알면 그 '속살'을 볼 수 있습니다.🔊

# 경부고속도로 통행료 안 받으면
## 한국도로공사 한해 1조 원 손실

"더 이상 통행료를 받지 말라."

경인고속도로와 울산고속도로의 통행료를 두고 나오는 얘기입니다. 지역 주민과 시민단체 등이 통행료 폐지를 강하게 요구하고 있는데요. 경부고속도로의 통행료 역시 심심찮게 폐지 대상으로 거론됩니다.

지역 주민과 시민단체 등에서는 그동안 받은 통행료로 이미 투자비를 회수했고, 유료도로법에 규정된 통행료 징수 기간인 30년을 넘은 점들을 근거로 들고 있습니다. 실제로 1968년 말에 개통한 경인고속도로는 총 투자액이 누적 기준으로 2,760억 원이지만, 그동안 징수한 통행료에서 각종 비용을 제외한 이익금(회수액)이 6,583억 원으로 투자비의 2배가 넘습니다. 회수율로 치면 239%나 됩니다.

1969년 말에 문을 연 길이 14.3km의 울산고속도로(울산 남구 무거동~울주군 언양읍)도 투자비(720억 원)보다 훨씬 많은 1,762억 원의 이익을 남겨 회수율이 국내 고속도로 중 가장 높은 245%에 달합니다.

이들 두 고속도로에 이어 1970년에 개통한 경부고속도로 역시 회수율 147%를 기록 중인데요. 최초 공사비에 확장·선형 개량 등의 추가

투자비용을 모두 합한 건설투자비가 지금까지 모두 7조 2,367억 원이지만, 통행료로 벌어들인 이익금은 이를 훌쩍 뛰어넘는 10조 6,300억원에 이릅니다. 현행 유료도로법 제16조의 '통행료의 총액은 해당 유료도로의 건설 유지비 총액을 초과할 수 없다'는 규정을 대입해보면 얼핏 법 규정을 어긴 것으로 보이기도 합니다.

통행료 징수기간도 마찬가지입니다. 유료도로법 시행령 제10조에는 '30년의 범위 안에서 수납기간을 정하여야 한다'고 명시돼 있습니다. 그런데 경부·경인·울산고속도로는 모두 개통한 지 30년을 한참 넘겼습니다.

이 같은 근거로 해당 지역에서는 고속도로 통행료를 더는 받지 말고, 관리권을 지자체가 행사하는 일반도로로 전환하라고 주장합니다. 2001년에는 경인고속도로의 통행료 부과를 취소하라는 소송까지 제기했는데요. 하지만 패소했습니다.

그 이유는 바로 한국도로공사의 '통합채산제'에 있습니다. 통합채산제는 한마디로 한국도로공사가 운영하는 30개 가까운 고속도로를 한 묶음으로 보고 그 수익을 합산해서 수지타산을 따지는 겁니다. 적자가 난 고속도로의 유지·보수비용을 흑자를 기록한 다른 고속도로의 수익으로 메우는 구조인데요. 1980년 1월에 도입한 이 제도는 노선별 채산제를 할 경우 수익이 낮은 노선과 수익성이 높은 노선 사이에 생기는 차이와 그로 인한 불균형 등을 해소하기 위한 취지였습니다.

노선별 채산제를 채택하면 수익이 낮은 노선은 통행료를 상대적으로 높게 받아서 부족분을 메워야 하는데 이렇게 되면 지역 간에 고속도로 통행료가 서로 차이가 나는 문제가 생기기 때문인데요. 당시 고속도로 통행료는 일종의 공공요금으로 철도, 전기요금과 마찬가지로 전국적으로 동일한 수준이 적용돼야 한다는 원칙이 반영된 조치라고 합니다.

또 한국도로공사는 오래된 고속도로와 신규 고속도로가 한 묶음이기 때문에 특정 고속도로에만 통행료 징수기간 30년 제한 규정을 적용해서는 안 된다고 주장합니다. 실제로 한국도로공사가 국회에 제출한 '전국 고속도로 투자비 회수 현황'에 따르면 한국도로공사가 운영하는 28개 노선 가운데 2016년을 기준으로 투자비를 회수한 고속도로는 경부·경인·울산고속도로와 호남지선 4개 노선뿐입니다. 호남지선은 충남 논산시 연무읍에서 대전 대덕구 회덕동에 이르는 길이 54km의 도로로 당초 호남고속도로의 일부로 1970년 12월 개통됐습니다.

반면 88고속도로(대구~광주) 등 5개 노선은 개통 이후 계속 적자를 기록하고 있습니다. 이렇게 흑자와 적자 노선 등을 모두 따지면 누적 기준으로 전체 투자액은 81조 4,000억 원이고, 회수액은 25조 1,881억 원으로 회수율은 31%에 그칩니다.

특히 논란이 되는 경부고속도로만 따져보면 2016년 기준으로 통행량은 전국 고속도로(26억 7,000만 대)의 18%(4억 8,000만 대)에 달합니다. 무엇보다 중요한 것은 통행료 수입인데요. 1조 40억 원으로 전국 통행료 수입(4조 400억 원)의 25%나 됩니다.

한국도로공사는 한해 4조 원가량인 통행료 수입으로는 30조 원에 달하는 차입금 원금과 이자비용(약 4조 2,000억 원)에도 못 미친다고 말합니다. 그래서 신규건설이나 노후시설 개량, 유지관리비용은 다시 빚을 얻어서 충당하고 있다고 하는데요. 한해 1,400억 원가량 된다는 한국도로공사의 흑자는 통행료가 아닌 휴게소 운영 수입에서 나온 것이라는 설명입니다.

상황이 이렇다 보니 만일 경부고속도로의 통행료가 폐지된다면 한국

경부고속도로 서울톨게이트 전경　　　　　　　　　　　　출처: 한국도로공사

도로공사는 운영에 막대한 타격을 입을 수밖에 없습니다. 이를 메우려면 다른 고속도로의 통행료를 올려야 하는데요. 적자 노선이나 통행량이 적은 노선의 통행료가 많이 올라가는 상황이 됩니다.

　물론 경인 · 울산고속도로는 경부고속도로에 비하면 상대적으로 비중이 적은 게 사실입니다. 하지만 전국 고속도로 가운데 한 곳이라도 예외가 인정돼 통행료가 없어지면 통합채산제의 틀 자체가 무너질 수 있다는 게 한국도로공사의 우려입니다.

　또 한 가지, 일부 고속도로의 통행료가 폐지될 경우 향후 발생하는 유지 · 보수비용은 누가 부담하느냐가 문제일 수 있습니다. 지자체 관리로 넘어가게 되면 그동안 고속도로 이용자가 부담하던 비용을 일반 시민들이 내는 세금으로 충당해야만 하는데 이게 적절한가라는 논란이 예상됩니다. 게다가 기존 고속도로처럼 시속 100km의 도로로 유지하겠다고 하면 유지보수 비용은 더 많이 들어갈 수도 있습니다.

만일 지자체가 아닌 한국도로공사가 계속 관리한다고 해도 해당 고속도로들의 유지보수 비용을 마련하기 위해 다른 고속도로의 통행료를 올릴 가능성이 높습니다. 결국 한두 고속도로의 통행료 폐지가 다른 나머지 고속도로, 그리고 많은 운전자에게 직접적인 영향을 미친다는 의미인데요.

이 때문에 통행료 폐지 논란은 단칼에 해결할 방법은 사실 없어 보입니다. 결국 지역 주민과 해당 기관, 정부, 지자체가 진솔한 대화와 이해를 통해 고속도로의 기능은 살리면서 부담은 최소화할 수 있는 절충점을 찾는 부단한 노력을 기울여야 할 시점이라는 생각입니다.🔊

# '서울 → 부산 8시간 10분'이라는데…
## 정부 예측 못 믿는 이유

⌄

'서울→부산 8시간 10분'

2020년 초 설 연휴에 자동차로 서울에서 부산까지 귀성길에 오를 때 걸릴 최대 소요시간을 정부가 예측한 수치입니다. 부산에서 서울로 오는 귀경길은 최대 8시간이 소요될 것으로 내다봤는데요.

정부는 매년 설과 추석 때면 특별 수송 대책을 발표하면서 주요 도시 간의 귀성·귀경 최대 소요시간도 예측해서 공개합니다. 주로 서울~대전, 서울~부산, 서울~광주, 서서울~목포, 서울~강릉 구간이 대상인데요.

정부가 예측한 소요시간은 얼마나 정확할까요? 실제로 운전자들이 느끼는 소요시간과 차이가 크다는 지적이 있는 것도 사실입니다.

먼저 예측의 정확도를 확인하기 위해 2015년 설부터 2019년 추석까지 5년간 명절 때 주요 도시 간의 최대 소요시간 예측치와 실제 소요시간을 비교해봤습니다.

이렇게 따져보니 하행에선 최대 5시간 10분까지 차이가 났습니다. 2016년 설 연휴 때 서울~강릉 구간의 귀성길에서인데요. 정부는 최대 소요시간을 3시간으로 잡았지만 실제로는 8시간 10분이나 걸린 겁니다. 당시 서울~부산 구간도 귀성길 예측치는 5시간 20분이었지만 이보다 3시간 40분이 더 소요됐습니다.

2017년 추석 연휴에는 서울~부산, 서서울~목포, 서울~강릉 구간 등에서 정부 예측치보다 3시간 30분가량 더 걸린 것으로 확인됐는데요. 당시 서서울~목포 구간은 귀성이 5시간 40분, 귀경이 6시간 10분으로 예측됐지만 실제로는 각각 8시간 20분과 9시간 50분이 소요됐습니다.

2019년 설에도 서울~부산의 귀성길 예측치는 실제와 비교해 2시간 50분의 차이가 있었습니다. 2019년 추석은 그나마 양호해 1시간 30분가량 차이가 최대치였는데요.

이 같은 차이는 왜 발생하는 걸까요? 우선 정부가 발표하는 예측치는 실제로는 한국도로공사에서 계산한 겁니다. 한국도로공사의 교통센터 관계자는 "통행량과 소요시간을 예측하기 위해서는 먼저 명절 전후 연휴가 며칠인지 등을 따지고 최근 10년간 패턴이 유사했던 명절을 찾아낸다"라고 설명합니다.

그러면 당시에 날짜별 통행량과 소요시간 확인이 가능합니다. 명절 전에 휴일이 많으면 귀성길 교통량이 분산되고, 반대로 명절 뒤 연휴가 길면 귀경길이 상대적으로 편한 현상이 나타날 것으로 예측할 수 있는데요.

여기에 새로 개통한 고속도로가 있는지 등 달라진 도로 상황을 대입해서 최종적으로 예측치를 산출하는 겁니다. 하지만 갑작스러운 날씨 변화나 사고 등이 생길 경우 소요시간이 크게 늘어나는 건 어쩔 수 없어 보입니다.

또 한 가지 차이가 크게 느껴지는 이유는 정부가 귀성길 소요시간을 정하는 기준 때문인데요. 설이나 추석 전날까지만 귀성으로 본다는 겁니다. 즉 명절 당일에 일찍 귀성길에 올랐다고 해도 그건 정부의 산정 기준으로는 귀성이 아닌 겁니다.

그런데 한국도로공사에 따르면 대체로 명절 당일에 하행이나 상행 모두 많이 막힌다고 하는데요. 이렇게 보면 명절 당일날 귀성에 올랐을 경우 실제로 경험한 시간과 정부 예측치가 차이가 클 수밖에 없어 보입니다. 물론 귀경 소요시간은 명절 당일부터 적용됩니다.

소요시간을 측정하는 구간도 운전자의 체감과는 차이가 나는데요. 정부가 발표하는 주요 도시 간의 최대 소요시간은 영업소~영업소 사이를 통과하는 기준입니다. 예를 들어 서울~부산의 경우 서울영업소를 출발해 부산영업소까지 도달하는 시간만 고려한 겁니다. 그러니까 집에서 출발해 서울영업소까지 가는 시간, 그리고 부산영업소를 빠져나가 고향 집까지 가는 시간은 포함되지 않습니다. 그래서 예측치보다 실제로 고향 집까지 가는 데 걸린 시간이 훨씬 길게 느껴질 수 있다는 설명입니다.

그럼 귀성·귀경길에 조금이라도 빨리 이동하려면 어떤 방법이 좋을까요? 흔히 내비게이션에 많이 의존하는데요. 하지만 장거리 운전에서는 내비게이션만 믿어서는 낭패를 볼 수 있다는 게 한국도로공사의 설명입니다.

광주, 부산 등에서 서울까지 가는 장거리 노선의 경우는 출발할 때 내비게이션 상으로 소통이 원활하게 나타날 수도 있지만, 실제로 주행을 하다 보면 중간 지점쯤부터 차량이 몰려들어 정체가 생길 가능성이 높다는 겁니다.

그래서 한국도로공사가 운영하는 '로드플러스(www.roadplus.co.kr)' 등 관련 앱이나 웹사이트에서 정체 예상 구간을 미리미리 확인하는 게 필요하다고 하는데요. 이들 정체 예상 구간을 먼저 알게 되면 어느 정도 우회할 수도 있어 그만큼 시간을 줄일 수 있는 겁니다.

　그러나 무엇보다 귀성·귀경길에서는 안전이 최우선입니다. 조금 시간을 아끼려고 과속하거나, 급차선 변경을 하다 보면 자칫 더 큰 낭패를 볼 수도 있기 때문입니다.■

# 하이패스 없이 무정차 통과,
## '무한진화' 톨게이트의 숙제는?

고속도로나 유료도로를 이용하다 보면 통행료를 받는 시설이 있습니다. 바로 '톨게이트<sup>Toll Gate</sup>'인데요. 우리말로는 '요금소'라고 부릅니다. 한국도로공사에 따르면 톨게이트라는 단어는 1095년 영국에서 발간된 《최후의 날<sup>Dooms day Book</sup>》이란 책에서 처음 사용됐으며, 1286년 런던 다리에서 처음 통행료를 받기 시작했다고 합니다. 미국은 1656년 영국에서 통행료 제도를 들여왔다고 하네요.

유료도로 제도는 유럽에선 프랑스·스페인·포르투갈 등 13개국이 도입했고 일본과 미국, 우리나라에서도 같은 제도를 운영하고 있습니다. 국가 재정만으로는 부족한 도로 건설 재원과 관리비 등을 충당하기 위해서입니다.

국내에서는 1968년 12월 경인고속도로가 개통되면서 통행료를 받기 시작했습니다. 이후 경부·호남고속도로 등이 속속 개통하면서 통행료 수입은 더 늘어나게 됐는데요. 현재는 한국도로공사의 연간 통행료 수입이 4조 원에 달합니다.

통행료를 받는 톨게이트에는 두 가지 방식이 있습니다. '폐쇄식'과

'개방식'인데요. 폐쇄식은 경부고속도로 등 대부분의 노선에서 이뤄지는 방식으로 IC(나들목)마다 요금소를 설치해 실제 이용거리에 해당하는 통행료를 받는 방식입니다. 요금을 내고 나가면 일반도로와 연결됩니다.

반면 개방식은 수도권처럼 IC 간 거리가 짧고, 고속도로가 도시지역을 통과하는 등 현실적으로 IC마다 요금소를 두기 곤란한 상황일 때 사용되는데요. 도로상의 일정 지점에 요금소를 설치해 요금소별 최단 이용거리에 해당하는 통행료를 징수하는 방식입니다. 요금소를 통과해도 계속 고속도로상에 머물게 됩니다.

그러면 톨게이트에서 통행료는 어떻게 받을까요? 가장 오래되고 아직도 남아 있는 방식이 요금창구에서 수납원에게 직접 현금을 내는 겁니다. 폐쇄식에서는 통행권을 수납원에게 준 뒤 해당 요금을 건네면 되고, 개방식은 정액으로 정해진 요금을 납부하면 됩니다. 단순한 방식이지만 차량이 몰릴 때면 요금을 내기 위해서 줄을 길게 서야 해서 시간이 오래 걸리고, 공회전 등으로 인해 배기가스 배출량도 적지 않은 문제점이 있었는데요.

하지만 이 방식은 1968년 이후 30년 넘게 큰 변화가 없었습니다. 현금 대용으로 일정액이 충전된 고속도로 카드를 쓸 수 있도록 하는 등 지불 방식이 일부 다양화됐을 뿐인데요.

획기적인 변화는 2000년 6월 전자식 수납 방식인 '하이패스Hi-pass'의 도입이었습니다. 전자식 수납의 일종인 'ETC Electronic Toll Collection' 방식으로 차량 내에 하이패스 같은 특정 단말기를 설치한 뒤 요금소의 전용 차로를 통과하면 자동으로 요금이 지급되는 건데요.

통행료를 내기 위해 통행권을 뽑을 필요도, 요금소에 정차할 필요도

고속도로 다차로 하이패스
출처: 국토교통부

없어서 요금소 통과시간이 획기적으로 단축되는 게 장점입니다. 물론 하이패스 차로를 지날 때 속도를 시속 30km가량으로 대폭 줄여야만 하는 데다 전용차로 입구로 진입하는 통로가 좁아 충돌 사고도 간혹 발생하곤 합니다.

하이패스 시스템은 도입 이후 보급률이 빠르게 늘어 80% 초반까지 상승했는데요. 하지만 개인정보 노출 등을 꺼리는 이용자가 적지 않아 더 이상 보급률이 늘지는 않고 있습니다.

2018년에 기존 하이패스 시스템을 한 단계 업그레이드한 방식이 등장했는데요. 바로 하이패스 전용차로를 2~3개씩 묶어 더 빠르고 안전하게 통과할 수 있도록 한 '다차로 하이패스'입니다. 도로 위에 하이패스 인식 기능을 장착한 '갠트리(수평 철 구조물 중간에 넓은 간격을 두고 지지대를 내려 다리 모양으로 만든 구조물)'를 설치해 장애물을 최대한 없앤 덕에 통과 속도가 시속 80km가량으로 향상됐습니다. 다차로 하이패스 옆에는 직접 현금을 수납하는 차로와 창구가 따로 있습니다.

이런 방식을 'ORT Open Road Tolling'라고 부릅니다. 갠트리를 이용해 도로 상에 자동차 주행을 막는 별다른 구조물이 없기 때문에 'Open Road(탁 트인 도로)'란 단어를 쓴 거로 해석됩니다. ETC보다 한 단계 앞선 방식으로 미국의 뉴햄프셔 등 여러 주에서도 사용 중입니다.

이보다 더 진화된 요금 수납 방식도 있습니다. 바로 'AET All Electronic Tolling' 방식인데요. 우리말로 해석하자면 '완전 전자식 요금 수납 시스템' 정도가 될 것 같습니다. AET는 ORT에 영상 인식과 후불 고지 수납방식이 추가된 건데요. 또 별도의 현금 수납 창구가 없습니다.

이 시스템에서는 하이패스 같은 단말기가 없는 차량도 속도를 줄일 필요 없이 요금소를 통과할 수 있는데요. 갠트리에 설치된 영상 인식 장치를 통해 통과 차량의 번호판을 인식해 추후에 요금을 청구하게 됩니다. 사전에 등록한 은행 계좌에서 요금을 인출하거나, 한 달에 한 번 정도 요금 고지서를 보내는 방식이 주로 사용되는데요. 물론 하이패스 같은 특정 단말기를 단 차량은 통과와 동시에 요금이 정산됩니다.

이렇게 되면 통과 속도가 빨라지고, 온실가스 배출도 줄어드는 데다 현금 수납을 위해 별도의 인원을 배치할 필요도 없어 여러모로 효율적이라는 설명입니다. 미국의 여러 주와 대만, 노르웨이, 캐나다 등 전 세계 10여 개 국가에서 활용하고 있습니다.

국내에서도 현재 유사한 시스템이 운영 중인데요. 11개 민자 고속도로에 설치된 '원톨링 One Tolling' 시스템으로 한국도로공사가 관리하는 재정 고속도로와 민자 고속도로를 연결해서 이용할 경우 영상으로 차량 번호를 인식해서 최종 톨게이트에서 한 번만 통행료를 정산하면 되는

고속도로 원톨링 시스템　　　　　　　　　　　　　　　　출처: 국토교통부

방식입니다.

2016년에 11월에 도입됐으며 이전에는 재정 고속도로에서 민자 고속도로에 진입할 때 중간정산을 해야 하고, 또 민자 고속도로를 빠져나갈 때도 중간정산을 해야만 했습니다. 이후 재정 고속도로를 다시 이용하면 또 최종정산을 해야 합니다.

이런 번거로움을 없애기 위한 게 바로 '원톨링'입니다. 하이패스 차량은 원톨링 시스템을 지날 때 자동으로 중간정산이 이뤄지고, 현금 납부 차량은 최종 톨게이트에서 한 번만 돈을 내면 됩니다.

원톨링 시스템에 후불 고지 수납 방식만 보태면 사실상 AET가 되는 셈입니다. 국토교통부와 한국도로공사에서는 이 같은 AET 시스템을 '스마트 톨링Smart Tolling'이라고 부르는데요. 당초 2020년까지 전국 고속도로에 설치할 계획이었으나, 몇 가지 문제로 인해 2022년 이후로 미뤄졌습니다.

　분명 스마트 톨링이 전면 도입된다면 여러모로 장점이 있고, 효율적일 겁니다. 하지만 기존 요금수납원의 고용 유지 문제를 해결해야 하고, 현재 일반 톨게이트에서 이뤄지고 있는 과적 단속을 어떻게 대체할 것인가도 해결해야 하는 등 숙제가 적지 않습니다. 게다가 차량 영상 인식으로 인한 개인정보 침해 논란도 우려됩니다. 스마트 톨링이 연기된 것도 이러한 영향 때문입니다. 첨단 시스템을 도입하면서도 부작용은 최소화할 수 있는 해법이 필요합니다.▅

# 제설차가 바꾼 '콘크리트 운명',
## '아스팔트 고속도로'의 반격 시작

'69% 대 31%'

고속도로의 포장은 크게 아스팔트와 콘크리트 두 가지로 나뉩니다. 둘 다 나름의 장단점을 가지고 있는데요.《도로설계편람》에 따르면 아스팔트는 소음이 적고 배수 능력이 뛰어나지만, 상대적으로 강도가 떨어지고 열에 약한 단점이 있습니다.

반면 콘크리트는 대형 트럭 등 무거운 차량이 다녀도 잘 견뎌낼 만큼 튼튼하고 열에도 강하지만, 소음이 심해 승차감이 떨어지고 겨울에 도로 표면에 얼음이 더 잘 언다는 게 약점입니다.

그럼 국내 고속도로는 아스팔트와 콘크리트 중 어느 포장이 더 많을까요? 앞에 적어놓은 수치가 그 비율인데요. 답은 '콘크리트'입니다. 한국도로공사가 관리하는 고속도로 4,151km 중 콘크리트 포장이 2,878km로 무려 69%를 차지합니다. 아스팔트는 1,273km로 31% 정도에 그치는데요. 민자로 건설된 고속도로를 추가해도 콘크리트 비중이 65%가량은 된다고 합니다.

한국도로공사에 따르면 일본의 고속도로는 거의 95% 이상이 아스팔트 포장이며, 미국은 아스팔트가 70~80% 이상입니다. 또 유럽의 경우 경제력이 앞선 서유럽은 아스팔트 포장이 많고, 동유럽은 콘크리트 포장이 다수라고 합니다.

국내에서 고속도로 건설 때 콘크리트를 사용한 지는 오래됐지만, 고속도로 전체를 콘크리트로 건설한 건 지난 1984년 완공된 88고속도로(광주대구고속도로)가 최초입니다. 광주와 대구를 동서로 잇는 길이 181.9km의 왕복 2차선으로 건설됐는데요.

당시 왜 아스팔트 대신 콘크리트를 전부 썼을까요? 한국도로공사 산하 도로교통연구원의 전문가는 "당시 콘크리트가 아스팔트보다 약간 저렴한 측면도 있었지만, 무엇보다 해당 도로에 무거운 트럭이 많이 다닐 것으로 예상해 강도가 높은 콘크리트 포장을 채택한 것으로 안다"고 설명합니다.

하지만 결과는 그리 만족스럽지 못했다고 합니다. 아무래도 완전 콘크리트 도로를 만들어본 경험이 부족하다 보니 조기에 파손되고, 승차감도 상당히 떨어지는 문제점이 노출된 겁니다.

그러나 1987년에 두 번째 콘크리트 고속도로인 중부고속도로가 개통되면서 인식이 많이 개선됐다고 합니다. 포장 품질이 좋아진 데다 트럭 등 무거운 차량이 가하는 하중을 잘 버티는 장점도 좋은 평가를 받았다는 건데요. 마침 우리 경제가 발전하면서 고속도로를 이용하는 화물 트럭도 크게 늘어나던 시점이었다고 합니다.

이렇게 중부고속도로가 성공을 거뒀다고 해서 급속도로 콘크리트 포장이 늘어난 건 아니었습니다. 결정적인 계기는 따로 있었는데요. 바로 지금도 무더위 때면 회자되는 1994년의 최강 폭염이었습니다.

주요 도시의 기온이 40도 가까이 육박하는 폭염 속에 고속도로도 무

고속도로의 눈을 치우는 제설 작업　　　　　　　　　　　　　출처: 한국도로공사

탈하지는 못했는데요. 특히 1993년 개최된 대전엑스포를 위해 서울~
대전 구간을 새로 왕복 8차선으로 확장한 경부고속도로가 문제였습니
다. 아스팔트 포장을 한 지 얼마 되지도 않았는데 뜨거운 열기에 아스
팔트가 녹고, 솟아오르는 등 곳곳에서 변형이 일어난 겁니다.

　이 때문에 정부와 도공 등에선 "앞으로 폭염 등 기후변화가 더 심해
질 텐데 아스팔트 포장으로는 이를 견뎌내기 어렵겠다"고 판단했다는
겁니다. 그래서 상대적으로 열에 강하고, 강도가 센 콘크리트 포장으로
가자는 공감대가 형성됐다는 설명입니다.

　이후부터 새로 계획하고 건설하는 고속도로는 대부분 콘크리트 포장
을 하게 됐고, 지금처럼 전체 고속도로의 65%까지 비중이 치솟은 겁니
다. 이렇게 보면 아스팔트에 대한 콘크리트의 완승인 것 같은데요.

또 한 번의 반전이 있습니다. 바로 제설 작업입니다. 앞서 1990년대까지는 겨울에 눈이 오면 작업 요원들이 현장에 나가서 직접 눈을 밀고 치우는 '인력집중형' 제설 작업을 하는 게 일반적이었습니다. 당시는 고속도로 연장이 1,000km 조금 넘는 수준이어서 이런 작업이 가능했다고 하는데요.

고속도로 연장이 급증하면서 이런 작업이 한계에 부딪힌 겁니다. 작업 인력을 한없이 늘릴 수도 없다 보니 기계식 제설 작업을 도입하게 된 겁니다. 한국도로공사 관계자는 "2000년대 초반 염수(소금물)를 자동으로 살포하는 방식으로 제설 작업이 달라졌다"고 소개합니다.

그런데 염수를 많이 살포하자 이번에는 콘크리트 포장이 쉽게 파손되는 등 문제가 생기기 시작했습니다. 앞서 건설된 콘크리트 도로들은 염수나 제설제가 많이 뿌려질 걸 예상하지 못하고 콘크리트 배합 비율 등을 계산했기 때문에 부작용이 나타났다고 하는데요. 앞으로 만들 도로는 콘크리트의 배합을 바꾸면 되겠지만 이미 건설된 도로는 달리 방법이 없는 상황이 된 겁니다.

상황이 이렇게 되자 고속도로 건설 당국의 생각이 또 바뀝니다. 콘크리트 일변도의 설계를 지양하고 아스팔트에 다시 관심을 기울이게 된 건데요. 여기에 2010년대 들어서면서 고속도로 이용자의 편의를 보다 고려해야 하는 것 아니냐는 문제 제기도 있었다고 합니다. 한국도로공사 관계자는 "통행료를 내고 고속도로를 이용하는 사람들 입장에서는 가급적이면 조용하고 승차감도 좋은 도로를 원하는 게 사실"이라고 말합니다.

결국 2015년 한국도로공사에서는 이후 건설하는 고속도로는 가급적 아스팔트 포장을 하고, 터널이나 교량 등만 콘크리트를 사용하는 쪽으로 방향을 수정했습니다. 또 내구성과 내열성을 더 갖춘 프리미엄급 아스팔트를 사용하기로 했는데요. 포장에 들어가는 골재도 더 좋은 걸 쓰다 보니 기존보다 단가가 2배가량 높아졌다고 합니다.

현재 한국도로공사가 설계 중이거나 건설 중인 고속도로의 80% 이상이 아스팔트 포장인 건 다 이런 과정의 산물인 겁니다. 아직 콘크리트 비중이 높지만, 앞으로는 점점 더 아스팔트 비중이 올라가는 추세인 거죠. 고속도로를 달리면서 아스팔트와 콘크리트 포장의 승차감도 비교해보고, 그 뒷얘기를 생각하면 새로운 재미가 있을 듯합니다.

1  대한교통학회, 「시간과 공간의 연결 교통이야기」, 씨아이알, 2018

2  홍순만, 「거리의 종말」, 문이당, 2015

3  한상진 · 장수은 · 진장원, 「보행교통의 이해」, 키네마 인 북스, 2019

4  배은선, 「기차가 온다」, 지성사, 2019

5  알렉스 로젠블랏, 「우버 혁명」, 유엑스 리뷰, 2019

6  국토해양부 항공정책실, 「항공정책론」, 백산출판사, 2011

7  고바야시 히데오, 「만철」, 산처럼, 2002

8  함대영, 「저가 항공사의 성공스토리」, 가가원, 2006

9  최연혜, 「시베리아 횡단철도」, 나무와 숲, 2006

10  강재홍 · 안병민 외, 「대륙철도의 꿈」, 한국교통연구원, 2006

11  콘스탄틴 풀리코프스키, 「동방특급열차」, 중심, 2003

12  한국철도연구회, 「자동차 권하는 사회」, 양서각, 2008

13  한국철도학회, 「알기 쉬운 철도용어 해설집」, 프린트하우스, 2008

14  한국철도공사, 「철도주요연표」, 한국철도공사, 2010

15  철도청, 「한국의 철도차량」, 철도청, 1999

16  대한교통학회, 「철도투자평가편람」, 대한교통학회, 2006

17  코레일, 「철도차량총람」, 코레일, 2008

18  건설교통부, 「국가기간교통망계획(2000~2019)」, 건설교통부, 2007

19  한국교통연구원, 「4차 산업혁명과 교통 · 물류혁신」, 한국교통연구원, 2018

20  한국교통연구원, 「교통, 발전의 발자취 100선」, 한국교통연구원, 2006

21  코레일, 「한국철도승차권도록」, 코레일, 2007

22  한국교통연구원, 「한국의 교통」, 한국교통연구원, 2016

23  원제무, 「도시교통론」, 박영사, 2009

24  한국철도기술연구원, 「동아시아 철도공동체 구현을 위한 철도교통 혁신과 협력네트워크 구축」, 한국철도기술연구원, 2019

25  국토교통부 외, 「신한국철도사」, 한국철도문화재단, 2019

26  안병민, 「북한의 교통 인프라 실태와 한반도 교통망 구축방향」, 한국교통연구원, 2018

27  한국도로공사 공식블로그(https://blog.naver.com/exhappyway)

28  코레일 공식블로그(https://blog.naver.com/korailblog)

29  한국철도시설공단 공식블로그(https://blog.naver.com/kr_blog)

30  현대로템 공식블로그(https://blog.hyundai-rotem.co.kr)

31  인천국제공항 공식블로그(http://blog.naver.com/airportpr/221718031248)

32  한국교통안전공단 공식포스트( https://post.naver.com/my.nhn?memberNo=652228)

33  도로교통공단 공식블로그(https://blog.naver.com/koroadblog)

## 강갑생의 바퀴와 날개

**초판 1쇄 발행** 2020년 11월 20일
**초판 2쇄 발행** 2023년 3월 20일

**지은이** 강갑생
**펴낸이** 이지은 **펴낸곳** 팜파스
**기획·진행** 이진아 **마케팅** 김서희, 김민경
**편집** 정은아 **디자인** 조성미

**출판등록** 2002년 12월 30일 제 10-2536호
**주소** 서울특별시 마포구 어울마당로5길 18 팜파스빌딩 2층
**대표전화** 02-335-3681 **팩스** 02-335-3743
**홈페이지** www.pampasbook.com | blog.naver.com/pampasbook
**이메일** pampas@pampasbook.com

값 18,000원
ISBN 979-11-7026-373-9 (03300)

ⓒ 2020, 강갑생

이 도서의 국립중앙도서관 출판시도서목록(CIP)은 서지정보유통지원시스템 홈페이지
(http://seoji.nl.go.kr)와 국가자료공동목록시스템(http://www.nl.go.kr/kolisnet)에
서 이용하실 수 있습니다.(CIP제어번호: CIP2020044406)